根在河南

遗存拾贝

《根在河南》编委会　编

中原出版传媒集团
中原传媒股份公司

大象出版社
·郑州·

图书在版编目(CIP)数据

遗存拾贝 /《根在河南》编委会编.— 郑州 : 大象出版社, 2020. 5

(根在河南)

ISBN 978-7-5711-0440-5

Ⅰ. ①遗… Ⅱ. ①根… Ⅲ. ①文化遗产-介绍-河南 Ⅳ. ①K296. 1

中国版本图书馆 CIP 数据核字(2019)第 277061 号

根在河南

遗存拾贝

YICUN SHIBEI

《根在河南》编委会 编

出 版 人 王刘纯
责任编辑 石更新
责任校对 牛志远 万冬辉
装帧设计 张 帆

出版发行 大象出版社(郑州市郑东新区祥盛街 27 号 邮政编码 450016)
发行科 0371-63863551 总编室 0371-65597936
网 址 www.daxiang.cn
印 刷 北京汇林印务有限公司
经 销 各地新华书店经销
开 本 720 mm×1020 mm 1/16
印 张 33.75
字 数 505 千字
版 次 2020 年 5 月第 1 版 2020 年 5 月第 1 次印刷
定 价 158.00 元

印厂地址 北京市大兴区黄村镇南六环磁各庄立交桥南 200 米(中轴路东侧)
邮政编码 102600 电话 010-61264834

总序

文化是经济的反映，经济是文化的基础。经过改革开放 40 多年的努力，中国人民积累了较为雄厚的经济实力，文化意识逐渐觉醒，更需要发挥文化对经济的引导性作用。习近平总书记提出，要坚定文化自信，推动社会主义文化繁荣兴盛。今天，当我们倡导文化自信时，迫切需要从坚守和弘扬传统文化中汲取营养。

伴随社会经济的飞速发展，浮躁成为这个时代的集体病症。面对国人当下精神迷失的困境，智慧的祖先早已为我们开出一剂良方："慎终追远，民德归厚矣。"追本溯源，寻根文化就是一把我们追思祖先、认识自我、民德归厚的最好的钥匙。一场寻根之旅，既能寻根问祖、缅怀先人，逐渐找到我们的民族信仰和血脉亲情，重拾礼序家规和孝悌观念的心灵皈依，也是唤醒人们对文化的敬畏、对文化源头的敬畏和对祖先的敬畏的心路历程。

作为华夏文明的发祥地，河南具有得天独厚的文化资源，而根亲文化是璀璨瑰丽的中原文化中一颗耀眼的明珠。百家姓中70多个都出自中原地区。2019年年初，中国首部百家姓主题电视剧《龙族的后裔》开播，通过对各个姓氏的探源，人们可以更直观地了解与自己相关的姓氏历史，激发对河南作为“心灵故乡”的热爱。类似这样的作品越来越多，河南文化的影响力才会越来越大。除了姓氏文化，中原的每一块土地上都写满了历史，商都文化、河洛文化、宋文化、少林文化等资源不计其数。河南省第十次党代会提出“加快构筑全国重要的文化高地”的重要战略部署。河南省委原书记谢伏瞻指出，要叫响“老家河南”品牌，推动中原文化走向世界。近些年，越来越多的海外侨胞和港澳台同胞不远万里回到河南，举行各种寻根谒祖和祭祀活动，体现出炎黄子孙寻求灵魂栖息地的强烈愿望，也反映了中华传统文化在世界范围内的旺盛生命力。

长期以来，有关河南根亲文化的各类书籍、文章时有面世，然而多为吉光片羽，不成系统。全面展现河南深厚的根亲文化资源，可以说是一项卷帙浩繁的工程。为此，“根在河南”系列丛书选择了最能体现河南根亲文化魅力的五个方面进行展示：姓氏、祠堂、名人、历史古迹、古老地名。可以说，这套丛书在学术界第一次系统梳理河南的根亲文化，全面展示中原文化风貌，书中许多资料与图片都是首次面世，尤其是对全省各地的祠堂文化进行了全方位的清晰介绍。相信通过弘扬根亲文化，将进一步扩大中原文化在海内外的美誉度和影响力，为促进中原崛起提供有力的文化支撑。

一个文化自信的河南，将汇聚起中原更加出彩的磅礴力量。在此过程中，每一个中原儿女都应秉持恒心，珍重传统，关注当下，求索不止。

前言

一、文化遗产的概念

1. 文化遗产的定义（概念）和形态

文化遗产从存在形态上分为物质文化遗产（有形文化遗产）和非物质文化遗产（无形文化遗产）。

《保护世界文化和自然遗产公约》规定，属于下列各类内容之一者，可列为文化遗产：

古迹：从历史、艺术或科学角度看具有突出的普遍价值的建筑物、碑雕和碑画、具有考古性质的成分或构造物、铭文、窑洞以及景观的联合体；

建筑群：从历史、艺术或科学角度看在建筑式样、分布均匀或与环境景色结合方面具有突出的普遍价值的单立或连接的建筑群；

遗址：从历史、审美、人种学或人类学角度看具有突出的普遍价值的人类工程或自然与人的联合工程以及包括有考古地址的区域。

2. 物质文化遗产的定义（概念）和形态

有形文化遗产即传统意义上的“文化遗产”，包括古遗址、古墓葬、古建筑、石窟寺、石刻、壁画、近代现代重要史迹及代表性建筑等不可移动文物，历史上各时代的重要实物、艺术品、文献、手稿、图书资料等可移动文物以及在建筑式样、分布均匀或与环境景色结合方面具有突出普遍价值的历史文化名城（街区、村镇）。

3. 重点文物保护单位评价标准及分类

文物保护单位为中国大陆对确定纳入保护对象的不可移动文物的统称，各级人民政府对文物保护单位本体及周围一定范围实施重点保护。具有历史、艺术、科学价值的古文化遗址、古墓葬、古建筑、石窟寺和石刻可以被列入文物保护单位。

文物保护单位分为三级：全国重点文物保护单位、省级文物保护单位和市县级文物保护单位。文物保护单位根据其级别分别由中华人民共和国国务院、省级人民政府、市县级人民政府划定保护范围，设立文物保护标志及说明，建立记录档案，并区别情况分别设置专门机构或者专人负责管理。

4. 文化遗产的价值

关于文化遗产的价值，《中华人民共和国文物保护法》和《中国文物古迹保护准则》都有明确的说明，在此基础上有关专家学者对文物价值又进行了详细而深入的探讨，有的提出文物核心价值体系是文化，核心内容是历史价值、艺术价值、科学价值。有的指出，国际公认的文化遗产价值观认为，文化遗产最本质的属性是文化资源和知识资源，其价值主要体现在社会教育、历史借鉴和供人研究、鉴赏上，经济价值是其历史、艺术、科学价值的衍生物。

二、走近文化遗产

文化遗产蕴藏着一个地区的文化基因，是一个民族、一个国家文化的温情阐述，是先人志士在万古长夜点燃的智慧篝火。文化遗产承载着乡土认同、民族认同、国家认同，满载历史荣光。它传承着一个民族久远的历史，是人类社会发展与进步最重要的精神支撑。它往往成为时代脉搏凝固的血液，饱含人们最炙热而又最朴素的情感寄托，给生长于斯的人们心理安慰。当社会群体中有一部分人于世事纷扰中触摸到这种千年血脉的温热，感知文化遗产的情感表达，这种基因就会传递下去，人类才能以这种独有的精神特质、心理结构始终站在进化的最前沿。

党的十九大报告指出："没有高度的文化自信，没有文化的繁荣兴盛，就没有中华民族伟大复兴。"文化遗产作为中华民族的精神标识，对传承中华文化、坚定文化自信具有重要意义。

文化遗产是不可再生资源，需要被时代记录。人类因为拥有记忆，才能够于草莽荒野中保有脉脉温情。保护遗产就是保护我们的记忆，我们才能于砥砺前行中不绝于过往。虽然当时的生产力发展水平不够高，先人却凭借细腻的情感、幽静的思维，让审美水平达到了炉火纯青的境界。正是有了这种美的点缀，我们的琐碎生活，比如婚丧嫁娶、耕耘劳作、经营经商、交往应酬等，才富有秩序感和特殊情趣。社会的发展，其中有合理化选择，同时也在摧毁曾经有过的智慧遗存。文化遗产不是人类回望历史的顾影自怜，也不是世人自恋式的回望。它保存着人们最本初的选择，我们不能任由它们于机器轰鸣中消亡。

中国是世界上唯一一个拥有 5000 年文明而不曾中断的国家，悠久灿烂的历史赋予了中华民族博大而丰富的文化遗产，颐和园、长城、故宫举世瞩目，莫高窟、兵马俑世人皆知……加上极具特色的各种民族、民间文化，构成了中华民族独特而灿烂的文明景观。它们是传承中的载体，更是发展的依托，富含东方价值、民族价值，有助于我们提升从容不迫的发展定力、文化自信。它们不仅是我们国家和民族的骄傲，也是全人类的共同财富。

如果说中国文化遗产是中华文化的亮丽名片，河南文化遗产则是中国文化遗产的耀眼明星。古老的中原大地孕育着令世人震惊的奇迹，于大河之南造山、造水、造中华。“崧高维岳，骏极于天。”中原文化遗产无疑是中华文化桂冠上最璀璨的明珠，于历史源头引领中华文明数千年风潮，以居天下之中之势俯瞰大河汹涌、万兽奔腾。这种文化高度并不意味着河南文化自绝于天下的高冷，根在河南的文化遗产有着最暖人的温度、最感人的情怀。它是一方山水传统民俗文化朴实民风的历史缩影。河南文化遗产是中原先民的产物，如果失去中原文化遗产，中华文明势必黯淡，如万马喑哑、万木凋零。充分汲取这些遗产中的文化价值，就能获得饱满的文化自信、发展自信。

三、悠久灿烂的中原遗产

河南文化遗产灿若繁星。河南地处中原腹地，远古时代就有人类在这里繁衍生息，历史悠久，文化灿烂，文物遗存极为丰富，数量多、分布广、价值高、年代跨度长、地域特点突出，积淀了深厚的文化底蕴。

河南位于黄河中下游，因大部分地区在黄河以南，故名河南，有“中州”“中原”之称。“一部河南史，半部中国史。”河南，中华文明肇始发祥地之一，早在 50 万年前就有人类在这里生息和繁衍。相传，伏羲女娲就是在中原一带奠定了中华民族繁衍生息的基础，至今淮阳仍保存着规模庞大的太昊陵。被称为“中华第一大帝”的轩辕黄帝，据说就诞生在今天郑州的新郑市，并在这里建立都城。新郑市的裴李岗遗址证明，早在 8000 年前，先民们已开始在中原地区定居，从事以原始农业、手工业和家畜饲养业为主的氏族经济生产活动。漯河舞阳县贾湖遗址最重要的发现除世界上最早的酿酒坊外，还有世界上年代最早、保存最完整的乐器——骨笛，贾湖骨笛的发现改写了世界音乐史。距今约 7000 年前的渑池县仰韶遗址，为人们揭示出中国新石器时代中晚期黄河流域主流文化的面貌，标志着中国史前考古学和近代考古学的诞生。

在华夏民族传统宇宙观中，河南是“天地之中心”，自古以来就是文明交流的十字要冲。《尚书·禹贡》中记载：“禹别九州，随山浚川，任土作贡。”其中，“河南曰豫州”。远古传说时期“三皇五帝”中的颛顼、帝喾二帝先后在帝丘（今濮阳）和亳（今商丘）建都，并葬于内黄县梁庄镇。

到了4000多年前的龙山文化中晚期，中原进入了石器、铜器并用时代，产生了私有制和阶级的萌芽，进而出现了我国历史上第一个奴隶制国家——夏朝。二里头遗址意味着几乎可以从这里摸索到中华文明的起源。从公元前21世纪夏朝建都算起，河南作为中国的政治、经济、文化中心，引领中华风气之先超过3000年。

约公元前1600年，商汤率方国于鸣条之战灭夏后，以“商”为国号，定都于亳（今商丘市）。公元前1300年，商王盘庚迁都于殷（今安阳市区小屯一带），在此传八代十二王，历时254年。商朝处于奴隶制鼎盛时期，形成了庞大的官僚统治机构和军队。于安阳殷墟发现的甲骨文是目前已经发现的中国最早的成系统的文字符号。

周平王东迁洛邑，是为东周，自此，有25个国王都居洛阳，前后历经500余年之久。周公立圭表，测日影，认为阳城（今登封东南告成镇）为“天下之中”。由于周实行分封制，这一时期河南境内诸侯国密布，现今保留遗址有上蔡县蔡国故城、三门峡虢国故城、商丘宋国故城、淇县卫国故城、偃师滑国故城、济源轵国故城……其中，新郑郑韩故城的发掘对研究春秋战国时期的政治、经济、军事和文化有重要意义。

秦王朝建立后，分天下为36郡，河南境内设置三川、南阳、颍川、河内、东郡、陈郡。以后的两汉时期，河南地区的经济和文化仍处于全国前列。郑州市西北的古荥冶铁遗址是目前世界上发现的规模最大、时间最早的冶铁遗址。永城市芒砀山的汉梁王墓群，斩山作廓，穿石为藏，宛如庞大的地下宫殿。

东汉王朝建都洛阳，河南更成了全国政治、经济、文化中心，被后世史家推崇为中国历史上“风化最美”（司马光语）、“儒学最盛”（梁启超语）的时代。创建于东汉时期的太室阙、少室阙、启母阙，是中国最古老的国家级祭祀礼制建筑典范。

新密市的打虎亭汉墓被誉为“东汉第一墓”，墓壁绘有色彩绚丽、内容丰富的石刻画像和壁画，为研究东汉时期绘画、雕刻艺术以及社会风貌留下了重要线索。

东汉之后形成三国鼎立局面，河南是四战之地。东汉建安元年（196），曹操迎汉献帝自洛阳迁都于许昌，挟天子以令诸侯，虎视北方，饮马长江。许昌汉魏故城不但为我们提供了研究三国文化的史料佐证，也为文物研究展示了大量素材。

公元266年，司马炎篡魏，建国号为晋，定都洛阳。两晋时期五胡迁至中原，加强了民族融合，北人南迁，开发了江南地区。太和十八年（494），孝文帝迁都洛阳，汉化改革和移风易俗促进了北魏的中央集权与民族融合。东汉、曹魏、西晋、北魏都洛共计300余年。汉魏洛阳城遗址代表了历代中原王朝的文明与文化特征，是中国所有都城遗址中定都总时间最长、规模较大且保存较为完整的古城遗址，对后来都城的建筑形制、设计规划影响达千年之久。开凿于北魏孝文帝年间的龙门石窟，连续大规模营造达400余年之久，是中国石刻艺术宝库之一。

隋朝末年，隋炀帝在洛阳营建东都，洛阳成为中古时代世界最大的都市之一。隋炀帝又以洛阳为中心开凿了沟通南北的大运河，促进了南北经济、文化交流。

唐朝设立河南道，仍以洛阳为东都（陪都）。武周建都洛阳，称神都。洛阳宫城殿宇的立体轮廓和风貌气势显得更加辉煌壮丽。隋唐洛阳城中轴建筑群中的“七天建筑”，是中国古代最华丽的中轴建筑群。中国古代最大的粮仓含嘉仓遗址的发掘，折射了当时的军事信息、漕运情况、建筑技术、防潮技艺、粮食管理制度等。

因为河南地位重要，经济又比较发达，所以五代都在河南地区建都立国。但在后来一段时期中，长江以北战争不断，中原人民深受其害。到赵匡胤重建起全国性的统一政权——北宋王朝后，中原人民才重新得过和平岁月。北宋建都开封，河南又一次成为全国的政治、经济和文化中心，迎来了河南历史的黄金时代。北宋是中国古代历史上经济与文化教育最繁荣的时代。有学者研究后认为，北宋咸平三年（1000）的国民生产总值占据世界经济总量的22.7%。北宋东京城由外城、内城和皇城三重城垣构成，层层套叠的建筑群展现出国际大都会的宏大气势，如今深埋于开封市区地下。开封城内的铁塔始建于北宋皇祐元年（1049），享有“天下第一塔”之称。位于巩义市的北宋皇陵葬有北宋七个皇帝及赵弘殷（赵匡胤之父），再加上后妃和宗室亲王、王子王孙及高怀德、蔡齐、寇准、包拯、赵普等功臣名将之陵墓，共有陵墓近千座，是研究宋代典章制度和石刻艺术的十分珍贵的实物资料。钧窑向来被认为是宋代五大名窑之一。神垕镇钧窑遗址的发掘，让人们对钧窑发生、发展、繁荣的历史过程和时代有了大体确认。

代宋而兴的元朝实行行省制度，其中河南的疆域大体上与今天的河南省相近。元代天文学家郭守敬创建的观星台，是我国现存最古老的天文台之一，也是世界上最著名的天文科学建筑物之一，反映了我国古代科学家在天文学上的卓越成就。

明清时期，河南经济和文化虽然越来越落后于江南和北方其他一些省区，但仍然为我们留下了宝贵的历史遗产。新乡市的潞简王墓被当地百姓称为“中原石头城”，是我国目前发现的保存最好、占地面积最大的一座明代藩王陵墓。始建于明末清初的巩义康百万庄园，是17、18世纪华北封建堡垒式建筑的代表。始建于清雍正元年（1723）的焦作武陟县嘉应观，集宫、庙、衙三位一体，也是河南省保存最完好、规模最宏大的清代建筑群，文化内涵丰富，是黄河文化的代表之一。南阳内乡县衙是中国唯一保存最完整的封建时代县级官署衙门，是中国古代官衙建筑的历史标本，有“天下第一衙”之称。南阳社旗县山陕会馆，是全国会馆中唯一得到慈禧墨宝的民间商会建筑，层层叠叠，蔚为壮观。

1919年的五四运动揭开了中国新民主主义革命的序幕，也促进了河南人民的新觉醒。1923年，京汉铁路总工会在郑州成立，接着就发动了震惊中外的京汉铁路工人大罢工，显示了年轻的河南工人阶级的力量。为此事件修建的纪念性建筑物二七塔已成为郑州市的地标性建筑。党领导的河南农民运动也蓬勃开展，使河南成为北方农民运动最活跃的省份之一。河南人民在中国共产党的领导下，高举武装斗争和土地革命的旗帜，在斗争中建立和壮大了革命武装——中国工农红军第四方面军，创建了以豫南新集（今新县县城）为首府的鄂豫皖苏区，还建立了以桐柏为中心的鄂豫边及鄂豫陕等游击根据地，走上了以武装斗争、革命根据地建设为中心的工农武装割据的道路。

抗日战争爆发后，河南人民在党的领导下广泛开展敌后游击战争，与日本侵略者和国民党顽固派进行了艰苦卓绝的斗争。1938 年 11 月 9 日，中共中央决定成立以胡服（即刘少奇）为书记的中共中央中原局，驻确山竹沟。竹沟遂成为中原军民抗战的指挥中心。在中国共产党的领导下，河南和邻省军民先后创建了晋冀鲁豫、鄂豫皖边、豫皖苏、豫西等抗日根据地，为抗日战争的胜利做出了重要贡献。

解放战争时期，晋冀鲁豫野战军主力突破黄河天险，从鲁西南千里跃进中原，直插大别山，揭开了解放战争大反攻的序幕。台前县县城南约 10 公里的孙口渡口，是刘邓野战军司令部渡河之处，人们称之为“将军渡”。1949 年 1 月，淮海战役胜利结束，河南人民最后摆脱了国民党政府 20 余年的反动统治，获得全部解放。1949 年 10 月 1 日，伟大的中华人民共和国成立，自此河南人民摆脱了旧社会悲惨痛苦的梦魇，开创了历史新篇章。

四、河南文化遗产分类概述

在第三次全国文物普查中，河南省共普查出不可移动文物 65519 处，占全国总量的近 1/10，数量之多位居全国第二。这些文物涵盖了 6 个大类、59 个小类中的所有类别，其中包括古遗址 14607 处、古墓葬 10226 处、古建筑 23921 处、石窟寺及石刻 693 处、近现代重要史迹及代表性建筑 16059 处、其他 13 处，类型丰富、学术价值高，特别是时代相继、发展链条完整，进一步奠定了河南文物资源大省的坚实地位。

其中，世界文化遗产 5 处（洛阳龙门石窟、安阳殷墟、登封“天地之中”历史建筑群、大运河河南段、丝绸之路河南段），全国重点文物保护单位 358 处，省级文物保护单位 1231 处。全省文化系统博物馆和文物保护科研单位收藏可移动文物

1773620套（4783457件）。

目前，河南拥有8个国家级历史文化名城，分别是郑州市、洛阳市、商丘市、安阳市、南阳市、浚县（鹤壁市辖县）、濮阳市、开封市。国家考古遗址公园迄今已立项9处、挂牌4家，立项与挂牌数量均居全国首位。

1. 按重要级别划分

（1）全国重点文物保护单位

全国重点文物保护单位是中华人民共和国国务院所属的文物行政部门国家文物局对不可移动文物所核定的最高保护级别，即中国国家级文物保护单位。到目前为止，国务院已公布七批全国重点文物保护单位，总数为4296处，河南有358处。

（2）省级文物保护单位

河南省文物保护单位是河南省人民政府自1963年6月20日开始公布的河南省境内的文物保护名录，截至2017年，公布了七批共1575处文物保护单位。

2. 按地域划分

（1）按市域划分

郑州市有全国重点文物保护单位72处，省级文物保护单位107处，市级文物保护单位218处。

开封市有全国重点文物保护单位17处，省级文物保护单位44处47项，市级文物保护单位25处。

洛阳市有全国重点文物保护单位42处，省级文物保护单位122处，市级文物保护单位289处。

安阳市有全国重点文物保护单位23处，省级文物保护单位52处，市级和县（市、区）级文物保护单位312处。

鹤壁市有全国重点文物保护单位9处，省级文物保护单位21处，市、县两级文物保护单位169处。

焦作市有全国重点文物保护单位27处，省级文物保护单位104处，市、县两

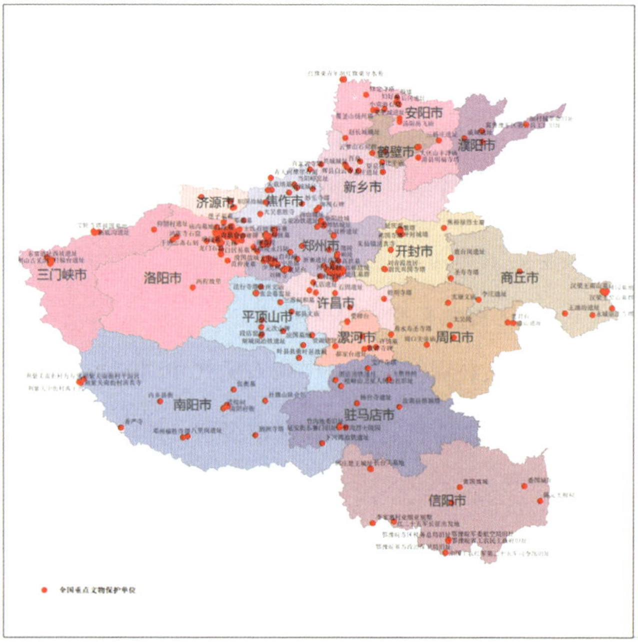

河南省全国重点文物保护单位分布图（图片来源：河南省文物局）

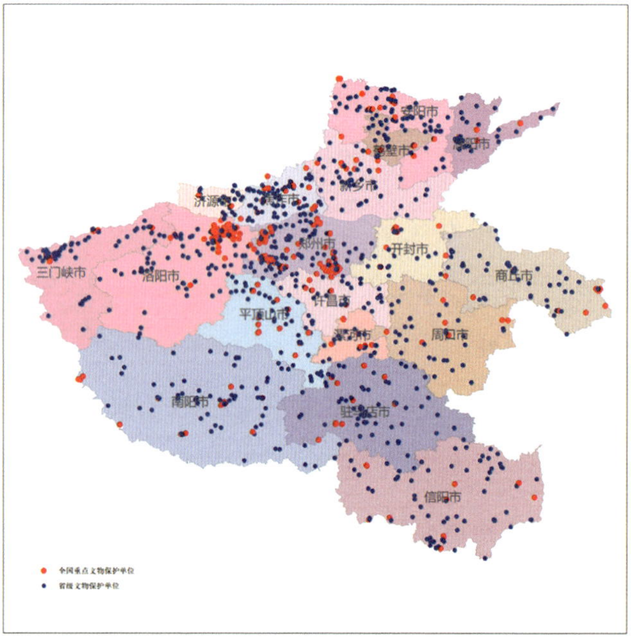

河南省省级以上文物保护单位分布图（图片来源：河南省文物局）

级文物保护单位 675 处。

许昌市有全国重点文物保护单位 22 处，省级文物保护单位 43 处，市级文物保护单位 79 处。

平顶山市有全国重点文物保护单位 25 处，省级文物保护单位 38 处，市级文物保护单位 46 处，县级文物保护单位 300 余处。

信阳市有全国重点文物保护单位 11 处，省级文物保护单位 97 处，市级文物保护单位 119 处，县级文物保护单位 419 处。

漯河市有全国重点文物保护单位 7 处，省级文物保护单位 36 处 38 点，市级文物保护单位 23 处，县级文物保护单位 197 处。

周口市有全国重点文物保护单位 13 处，省级文物保护单位 55 处，市级文物保护单位 105 处，县级文物保护单位 432 处。

驻马店市有全国重点文物保护单位 15 处（含 2 个合并项，共计 17 项），省、市、县级文物保护单位 200 余处。

商丘市有全国重点文物保护单位 14 处，省级文物保护单位 62 处，市级文物保护单位 90 处。

濮阳市有全国重点文物保护单位 5 处（6 点），省级文物保护单位 29 处，县级文物保护单位 181 处。

新乡市有全国重点文物保护单位 18 处，省级文物保护单位 42 处，市级文物保护单位 461 处。

济源市有全国重点文物保护单位 7 处，省级文物保护单位 18 处，市级文物保护单位 113 处。

三门峡市有全国重点文物保护单位 10 处，省级文物保护单位 55 处，市级文物保护单位 102 处。

南阳市有全国重点文物保护单位 20 处，省级文物保护单位 110 处。

从上述数据可以看出，仅以全国重点文物保护单位数量而言，郑州（72 处）

独占鳌头，洛阳（42 处）紧随其后，两市的文物单位分布最为集中也最多，郑州定位为“国家中心城市”，洛阳则被赋予了“中原城市群副中心城市”的重任，两市是中原城市群建设的两个核心增长极。焦作（27）、平顶山（25）、安阳（23）、许昌（22）等次之，南阳（20）、新乡（18）、开封（17）、驻马店（15）、商丘（14）、周口（13）、信阳（11）、三门峡（10）、鹤壁（9）再次之，漯河（7）、济源（7）、濮阳（5）最少。

文物分布特点：文物的整体分布中北部集中，周边较少，体现出非均衡性的特征。

（2）市域分布影响因素

①历史文化因素。历史文化因素是影响文化遗产分布的重要考量依据。郑州是国家历史文化名城，是中国八大古都之一、世界历史都市联盟成员，全国为数不多的文物分布密集型城市。作为黄河文明的摇篮、河洛文化的发祥地、古代东方城市的坐标、中国传统文化的精神家园，洛阳的物质文化遗产的保有量举世无双。安阳、许昌、焦作这些城市都是历史文化名城，或曾作为数个王朝的都城，或是一方诸侯国的都城，或是当时政治经济重心所在，凭借丰富的历史文化遗存，在河南文物数量榜单中占有重要地位。

②社会发展水平。社会经济发展水平与文物保护单位的数量是呈正相关关系的，且相关程度较高。生产总值越高、经济发展越快的地区，文物保护单位的数量也就越多。随着时间的变化，这种正相关的关系会越来越显著。省会郑州市 2018 年 GDP 为 10143.3 亿元，排在全省第一位；洛阳市 2018 年 GDP 为 4640.78 亿元，排在全省第二位；南阳市 2018 年 GDP 为 3566.77 亿元，居全省第三位；许昌市 2018 年 GDP 为 2830.62 亿元，排在全省第四位；周口市、新乡市、安阳市紧随其后。而濮阳市、三门峡市、漯河市、鹤壁市、济源市则位列第十四至十八位。

③政策导向。各市县人民政府的政策对当地文物保护单位的数量也有着不可忽视的影响。我国关于文物认定的标准是 2009 年实施的《文物认定管理暂行办法》，

县级以上地方文物行政部门可以直接进行文物认定。因此，各地现有文物保护单位数量与各地政府重视程度有关。从不同批次的评选结果来看，郑州、洛阳、开封、许昌、焦作、安阳等地区一直以来都很重视文物的评选，相继出台专项政策助力文物保护，在第三次全国文物普查中也表现优异。不仅如此，郑州、洛阳、开封等地文物信息化建设也走在全省前列，而漯河、濮阳、济源等地区的文物评选并不多，且文物保护单位信息公开相对不足。

事实证明，越是历史文化积淀深厚的城市越具有独特魅力和发展潜力，越是发展经济越要重视保护文物。充分利用好这些文物遗产可以为我们的社会发展带来巨大的促进作用，不仅可以加快经济发展，提高国民收入，而且对各地市旅游业也有一定的影响，为带动整个社会的健康快速发展贡献出力量。

3. 按时间划分

（1）七个历史时期

按照历史发展特点，可将河南省文物保护单位划分为先秦、秦汉、魏晋南北朝、隋唐五代、宋元、明清、近代以来 7 个时期。

（2）时间演变及特征

通过分析河南省全国重点文物保护单位名录，可以看出这些国字号文物保护单位以先秦、宋元和明清时期为主，呈 U 形变化趋势，而文物的类型以古遗址和古建筑为主。先秦是从新石器时代到秦始皇统一六国建立秦朝，这一时期时间比较长，文物类型多以遗址为主，受破坏相对较少，文物保护单位的数量是最多的。宋元和明清时期距现代相对较近，保存得相对完好，遗存相对丰富。秦汉、魏晋南北朝以及隋唐五代这三个时期由于年代久远，且三个时期均战乱频仍，地面建筑留存难度大，古墓葬多受盗窃破坏，因此数量相对较少。

五、河南文化遗产保护现状

1. 文化遗产保护成果

河南省对历史文化遗产的保护，无论在广度还是在深度上都在不断地扩展和深化，内容也在不断地增添和丰富。

首先，从保护对象上看，过去只有杰出的、在历史上或艺术史上占有重要地位的伟大的建筑作品和艺术品才得到考虑。而现在，许多由于时光的流逝而获得文化意义的建筑物、各历史时期的构造物及能作为社会、经济发展的见证物的对象也被列入历史文化遗产的保护范围。

其次，从保护范围上看，作为保护的对象已不再限于建筑本身。从单纯的建筑艺术作品扩大到与历史文化和人们生活密切相关的街区和城市。也就是说，从点的保护扩大到地段乃至城市的“全面保护”。如登封“天地之中”历史建筑群，现已打包成为世界级历史文化遗产。

此外，在保护方法及手段上，亦由过去单纯文物考古和建筑修复，演进为多学科共同参与的综合行为，采用各种技术手段，更具有多学科、综合性和多样化的特点。

2. 文化遗产保护工作存在的问题和不足

（1）自然损坏现象普遍发生。大部分历史文化遗产受千百年来的自然因素（洪涝、台风、暴雨、雷电、地震、滑坡、泥石流等）影响，受损严重。如郑州市商城遗址饱经风雨侵蚀，部分墙体已滑坡、坍塌。

（2）破坏性开发。目前的开发热潮对文物保护单位的管理造成空前的威胁，开发与保护的矛盾较为突出。一些文物保护对象在人们的生产生活中遭到破坏。某些开发单位盲目开发，对文化遗产进行掠夺性开发，盲目兴建旅游设施，对于文化遗产任意改造，在文化遗产周边开办宾馆、饭店，任意兴建各种人工建筑，对文化遗产造成不同程度的损害。

（3）文物保护意识淡薄。改革开放以来，是我国经济文化飞速发展的黄金时期，但也是我国的历史文化遗产遭到严重破坏的时期。由于经济利益的驱动，非法摧毁古建筑、遗址、遗迹，盗卖文物，盗掘古墓葬，盗窃乃至抢劫田野石刻等活动屡禁不止，使国家蒙受巨大损失。邙山墓葬群甚至形成了“十墓九空”的局面。

（4）整合力度孱弱。河南建筑类文物保护单位大多文化内涵鲜明且具有很高的史地关联度。各级各部门在文物保护单位的保护和合理利用上缺乏整体规划的魄力，未能将同类遗产资源相互整合，增强文化气场，也没能将遗产资源与当地的风景名胜、旅游休闲、文化娱乐等资源进行整合，形成具有特色和鲜明个性的旅游参观路线，只是将文物建筑打造成一个个孤立的遗存物或独立空间，结果既无法享受集群规模带来的文化、生态效应，也无法分享产业联动带来的巨大经济效益。如内黄县二帝陵，周边即有三杨庄遗址及商朝唯一地上帝陵商中宗陵，各文物保护单位却未建成集聚效应，旅游力影响薄弱。

（5）保护深度不足。不少文化展示类、群众文艺类文物保护单位保护力度止于表面，利用方式雷同，文化个性不强，衍生功能薄弱，在区域社会活动中的利用率较低，甚至常年无人问津，形成集体喑哑的局面，在无形中造成了文化资源的二度浪费。以各地名人故居为例，虽然这些单位都于显眼处立有保护碑，但保护手段较为单调，多为展示名人图片、复原相关生活场景、罗列传说中的物品，未能深入就名人生平及历史功绩展开挖掘，更缺乏声光电乃至VR（虚拟现实）手段的运用，造成千篇一律的现象。

六、河南文化遗产的可持续发展

针对当前存在的问题，我们需要认真地分析、冷静地思考，结合河南地方实际，多模式合理利用。

1. 增强文物保护意识

一是提高广大人民群众对文物及其重要性的认识，这是做好文物保护工作的基础；二是提高领导干部对文物保护工作的认识水平，这是做好文物保护工作的关键。

2. 处理好开发与保护的关系

各地区的开发利用应有主次，要贯彻“重点开发，全面保护”的原则，先以一个或几个点为突破口，不断摸索经验，循序渐进，促进整个地区文物保护工作的开展。对先开发的文物保护单位，要把保护作为前提，以实现开发利用与保护工作的良性循环；对一时无法开发利用的，当以保护为主，使其真实性和完整性不受自然和人为的破坏，在适当时候再予以开发利用。特别是文物比较丰富、集中的地方，政府应集中力量，制定好以各级文物保护单位为核心内容的创意产业项目的功能布局、实施路径、产品组合、推广策略、保障措施等整体概念性规划，充分发挥建筑类文物保护单位的多重价值和综合效益。

3. 探索多模式的合理利用方式

首先应进一步发挥地方人民政府的主导作用。文物保护单位的保护与合理利用属于公益性事业，必须有政府的总体掌控、主动引导、制订发展计划才能更好地开展。文物保护单位应根据不同级别、类型、区位和实际条件，采取不同的合理利用模式。譬如，宗庙祠堂类文物是传统社会最重要、建筑规格最高的公共建筑，在当今民众生活中仍具有比较显赫的地位。其利用主旨应以服务当地民众为主，建立起以区域公共服务设施为主、以旅游景点为辅的商业经营模式；除了辟为展示地方族群文化的陈列馆（展览馆）、老年活动中心外，还可以开拓乡镇村史馆、农村培训机构、乡村剧院、书画图书馆、土特产展示馆、地方名人纪念馆、地方非物质文化项目展演馆等更为多样的利用方式。对于民居建筑而言，传统的院落居住形态是传统文化遗产的重要组成部分和文化载体，也是“活”的文化遗产，留住居民才能留住生活。许多非物质文化遗产也有赖于这些传统形态的居住场所才得到有效保护。因而，对于这类文物建筑，保持其原有的居住功能是最好的利用方式。对于其他特色建筑（如寺塔、钟鼓楼），由于其意义特殊、存量稀少，往往在整个城区（市）内仅有一两处，对其再利用应尽可能体现原汁原味。

七、结语

本书源于建业集团根植中原，对中华文化的诚挚热爱、对保护历史文化和延续文化根脉的历史责任感。建业对传统文化的传承从未止步：从开封古都复兴，历时十余年开创中国首个城市整体复兴工程——建业东京梦华，到在鹿邑明道城、北方陶瓷中心神垕古镇等地对传统文化进行挖掘、展示、传承和创新，再到为弘扬中华传统美食文化挖掘、保护并传承中原传统名吃、小吃而建立的建业大食堂，建业以一个个创新的作品向这片土地致敬。

本书源于河南根亲文化这棵参天大树，立志向世人推广中原文化遗产，将那些鲜为人知的遗产介绍给世人，向不断启迪中原民智的文化遗产致敬。

文化遗产以其亘古不变的风姿激励国人，唤醒人们内心深处的时代责任感，于钢铁丛林守望精神家园，传承华夏文明。山河长不朽，文化永流传。这就是文化遗产的魅力！

由于数据获取存在较大难度及研究样本有限，本书还存在一定不足，望方家指正。

2019年4月

目录

第十四章　周口市　405

第一章 郑州市

郑州是中华人文始祖轩辕黄帝的故里，是“中国八大古都”之一和世界历史都市联盟成员。在郑州，有星罗棋布的古城、古文化、古墓葬、古建筑、古关隘和古战场遗址，著名历史人物列子、子产、杜甫、白居易、高拱等出生在郑州。中原是中华民族最早的聚居地和华夏文明的发祥地之一，从早期的炎黄二帝开始，郑州拥有一批在中国文化史、艺术史、冶金史上占有重要地位的遗址。黄帝为有熊国国君，有熊即今郑州之新郑。夏朝初年以今郑州之登封、新密为都。商朝早、中期的都邑亳都、隞都都在今郑州。东周时期郑和韩的都城位于今新郑市。这些遗址为研究中国古代社会的构成、中国先民们的生活方式、中国文化的发展演变，提供了大量珍贵的实物资料。

第一节　市　区

郑州商代遗址

郑州商代遗址位于郑州市管城回族区一带，为商代早期都城遗址。遗址东起凤凰台，西至西陈庄，北抵紫荆山以北，南到二里岗，面积约 12.5 平方千米。

商代遗址包括三重城垣遗址、宫殿区遗址、居住聚落遗址、墓葬区、手工作坊遗址、窖藏坑等遗迹类型，出土了大量石器、陶器、铜器、玉器、骨器等生产工具和生活用具，其中以周长约 7 千米的（内城）城垣遗址和分布范围巨大的宫殿区遗址保留最为完整，也最具历史文化价值。

郑州商代遗址文保碑

郑州商代遗址

郑州商代遗址三重城池和宫殿区的整体形制奠定了中国城市发展的基础。三座窖藏坑内出土的大批王室青铜礼器为郑州商城使用的下限年代、商王室的祭祀礼制、青铜重器的铸造工艺和装饰艺术等提供了重要的学术研究资料，遗址的发现对认识商代前期历史、对商文化研究和中国早期青铜文明研究以及中国古代城市的形成发展研究具有重要的意义。

1961 年 3 月 4 日，郑州商代遗址被国务院公布为首批全国重点文物保护单位。

西山遗址

西山遗址是一处新石器时代晚期文化城址，距今 5300—4800 年。

西山遗址发现于 1983 年，位于郑州市北郊 23 千米处的邙山余脉上，坐落在枯河北岸的二级阶地边缘，北距黄河约 4 千米，西北与连绵不绝的豫西丘陵相接，东南俯瞰黄淮平原。面积 10 万平方米，后经国家文物局考古领队班连续三年的发掘，揭露面积 4700 平方米，共清理房基 120 余座，窖穴、灰坑 1600 余座，灰沟 20 多条，墓葬 200 余座，瓮棺葬 130 余座，出土大批陶、石、骨器等人工制品及兽骨、种子

西山遗址文保碑

等动植物遗骸，其中最重要的发现，首推仰韶文化晚期夯土建筑城垣。

西山遗址的发现，对于研究中国古代文明的起源以及城市的发展，具有十分重要的意义，是当时国内发现年代最早、建筑技术最为先进的早期城址。这在中国古代建筑发展史上，是一件具有里程碑意义的大事，它开启了后代大规模城垣建筑规制的先河，其建筑方法、形制结构无疑对中国古代城址的建筑产生了深远的影响，显示了巨大的进步和创造力。

1996 年 11 月 20 日，西山遗址被国务院公布为第四批全国重点文物保护单位。

大河村遗址

大河村遗址位于郑州市东北部、连霍高速与中州大道交叉口东南隅，是一处包含有仰韶文化、龙山文化和夏、商时期文化的大型古代聚落遗址，距今 6800—3500 年，经历了原始社会母系氏族繁荣阶段、父系氏族阶段，直至夏商时期奴隶社会阶段，是郑州地区远古文化发展的完整缩影。

大河村遗址发现于 1964 年，1972 年首次进行考古发掘。1972—2015 年，先后

彩陶双连壶

白衣彩陶钵

进行了25次发掘，发掘面积达6000多平方米，出土各类房基50余座、窖穴近500座、墓葬400余座、壕沟2条，出土陶、石、骨、蚌、角、玉质地的珍贵文物3600多件，各类标本20000余件。遗址时代从史前一直延续到夏、商时期，长达3300多年，是仰韶文化的时代标尺，为研究中华民族五千年的文明史提供了珍贵的实物资料。遗址中出土的彩陶数量极多，色彩绚丽，图案丰富，在仰韶文化中独树一帜，彩陶上所绘制的天文图案是我国最早的天文学实物资料，对研究我国古代天文学和历法的产生和发展具有十分重要的科学价值。遗址中发现的仰韶文化时期的房基F1—F4，是我国迄今为止发现的保存最完好的史前居住基址。

大河村遗址博物馆1986年建成并对外开放，占地17亩，承担着对外开放、宣传教育、文物收藏、学术研究和遗址保护等多项任务。目前，博物馆的陈展总面积7000多平方米，由北面的遗迹厅和南面的陈列厅两个部分组成。

2001年6月25日，大河村遗址被国务院公布为第五批全国重点文物保护单位。

古荥汉代冶铁遗址

古荥汉代冶铁遗址位于郑州市西北20多千米的惠济区古荥镇（荥阳故城）西墙外。遗址南北长400米，东西宽300米，总面积12万平方米，它是迄今为止发现的保存最好、最完整的汉代冶铁炉遗迹，距今已有2000多年的历史。

遗址现存炼铁炉炉基两座，炉底积铁十余块（最大的重约23吨），矿土堆约60立方米，水井一眼，水池一处，四角柱坑，烘范炉十三座，船形坑一个，陶窑一座。出土铁器318件、陶器380余件、石器8件。

古荥汉代冶铁遗址是汉代国家冶铁专营时期河南郡第一冶铁作坊，出土铁器经过部分金相检测，有灰口铁、白口铁、麻口铁、铸铁脱碳钢、古代球墨铸铁等，反映了我国汉代已达到很高的黑金属冶铸技术水平，在我国和世界冶金史上都占有重要位置。

2001年6月25日，古荥汉代冶铁遗址被国务院公布为第五批全国重点文物保护单位。

古荥汉代冶铁遗址正门

古荥汉代冶铁遗址内部

荥阳故城

荥阳故城位于郑州市西北 27 千米的古荥镇，是汉代城市遗址、中原地区军事重镇。

城垣呈不规则长方形，南北长约 2000 米，东西宽约 1500 米。除东城墙被河水冲毁外，其他三面城墙目前基本上保存完整。现存城墙最高处 20 米，上宽 10 米，基宽 30 米。城墙系版筑而成，层次分明，夯窝清晰。西城墙有三处缺口，当为城门遗迹。根据考古调查，城内东北为粮仓，东部高地为官署，南部为居民区。同时在故城内发现了古代房基、夯土台、输水管道等建筑设施。特别是发现了汉代冶铁作坊，规模宏大，冶炼技术先进。

荥阳故城因其险要的地势和重要的地理位置，历代为兵家必争之地。刘邦、项羽争天下之战事多发生于此。

2006 年 5 月 25 日，荥阳故城被国务院公布为第六批全国重点文物保护单位。

荥阳故城遗址

小双桥遗址

小双桥遗址位于郑州市石佛镇小双桥村，包括岳岗、葛寨、于庄的一部分，遗址主体的文化年代相当于郑州二里岗上层二期。

遗址南北长 3000 米，东西宽 2000 米，总面积近 600 万平方米。1989 年发现，1990 年以来多次调查、发掘。发现有城墙夯土建筑基址、祭祀坑等文化遗迹和石磬、原始瓷尊、石圭等重要文物。特别是发现的青铜建筑饰件，造型独特，纹饰繁缛，为国内首次发现，对于研究商代建筑的发展水平等具有重要的意义。发现的朱书陶文书写在陶缸表面的绳纹之间，与殷墟出土的甲骨文和朱书文字一脉相承。这是我国迄今为止发现的商代最早的书写文字。

小双桥遗址是目前所发现的处于郑州商城和安阳洹北商城之间的唯一一个白家庄期的、具有都邑规模和性质的遗址，是夏商周考古学上的一个新突破。

2006 年 5 月 25 日，小双桥遗址被国务院公布为第六批全国重点文物保护单位。

小双桥遗址文保碑

二七纪念堂

郑州二七纪念堂位于郑州市钱塘路中段82号，是为纪念二七工人大罢工而建。

1923年2月1日，京汉铁路各站工人在郑州普乐园（今二七纪念堂）成立京汉铁路总工会。由于大会遭到军阀无理阻挠和破坏，总工会决定在2月4日举行全路总罢工。当日上午9点，郑州铁路工人首先拉响了罢工的汽笛，揭开了罢工的序幕。郑州成为这次罢工的策源地，长达千余公里的京汉线立即陷于瘫痪。2月7日，吴佩孚在帝国主义指使下，对罢工工人进行残酷镇压，共产党员、工人领袖林祥谦、施洋以及高斌等36人被杀，300多人负伤，造成震惊中外的“二七惨案”，激起了全国工人大罢工的革命怒潮。这就是有名的二七大罢工。罢工虽然失败了，但是工人的生命和鲜血进一步唤醒了中国人民，显示了中国工人阶级的力量，扩大了党在全国人民心中的影响。

二七纪念堂

1951 年 9 月，郑州市在普乐园会场旧址动工修建二七纪念堂，这是新中国最早的纪念性建筑之一。2006 年 5 月 25 日，二七纪念堂被国务院公布为第六批全国重点文物保护单位。2017 年 1 月，二七纪念堂被列入《全国红色旅游经典景区名录》。

二七纪念塔

二七纪念塔全称郑州二七大罢工纪念塔，位于郑州市二七广场，建于 1971 年，是中国建筑独特的仿古联体双塔，是为纪念京汉铁路工人大罢工中牺牲的烈士而修建的纪念性建筑物。

为缅怀先烈，继承和发扬京汉铁路工人的革命斗争精神，1951 年，郑州市人民政府将原长春桥旧址扩建为二七广场，1953 年，在广场中央置六角形木塔一座，1971 年，在木塔原址建钢筋混凝土联体双塔，即今二七纪念塔。纪念塔占地面积

二七纪念塔

352平方米，建筑面积1923平方米，钢筋混凝土结构，为五角形联体双塔。塔高63米，共14层，其中塔基三层用汉白玉护栏环绕。塔身11层，每层塔檐用绿色琉璃瓦砌筑。塔顶建有六面直径2.7米的钟楼，钟楼顶端矗9米旗杆，上置红色五角星。塔内每层设有展室和电梯，塔底有面积约520平方米的地下室。

二七纪念塔是郑州市的重要标志之一，是郑州革命城市的象征，是开展革命史与爱国主义教育的重要基地。

2006年5月25日，二七纪念塔被国务院公布为第六批全国重点文物保护单位。

祭伯城遗址

祭伯城遗址位于河南省郑州市郑东新区，是周代的古遗址。经初步发掘，发现了西周至春秋时期的城墙，南北长1260米，东西宽780米，面积约98万平方米。墙宽15米，高4—5米，由黄土夯筑而成。

祭伯城遗址

经过进一步的考古钻探，考古工作者现已探出城圈、护城河、夯土基址等文物遗迹，初步探明该遗址范围达 50 万平方米。西周时期，周公五子祭伯封侯在管城东北 15 里处，建鄒（zhài）国都城，史称鄒伯城。后来“鄒”字改为“祭”字，读音为“zhài”。周穆公曾来过祭伯城，泛舟于圃田泽。后该城并于郑，成为郑国大夫祭仲的采邑，随着多年后外地民众迁到祭伯城定居，由于口音不同，祭的读音逐步演变为“zhà”，祭伯城简称祭城。该遗址的发掘为研究周代历史提供了新的重要资料。

2013 年 5 月 3 日，祭伯城遗址被国务院公布为第七批全国重点文物保护单位。

尚岗杨遗址

尚岗杨遗址位于郑州市管城回族区南曹乡尚岗杨村西，七里河东岸台地上，为仰韶文化中晚期遗址。

遗址东西长约 300 米，南北宽约 250 米，面积 7.5 万平方米。文化层堆积厚 2—

尚岗杨遗址公园

3米。1984年发现，1993年进行发掘，发掘面积300平方米，发现有房基、灰坑、墓葬等。房基为“木骨整塑”，灰坑多为筒状和袋状，墓葬均为竖穴土坑墓。陶器以泥质红陶和夹砂褐陶为主，其次为泥质灰陶。器形有鼎、罐、钵、碗、盆、瓮、小口尖底瓶、缸等。陶器表面多素面、磨光或施陶衣。石器有石铲、石斧、石凿等，还发现有鹿角等遗物。

尚岗杨遗址是郑州市市区目前保存较为完好、面积较大的一处重要遗址。这片遗址当时是一个大的村落，这对于研究郑州地理变迁、人文环境及古代植被有着十分重要的意义。

1987年3月4日，尚岗杨遗址被郑州市人民政府公布为郑州市文物保护单位；2013年5月3日，被国务院公布为第七批全国重点文物保护单位。

郑州城隍庙

郑州城隍庙位于郑州市管城回族区商城路东段，坐北朝南，原名城隍灵佑侯庙，

郑州城隍庙

郑州城隍庙

始建于明代初期。

整个建筑群面积6500平方米，沿南北轴线，有大门、仪门、戏楼、大殿、后寝宫等主体建筑。大门面阔三间，进深两间，悬山式建筑。仪门面阔三间，进深两间，硬山式建筑。戏楼为面阔三间、进深两间的歇山式高台楼阁，该戏楼小巧玲珑、式样别致，实属古代建筑中之珍品。大殿面阔三间，进深三间，单檐歇山式建筑，屋身为九檩前后廊柱架结构。后寝宫由抱厦和寝殿两座建筑组成，中间有地沟相隔。寝殿悬山式建筑。殿前抱厦为硬山式建筑。抱厦为五檩穿廊式，寝殿为九檩前后廊式的柱框架结构。

该庙是目前郑州市区内现存规模最大、保存最完整的明清古建筑群。其建筑古朴典雅、形式多样，彩画鲜艳生动，河南地方建筑特点显著。尤其戏楼造型精美，在国内较为罕见。庙内遗存碑刻20余通，其中以明工部都水司主事张大猷草书的“福赞”碑较为珍贵。

2013年5月3日，郑州城隍庙被国务院公布为第七批全国重点文物保护单位。

郑州文庙

郑州文庙位于郑州市管城回族区东大街东段路北，坐北朝南。据民国《郑县志》记载，郑州文庙创建于东汉明帝永平年间（58—75），元顺帝至正六年（1346），依原貌重建。明、清两代多次重修，清光绪二十二年（1896）遭大火，毁坏殆尽。至“文化大革命”前，仅存大成殿建筑及部分厢房。2006 年，大成殿被整体抬升，复原棂星门、金声玉振坊、泮池、名宦祠、乡贤祠、尊经阁等建筑，初步恢复文庙的规模和古朴典雅的建筑风格。

大成殿面阔七间，进深三间，单檐歇山顶，覆以绿色琉璃瓦，脊饰黄、绿、黑釉相间。正脊高 0.7 米，脊阳面塑琉璃烧制的二龙戏珠图案，背面塑“凤穿牡丹”，正脊中心竖立一座玲珑别致的双层飞檐楼阁，垂脊和戗脊雕饰为黄龙戏珠、金凤牡丹。尤为珍贵的是，两山面为琉璃烧制的博风、悬鱼，东山博风正中镶嵌玉皇大帝像，

郑州文庙

郑州文庙

两侧为八仙过海图。西山正中雕如来像，两侧为三国戏曲人像。

该殿的琉璃雕刻技术及艺术堪称河南现存古建筑琉璃艺术中的杰作。

2013 年 5 月 3 日，郑州文庙被国务院公布为第七批全国重点文物保护单位。

东赵遗址

东赵遗址位于郑州市西郊的高新区沟赵乡赵村（东赵）南、中原区须水镇董岗村西北，处于丘陵与平原的接触地带，分布在檀山东北的台地上，海拔 120 米以上。

该遗址处于夏商文化分布核心区域。2012 年 10 月—2014 年 12 月，北京大学考古文博学院与郑州市文物考古研究院联合对东赵遗址进行了连续性考古发掘与勘探。经过勘探、发掘与解剖，确认东赵遗址存有大、中、小三座城址。

这些发现具有重要的价值和意义。第一，东赵遗址无论对夏商时期年代谱系抑或郑州西北的区域聚落研究，都可提供新的材料及视角。第二，东赵遗址小城为郑州地区嵩山以北发现的第一座确认的新砦期城址，该类遗存的发现，对解决新砦期

东赵遗址文物保护碑

东赵遗址考古现场

文化面貌、性质及归属问题会有极大帮助。第三，东赵遗址中城是为数不多的二里头时期城址，内涵丰富，如集中成片似有着统一管理及规划的圆形地穴式遗存，是该时期第一次发现；所发现的卜骨坑，是目前该时期单一遗迹内集中出土卜骨最多的；在中城南墙基槽内发现一孩童骨骸，似与祭祀活动相关，这类现象在同时期遗址中属首次发现；另外，该遗址内发现多条二里头时期环壕，可对研究二里头时期偏早阶段聚落设防及规划提供新的研究课题及材料。第四，遗址南部发现商代早期大型建筑遗迹，基本轮廓较清晰，面积达 3000 平方米，是目前发现规模上仅次于偃师商城建筑基址的夯土建筑，考虑到之前遗址内采集到的商代铜器、遗址内存有丰富的二里岗期遗存，推断东赵遗址为商代早期郑州商城西部一处重要聚落。此外，东赵遗址早商早段文化遗存内发现有岳石文化因素，也可对早商时期商夷关系研究提供新的材料。第五，东赵遗址发现有两周时期文化遗存，特别是西周早期文化遗存的发现，为研究郑州地区西周文化、探讨西周封国管国提供了新材料。

东赵遗址是 2014 年度中国十大考古新发现之一，2006 年 6 月 8 日，被河南省人民政府公布为河南省文物保护单位。

常庙城址

常庙城址位于郑州市西南 10 千米的二七区马寨镇常庙村周围，是一处战国时期的城址。新中国成立初期，城的北墙、东墙、南墙依然存在，底宽 10 余米，顶宽 5 米，高约 4 米。20 世纪 70 年代城墙惨遭摧毁，现仅东城墙一部存于地面。经过钻探得知，北城墙长 344 米，西半部城基尚存，厚 1 米，宽 10—20 米；南城墙长 280 米，城基全在，厚 1—3 米，宽 40 米；东城墙长 1448 米，中北部存一段城墙，南部存一段城基，厚 2—4 米，宽 20 米；西城墙长 1264 米，南北两端城基存在，厚 2—4 米，宽 20—40 米。

常庙城址分为制陶区与城基两部分。常庙城址中部为常庙村，西南角为下田河村，两村之间有不少陶窑、仓窖露于断壁上，并发现数以千计的战国陶文，是为制陶区。常庙城址的发现为郑州地区战国时期历史的研究提供了宝贵的资料。

常庙城址文物保护碑

2006 年 6 月 8 日，常庙城址被河南省人民政府公布为第四批河南省文物保护单位。

荥泽城隍庙

荥泽城隍庙位于郑州市惠济区古荥镇西大街路北（原古荥轧花厂院内），其西侧、北面紧邻荥阳故城城墙。荥泽城隍庙始建于明洪武初年，清康熙三十七年（1698）因避河患荥泽县治迁至今古荥镇，荥泽城隍庙也随之迁至此地。

荥泽城隍庙现存大殿、月台、明嘉靖和万历年间碑刻两通、清代乾隆年间铁香炉一尊、寝殿基础等。城隍庙大殿坐北朝南，单檐歇山式建筑，为明代建筑，清代重修，面阔五间，进深三间，屋面覆琉璃瓦，脊饰黄绿相间式琉璃，正脊两端置蟠龙大吻。平面呈长方形，柱网左右对称布局，明间面阔 3.5 米，次间面阔 3.5 米，稍间面阔 2.2 米，通进深 10.1 米。檐下施七踩斗拱，绕殿檐下一周，斗拱下为平板枋和大额枋。主体建筑由 18 个木柱支撑梁体，明间两根金柱撑托大梁，五架梁前后带双步梁结构。

荥泽城隍庙

荥泽城隍庙大殿

殿内方砖墁地。在建筑细部方面，梁架上施五色彩绘，斗拱及小木作部分采用了较多的雕刻和装饰细部，充分体现了明代建筑精雕细琢的特点。总之，城隍庙大殿出檐深，挑角高，墙壁厚，做工精，为中原地区古建筑之精华。殿前月台南北长 26.8 米，东西宽 19.8 米，表面铺砖。月台上置放铁香炉一尊，圆形，高 1 米，周长 2.52 米，上铸乾隆年间重修城隍庙铭文。月台南部两侧各立碑刻一通，字迹基本清晰，保存较好。西侧碑刻为明代嘉靖三十三年（1554）《重修荥泽县显佑伯城隍庙碑铭》，东侧碑刻为明代万历年间《重修荥泽县城隍庙记》。

2008 年 6 月 16 日，荥泽城隍庙被河南省人民政府公布为第五批河南省文物保护单位。

纪信墓及碑刻

纪信墓及碑刻位于郑州市西北 26 千米古荥镇纪公庙村。墓门朝东，地面现存圆冢高 9 米，周长约 120 米。有两个小方亭形四阿顶式单层汉阙。1980 年年初，郑州市博物馆对该墓进行过考古发掘。该墓系用 300 多块空心砖扣合而成，分两主室和耳室。墓室外扩长 9 米，宽 4.5 米，虽遭多次盗掘，仍出土铜器、铁器、玉器、陶器和车马饰等 300 余件，现藏于郑州市博物馆。

纪信（？—前 204），汉高祖刘邦的大将。史载，汉王三年，刘邦屯兵荥阳，项羽率兵围攻，汉军粮绝。纪信假扮刘邦诈降，刘邦才得以带数十骑从西门遁走成皋。项羽怒焚纪信，葬残骸于此。明太祖洪武二年（1369），朱元璋规定各州、府、县的城隍封号，敕封郑州城隍为“灵佑侯”，并建庙于州治东 1.5 千米处供人祭祀。后人为了表彰纪信的忠烈，在墓南侧修建庙宇，墓地树碑勒石、赋诗、题词。

墓冢北面有东西并列的 5 座碑楼，分为两组，东边一组 2 个碑楼，每楼镶嵌 1 通碑；西边一组 3 个碑楼，每楼中并列 3 通碑。西北角横排镶嵌 12 块题记。以上 11 通碑跨唐、宋、明、清 4 个朝代，其中以唐长安二年（702）卢藏用撰文并书丹的“汉忠烈纪公碑”最为珍贵。碑上有题记和赞颂纪信的诗词 12 首，最早的是金大定十二年（1172）纥石列题“西汉纪将军庙”。民国三十年（1941）顾培基书颜体字“汉纪将军赞”，内政部长周钟岳撰书“重修纪公庙碑记”，于右任草书“题

纪公庙

纪公庙一角

纪将军祠”。纪信墓既有历史价值又有艺术价值。

2008 年 6 月 16 日，纪信墓及碑刻被河南省人民政府公布为第五批河南省文物保护单位。

黄河花园口掘堤扒口处

黄河花园口掘堤扒口处遗址位于郑州黄河花园口旅游区内。

1938 年 6 月，国民党军为抵御日本侵略者继续西犯，决定在郑州花园口扒开黄河大堤，以水代兵，使日本侵略者从郑州沿平汉铁路进攻武汉的企图没有得逞。但此次掘堤事件，造成黄河改道长达八年零九个月之久，形成了一个灾难深重的“黄泛区”，给中国人民带来了巨大的灾难，致使豫、皖、苏三省四十四县市受灾，死亡人口达 89.3 万人。

黄河花园口掘堤扒口处包括掘堤处纪念碑、花园口事件记事广场、雕塑墙三处遗迹。掘堤处纪念碑标出了当年扒开大堤 1460 米的确切位置。花园口事件记事广场南边的雕塑墙包括八个画面，分别是日寇侵华、掘堤扒口、洪水泛滥、灾民流离、

黄河花园口掘堤处纪念碑

黄河花园口掘堤扒口处文物保护碑

生态灾害、堵口会谈、复堤斗争、黄河归故。黄河花园口掘堤扒口处遗址再现了当年国民党军以水代兵抵御日军进攻之历史事件，也是“花园口事件”巨大灾难之见证。

2008 年 6 月 16 日，黄河花园口掘堤扒口处被河南省人民政府公布为第五批河南省文物保护单位。

毛主席塑像

毛主席塑像位于金水路与人民路交叉口西南角，水泥质，像高 12.26 米（取毛主席生日 12 月 26 日之意），其中基座 5.16 米（取中共中央《五一六通知》，是“文化大革命”开始的标志文件之意），塑像 7.1 米（取 7 月 1 日党的生日之意）。毛主席塑像右手手指位置安装有避雷针。

“文化大革命”开始后，全国各地掀起了建设毛泽东塑像的热潮。1968 年 5 月，“河南省三代会”联合成立了河南省毛泽东塑像委员会，并选毛主席身穿军衣、头戴军帽的挥手像作为塑像。这尊塑像于 1968 年 7 月中旬开建，至国庆节前完工。

毛主席塑像是“文化大革命”特定环境中产生的特定作品，是时代的见证，曾经全国竖立，如今几尽绝迹。随着时间的推移，毛主席塑像的政治光环越来越淡化，艺术价值反而突显。

2008 年 6 月 16 日，毛主席塑像被河南省人民政府公布为第五批河南省文物保护单位。

田河遗址

田河遗址位于郑州市二七区马寨镇上田河村东北约 1 千米处贾鲁河支流圣水峪河南岸台地，属新发现的旧石器时代遗址。遗址区现为郑州尖岗水库生态涵养林区，保存状况较好。遗址分布范围广，面积大，文化堆积厚，遗存丰富。遗址地层内发现石制品标本 212 件；动物化石 50 件，大多数较破碎，石化程度中度；鸵鸟蛋化石 5 件。该遗址属旧石器时代晚期，发现于晚更新世的河湖相沉积地层内，对于研究现代人类起源、石器工具类型、古环境、古气候、古地貌等具有重要的科学价值。

2016 年 1 月 25 日，田河遗址被河南省人民政府公布为第七批河南省文物保护单位。

田河遗址

老奶奶庙遗址

老奶奶庙遗址位于郑州市西南郊二七区侯寨乡的樱桃沟景区内。在50平方米发掘范围内，发现3000多件石制品、12000多件动物骨骼及碎片、20余处用火遗迹，以及多层叠压、连续分布的古人类居住面。

老奶奶庙遗址的发现进一步将近年来在嵩山东南麓调查及发掘的数量众多的旧石器时代遗址完整地连接起来。这些遗址既有临时活动场所，也有长期居住的中心营地，还有专门的石器加工场所，以及摆放石堆与大象头骨的特殊活动遗迹。其分布明显成群组聚集，构成多个以基本营地为中心，各类临时活动地点呈放射状分布的遗址群。遗址群沿古代河流两侧分布，有各自相对独立的活动领域。

这一新发现确切证明，早在距今3万—5万年前中原地区已有繁荣的旧石器文化与复杂的栖居形态。老奶奶庙遗址正处于现代人类及其行为出现与发展的关键时段。在老奶奶庙遗址新发现的数量众多的文化遗物，尤其是以灰烬堆积为中心的活动面遗迹的发现，填补了过去中原地区以及东亚大陆这一阶段旧石器文化发现的空

老奶奶庙遗址

白，为研究中国境内及东亚地区现代人类及其文化起源与发展等一系列重要史前考古的关键课题，提供了非常重要的新资料。

2016 年 1 月 25 日，老奶奶庙遗址被河南省人民政府公布为第七批河南省文物保护单位。

周悼王墓

周悼王墓位于郑州市马寨工业园区，南临坟上村，北临厂房南围墙，分布范围南北长 271 米，东西宽 177 米。现存有墓葬、神道石刻及守墓人家庙等。墓葬原冢高大，后遭破坏，因墓道口有石门，墓室一直没人进入过，地面现已无冢，但地宫保存尚完好。石刻为明代王陵神道两侧遗物，现存石刻有石人（残）4 个、石马 2 个、石虎（被掩埋）1 个、石羊（残）2 个、石狮（残）1 个、碑刻（残）一通、石门柱（残）一个（残高 1.1 米，宽 0.48 米）。墓道出土有“皇明周荣悼世子之墓志铭”盖一方。

周悼王，名朱安潢，周定王玄孙、周惠王世子。明宪宗成化十年（1474）生于开封，明孝宗弘治二年（1489）封世子，弘治十年（1497）薨，享年 23 岁，本人

臧氏家庙

并未承袭王位，追谥为“悼”，称“周荣悼王子”或“周悼王”，明世宗嘉靖初年依王礼葬于郑州西南东邢村，即今二七区马寨镇坟上村。

墓冢旁边的臧氏家庙，为硬山式灰瓦建筑，系清代中期所建，残破不堪，顶瓦失落近半。内有清康熙、道光、光绪重修家庙碑三通，记述了明代嘉靖年间臧氏自南京迁至此处为明悼王世子守墓的情形。查村中居民现有臧、王、李三姓，三氏均祖籍南京，明代嘉靖年间奉圣旨为周悼王守陵迁来此处，遂繁衍至今。明周悼王陵对于研究明代藩王墓布局及其所附石刻群具有很高的历史、艺术、科学价值。

2016 年 1 月 25 日，周悼王墓被河南省人民政府公布为第七批河南省文物保护单位。

黄河第一铁路桥遗址

黄河第一铁路桥位于郑州市惠济区古荥镇黄河桥村黄河游览区内，由比利时人设计、承建，管理权属郑州铁路局。

该桥兴建于 1903 年 9 月，于 1906 年 4 月建成通车，是中国第一座横跨黄河南北的钢体结构铁路大桥，桥长 3015 米，横跨黄河两岸，102 孔（98 孔上承衍梁，3 孔上承钢板梁），原设计载重为 E–35 级。解放前，该桥多次遭军阀毁坏。1948 年郑州解放后对桥进行加固，更换为苏式梁。1949 年 12 月至 1952 年 7 月，又先后五次加固桥梁，运输能力比 1948 年提高 36 倍。1952 年 10 月 31 日，毛泽东主席视察大桥。1958 年 7 月，洪水冲断大桥，后新建京广铁路黄河大桥，此桥备用。1987 年 7 月，为防止老桥阻水，以利防洪，拆除老桥上部钢梁，保存南端 5 孔 160 米，立碑纪念，作参观用，目前保存良好。

郑州黄河第一铁路桥是中国较早的黄河铁路桥，从建成通车到作为历史文物共经历 81 个年头，为中国经济发展做出了突出贡献，具有重要的科学价值和历史价值。

2016 年 1 月 25 日，郑州黄河第一铁路桥被河南省人民政府公布为第七批河南省文物保护单位。

黄河第一铁路桥

部分桥面

保吉寨

保吉寨位于郑州市中原区西流湖公园内，中原西路北侧，西邻贾鲁河，始建于清咸丰九年（1859）。保吉寨坐落在贾鲁河东岸的一处高台地上，在南部留有一座寨门，寨门顶悬挂着写有“保吉寨”三个大字的石匾，周边均为寨墙，寨墙外为很深的沟壑。

保吉寨依台地而建，呈不规则形，南北长220米，东西宽150米，周长约650米，面积28000平方米。自1859年建成以后，先后经历了蒋冯阎中原大战、抗日战争等历史时期，保留至今实属不易。

保吉寨是郑州市目前唯一一个基本保留中原土寨风貌的村落，寨墙、寨门和原有街道布局保存完整，能够真实反映中原文化、体现百年老郑州传统风情，是绝无仅有的中原地区土寨文化活态博物馆，是黄河以南中原地区土寨的代表。

2016年1月25日，保吉寨被河南省人民政府公布为第七批河南省文物保护单位。

保吉寨

梨园河遗址

梨园河遗址地处低山丘陵区嵩山余脉延伸的东北部地带。地势由西南向东北部倾斜。在东、北部断崖剖面发现有灰坑和文化层分布。文化层厚 1.3 米，黄褐土，土质较松，包含物有陶片等。灰坑填土为黑灰土，夹有大量的草木灰及红烧土块等，遗存丰富。陶质有泥质陶和夹砂陶，陶色有灰陶、红陶、褐陶等，纹饰有绳纹、弦纹、附加堆纹、素面等，可辨器形有陶罐、瓮、盆等遗物。

2009 年 6 月 3 日，梨园河遗址被郑州市人民政府公布为郑州市文物保护单位。

梨园河遗址

石佛遗址

石佛遗址地处郑州西北部郊区的丘陵区、嵩山余脉延伸的东北部地带。遗址区地势较高，呈东高西低的缓坡状。该遗址保存较为完好，遗址区内现为农耕田。

2002 年，该遗址被发现。2005 年 2 月，为配合国家郑州高新技术产业开发区建设，郑州市文物考古研究院对石佛村东部进行文物调查，在断崖上发现有文化层及灰坑分布，并采集到少量陶片。随后，开展局部钻探，确定遗址范围。从钻探及地面踏查了解的情况看，该遗址东西长约 400 米，南北宽约 300 米，面积约 12

石佛遗址文物保护碑

万平方米。采集的陶片中以灰陶为主，绳纹、素面皆有，且有一灰陶钵口沿残片。断崖上的文化层厚 1.5 米，浅灰土，土质较松，包含有丰富的陶片等遗物。陶质有泥质陶和夹砂陶，陶色有红陶、灰陶、褐陶等，纹饰有绳纹、篮纹、方格纹、素面等，可辨器形有陶罐、钵等，还采集有石斧、筒瓦、板瓦等。

2009 年 6 月 3 日，石佛遗址被郑州市人民政府公布为郑州市文物保护单位。

东史马民居

东史马民居地处郑州西北部郊区的丘陵区、嵩山余脉延伸的东北部地带，位于郑州市西北部高新技术产业开发区沟赵乡东史马村内，人称“大宅门”。

“大宅门”南北长 44.5 米，东西宽 22.5 米，进门有门楼山屏 1 座，山屏为木门雕花。民居分为前后两个院落，均为硬山灰瓦式建筑。前院房 3 座，前回廊，木门雕花纹，四角有砖雕，客厅内有雕梁彩画。后院房 3 座，高于前院，为封闭式砖结构。民居为当地士绅任德润所建，系清代民居建筑。

“大宅门”古建筑雄伟壮观，富丽堂皇，令人肃然起敬。上面挂有大匾额，上书金光耀眼的“辅翼国政”四个金色大字，苍劲有力，遒劲雄浑，落款为“布

东史马民居

东史马民居一角

东史马民居内景

政使司布政使任德润”。清朝官员等级分“九品十八级”，每等有正、从之分，布政使司布政使属从二品大员之列。二门处挂有任德润之弟任清馨所书的匾额“望重干城”。两个大匾，大门一文，二门一武，一文一武相互辉映，相得益彰。由于物换星移，风风雨雨，历经沧桑，北匾额已荡然无存，不过二门处篆刻的“皇恩浩荡门阁深”七字至今犹在，清晰可见。

“大宅门”楼房、客屋、厢房等建筑群占地面积 1196 平方米（其中不包括小客屋），小客屋在 20 世纪 70 年代时已被拆毁，盖成大队办公房。宅基地总面积 1978 平方米。从各方面资料查阅考证，此古建筑始建于清乾隆中叶，大约乾隆四十年（1775）前后至道光十八年（1838）即挂“辅翼国政”匾额之年竣工，历经乾隆、嘉庆、道光、咸丰、同治、光绪、宣统、民国，距现在已有 244 年历史。

2009 年 6 月 3 日，东史马民居被郑州市人民政府公布为郑州市文物保护单位。

张氏祠堂

水牛张张氏祠堂位于郑州市西部沟赵乡水牛张村内，东邻郑州轻工业大学（新区）。

张氏祠堂主体建筑为单檐硬山式，坐北朝南，砖木结构，面阔三间，通长 9.76 米，进深一间，通长 5.79 米，前出廊。檐部下有两根木柱支撑，柱头上为平板枋，与大额枋呈 T 形，梁架为五架梁结构，次间外筑山墙，山墙上做简单的砖雕墀头。灰色小瓦覆顶，正脊和垂脊做花脊式，正脊两端吻饰已脱落，垂脊仅一侧还留存着小兽。前檐明间为实板门，次间各置方窗，内置寿字花格窗棂。祠堂后墙正中供奉张氏始祖牌位，张氏始祖牌位由青石雕刻而成，在周边为高浮雕雕刻而成的龙形图案。张氏始祖牌位两侧为八通家谱世系碑。在房屋门口处还立着一通民国时期的《水牛张张氏宗祠碑记》碑刻。据碑文记载，水牛张张氏家族祖上于明初从山西洪洞县迁徙于此。

2009 年 6 月 3 日，张氏祠堂被郑州市人民政府公布为郑州市文物保护单位。

水牛张张氏祠堂

孔氏家庙

孔氏家庙位于郑州市惠济区古荥镇南街路东，周围为居民区。该家庙始建于北宋大中祥符二年（1009），距今已历千年，是宋真宗赵恒钦命留守王羽腾为唐代兵部尚书左丞孔戣、鲁郡开国公孔纬督建的家庙；亦是孔氏家族后代守坟奉祀和祭祀先祖的家庙。

时有祀殿三间、前戟门三间、前棂星坊门一座，庙内有书院一所、正房三间、左右庑六间、二门一座、前门一座，构设端伟、绘饰华焕，为当时当地之大观。明弘治初年（1490年左右）和嘉靖十四年（1535）曾两次重修，均毁于明末战火。清雍正十三年（1735）仿样重建大殿三间、前堂三间、照壁一座。乾隆十年（1745）增设棂星门和院墙，乾隆四十一年（1776）增设东西庑殿，直到嘉庆二十四年（1819）重修后，孔氏家庙才恢复旧观。

家庙现仅存大殿三间，东西长11米，宽7.75米，月台宽4米，砖木结构，前有明柱外廊的柁墩等遗物。另有道光十八年（1838）碑刻一通。堂前有古柏两棵，树龄均在900年以上。

2009年6月3日，孔氏家庙被郑州市人民政府公布为郑州市文物保护单位。

孔氏家庙文物保护碑

孔氏家庙

吉鸿昌烈士墓

吉鸿昌墓位于郑州市烈士陵园，用白水泥筑成，外部镶嵌花岗岩，长3.2米，宽1.4米，高0.6米。墓前立方形汉白玉墓碑，碑宽0.95米、厚0.23米、高1.6米。正面镌刻烈士的生平事迹和就义诗“恨不抗日死，留作今日羞。国破尚如此，我何惜此头”。保存情况完好。

吉鸿昌（1895—1934），字世五，抗日英雄，爱国将领，河南省扶沟人。1913年入冯玉祥部，从士兵递升至军长，骁勇善战。1934年加入中国共产党，参与组织中国人民反法西斯大同盟，被推举为主任委员，准备在家乡河南发动中原暴动，向国民政府发难。经党组织同意，吉鸿昌与南汉宸、宣侠父等一起拟定了暴动计划，准备将在江西的吉鸿昌旧部两个师调回河南，与河南当地的地方武装结合起来，进行暴动。11月9日，吉鸿昌在天津法租界遭军统特务暗杀受伤，遭工部局逮捕。为置吉鸿昌于死地，宋美龄不遗余力，她拿公款向租界行贿，将吉鸿昌引渡到北平军分会。11月24日，经蒋介石下令，吉鸿昌被杀害于北平陆军监狱，时年39岁。

2009年6月3日，吉鸿昌墓被郑州市人民政府公布为郑州市文物保护单位。

吉鸿昌墓

古荥公社影剧院

古荥公社影剧院位于郑州市古荥镇，为第二批郑州市文物保护单位。

该影剧院建于 1958 年，当时古荥人民公社党委接上级通知，毛主席来郑要视察古荥公社（后因故取消），故动员公社泥瓦匠边设计边施工，用一周时间建成了这座规模宏大的建筑物，时称“古荥人民会堂”。会堂坐南向北，面阔 34 米，为仿苏建筑模式；大厅进深 9 米，主会堂阔 24 米，深 47 米（包括主席台 12 米），是 20 世纪 50 年代前后政治、经济发展的缩影。20 世纪 70 年代后期更名为“古荥公社影剧院”。

古荥公社影剧院

第二节　巩义市

宋陵

宋陵位于巩义市市区及芝田、西村、回郭镇，为北宋皇家陵园。陵园占地 30 余平方千米。北宋九帝，除了徽、钦二帝被金所掳，囚死在漠外，太祖、太宗、真宗、仁宗、英宗、神宗、哲宗及宣祖（太祖之父赵弘殷），均葬于此，统称“七帝八陵”。

北宋皇陵的诸帝陵园建制统一，平面布局相同，皆坐北朝南，分别由上宫、宫城、地宫、下宫四部分组成，围绕陵园建筑有寺院、庙宇和行宫等，苍松翠柏，肃穆幽静。西村陵区位于西村镇北的常封村和滹沱村之间，包括宣祖赵弘殷的永安陵、太祖赵匡胤的永昌陵、太宗赵光义的永熙陵；蔡庄陵区位于蔡庄北，有真宗赵恒的永定陵；孝义陵区位于县城西南侧，包括仁宗赵祯的永昭陵、英宗赵曙的永厚陵；八陵陵区位于八陵村南，包括神宗赵顼的永裕陵、哲宗赵煦的永泰陵。除此之外，还有皇后陵 22 座，亲王、公主、皇子皇孙、诸王夫人墓 144 座，包拯、寇准、高怀德、赵普等名将勋臣墓 9 座，帝系宗亲陵墓近千座。如此集中、如此规模的皇陵，举世罕见。

北宋各陵建置格局基本相同，方位皆坐北朝南偏东约 6°　。每座帝陵域内有帝陵上宫、后陵、帝陵下宫、陪葬墓等，最外围用树篱围绕。陵域之内禁止采樵放牧，并有专人看守。在各座陵域之外还有一些自为茔域的亲王坟、供帝王谒拜山陵时下榻的行宫、为死者祈福的禅院、看守人住宅等。宋陵有庞大的石刻群，虽经破坏散失，至今尚有 941 件。帝陵石刻包括望柱、象及驯象人、瑞禽、甪端、马及控马官、虎、羊、客使、文臣、武臣、狮子、武士等，各有象征，堪称露天艺术博物馆。

宋陵是当时北宋政治、经济、文化的缩影，具有极高的价值。巩义宋陵是我国封建社会著名的陵区之一，它的布局、地面建筑和石刻造像，对研究北宋历史有着重要的价值。

1982 年 2 月 23 日，宋陵被国务院公布为第二批全国重点文物保护单位。

宋陵

宋陵文保碑

康百万庄园

康百万庄园又名河洛康家，位于河南省巩义市康店镇，始建于明末清初，是17、18世纪华北封建堡垒式建筑的代表，是全国三大庄园（康百万庄园、刘文彩庄园、牟二黑庄园）之一，与山西晋中乔家大院、河南安阳马氏庄园并称“中原三大官宅”，被誉为豫商精神家园、中原古建典范。

“康百万”是明清以来对“中原活财神”康应魁家族的统称，因慈禧太后的封赐而名扬天下。康百万家族，上自六世祖康绍敬，下至十八世康庭兰，一直富裕了十二代共四百多年。历史上曾有康大勇、康道平、康鸿猷等十多人被称为“康百万”，其中最具代表性的是清代中期的康应魁。

康百万庄园临街建楼房，靠崖筑窑洞，四周修寨墙，濒河设码头，集农、官、商风格为一体，布局严谨，规模宏大。总建筑面积64300平方米，有33个院落，53座楼房，1300多间房舍和73孔窑洞，分为住宅区、作坊区、栈房区、饲养区、金谷寨、祠堂等六部分。庭院皆为两进四合院，建制大致相同，每座建筑的门、窗、

康百万庄园正门

“留余”匾

檐部、山墙、室内梁架等部位均装饰各种精美的砖雕、木雕、石雕。庄园内还保存有当年康家使用过的生活用品及大量的匾额，如楠木雕刻的顶子床、端砚、“留余”匾等。“留余”匾是康家教育子弟的家训匾，为清朝翰林牛瑄撰写，入选《中国名匾》。

康百万庄园建筑的科学价值、艺术价值、历史价值和传统文化价值之高，是中原地区其他民居建筑不可比拟的，被誉为明清民居的大观园、传统建筑文化的浓缩图，是中原地区传统民居的典型代表。它的木雕、砖雕、石雕也被誉为中原艺术的奇葩。

1963 年 6 月，康百万庄园被河南省人民政府公布为河南省文物保护单位；2001 年 6 月，康百万庄园被国务院公布为第五批全国重点文物保护单位。

黄冶唐三彩窑址

黄冶唐三彩窑址位于巩义市站街镇小黄冶村、紫荆街道办大黄冶村，遗址分布在黄冶河两岸约 2 千米的台地上，窑址总面积约 22.5 万平方米。

黄冶唐三彩窑址的地层堆积一般厚 4 米左右，最深的达 6 米以上，包含了汉、隋、唐、宋元四个不同阶段。黄冶窑的主要遗迹有窑炉、作坊（辘轳坑、练泥池、釉料坑）、淘洗池、沉淀池、陈腐池、水井、道路、墓葬、灰沟和灰坑等。出土遗物以三彩制品为主，器形有盆、碗、盘、豆、碟、盂、杯、罐、钵、炉、灯、水注、净瓶和三彩俑类陶塑及范模制品兔、龟、蛙、马、羊、狗、狮、虎、象、骆驼、子母猴、车等。除此之外，还有不少白釉、黑釉、酱釉、黄釉瓷。

2002 年至 2004 年由河南省文物考古研究所等单位联合对该窑址进行多次发掘，发现作坊、窑炉、采料场等重要遗迹，出土数千件完整或可以复原的唐三彩、部分唐青花以及大量的窑具和模具，时代从隋末、唐初创烧，历经五代和北宋，一直延续到金代。

该窑址是我国目前发现创烧唐三彩和唐青花瓷器时代最早、规模最大、产品种类最多、制作工艺最高的一处窑址。黄冶唐三彩窑址的发现与发掘，不仅找到了唐三彩与唐青花的产地，而且为探讨唐三彩与唐青花的生产过程以及制作工艺提供了珍贵的实物资料。

2001 年 6 月 25 日，黄冶唐三彩窑址被国务院公布为第五批全国重点文物保护单位。

黄冶唐三彩窑址碑

刘镇华庄园

刘镇华庄园位于巩义市东北 15 千米的河洛镇神北村，庄园坐北朝南，依神都山而建，为刘镇华家族故居。刘镇华是清朝末年人。早年曾参加同盟会，进行反清活动，后任镇嵩军司令，民国时期任陕西、安徽两省督军和省政府主席，兼任豫鄂皖边区“剿匪”总司令，1949 年赴台湾，1952 年病故于台湾。

庄园错落有致地分为三层，有 6 个院落，石砌窑洞 30 孔，楼房 210 间，平房 30 间，总面积约 1 万平方米。前为花园，后为主宅区，两侧设寨门，主宅区建在神都山山腰，分上、下两部分。上院现存石砌窑洞 8 孔、楼房 2 栋、瓦房 1 栋，皆为砖木结构。下院分东、西两个院落。东院现存窑洞 8 孔、临街小瓦房 5 间。西院现存窑洞 4 孔、东西厢房 4 间、临街房 1 栋。下院门前东西向胡同南为刘家花园，内有一座楼房，俗称“仿重庆大厦”。主宅区东南约百米处，是刘家祠堂，为两进式四合院，现存临街房、厢房、过厅、后厢房、大殿等建筑，均为二层砖木结构硬山式建筑。

刘镇华庄园

刘镇华庄园

刘镇华庄园是一处典型的官僚地主庄园，对研究我国半封建半殖民地社会的历史和建筑特点具有重要价值。

2013 年 5 月 3 日，刘镇华庄园被国务院公布为第七批全国重点文物保护单位。

张祜庄园

张祜庄园（亦称张诰庄园）坐落于巩义市新中镇新中村琉璃庙沟。受自家（老宅院）窑头上苍劲挺拔的古柏启发，十六世张辉明为钱庄起字号为“柏茂”号，民间俗称“柏茂家”。十九世张诰办有煤矿，是当时巩县有名的大财主。抗战时，他积极响应八路军的号召为部队筹粮捐款，时人称“张诰家”。张祜是张诰之父，故称张祜庄园。

庄园始建于清朝末年。住宅群自南向北依次分为柏茂园、柏茂仁、柏茂信、柏茂永、柏茂和、柏茂恒六个大宅院，共有院落 13 处、楼房 80 余间、窑洞 30 余孔。

其中“柏茂园”大宅院非常壮观，含6处院落。一、二院为两进式四合院，主体建筑为三座庑顶式楼房，砖木结构，歇山抹角，四坡七脊，筒瓦盖顶，中间楼房共用，其前后墙壁有门有窗，其东南西北四面畅通无阻。每座楼西侧依山面东建三层窑楼，每层窑楼砖券三孔窑洞，第一层楼房和窑洞均出檐2米，檐下置石柱，石柱上刻有文字、花卉和人物图。第二、三层窑洞为安置阳台，均依次后退3米。三层窑洞间有砖砌耳道相通，上下窑洞间有砖砌台阶相连，迂回曲折。三院、四院各有窑楼3层，共有窑洞13孔。

庄园规模较大，保存较好，有较高的历史、艺术价值，对研究清末和民国时期的建筑特色、经济发展具有重要作用。

1987年3月1日，张祜庄园被郑州市人民政府公布为郑州市文物保护单位；2013年5月3日，被国务院公布为第七批全国重点文物保护单位。

张祜庄园

铁生沟冶铁遗址

铁生沟冶铁遗址位于巩义市夹津口镇铁生沟村南部台地上，为汉代河南郡铁官管理的第三号冶铁作坊遗址。1958 年发现，是已知的汉代冶铁遗址中出土物最丰富的一处，年代约为西汉中晚期至东汉。

铁生沟村群山环抱，矿藏丰富，南侧为一处规模较大的西汉冶铁遗址，东西长约 180 米，南北宽约 120 米，总共 2.16 万平方米。遗址周围断崖上，裸露出不少炼渣、矿石末、烧土和黑灰。西部为冶铁区，东部为铸铁区，北部为生活区，南部为通道和出渣区，南过坞罗河至太室山和青龙山下，系采矿区。发现的矿井有方井、斜井、竖井、巷道，采矿工具有铁镢、铁锤等。1958 年 12 月进行发掘，发掘面积 2000 平方米，清理出炼炉 17 座，另有脱碳炉、铸造坑、藏铁坑和配料池，出土各种铁制工具、武器及大批陶器、铜钱等。出土铁器有“河三”铭，还发现了煤的应用。

该遗址的发现和发掘，特别是球墨铸铁的发现，为研究汉代的冶铁技术提供了丰富的资料。

2013 年 5 月 3 日，铁生沟冶铁遗址被国务院公布为第七批全国重点文物保护单位。

铁生沟冶铁遗址文保碑

杜甫故里

杜甫故里位于站街镇南瑶湾村，背依笔架山。杜甫故里是中国唐代伟大的现实主义诗人杜甫出生和童年、少年生活的地方。杜甫从“庭前八月梨枣熟，一日上树能千回”的童年，到十年漫游、十年求官、十年漂泊的一生，经历了唐朝由盛转衰的历史。他一生忧国忧民，留下了1400多首脍炙人口的诗篇。他的诗被后世誉为“诗史”，他被尊为“诗圣”，更被列为世界文化名人。

杜甫故里主体建筑均为唐代风格，以木质结构为主体，以红色为基调，配以灰色顶瓦，整体样式庄重大方，色调简洁明快，古色古香，韵味十足。杜甫故里总占地 372 亩，采用三幕幻影成像、三维动画视频等高科技手段，系统地介绍了杜甫的生平，解读了杜诗精华以及杜甫在中国诗歌史上的卓越成就。

杜甫故里包括诗圣堂、杜公祠、瞻雪阁、诞生窑、上院、壮游园、三友堂、怀乡苑、万汇园等展区，生动展现了一代诗圣的心路历程，诠释了一个真实而全面的杜甫。

现有宅院长约20米，宽约10米，小青瓦门楼，黑漆大门。院内有东西厢房3间，

杜甫故里正门

诗圣堂

杜甫诞生窑

系硬山式建筑，小灰瓦顶，土坯墙，黄砂石墙基，门上悬挂竖匾一块，上书“杜甫故里纪念馆”七个大字，为郭沫若亲笔题写。室内陈列有多种杜甫诗集珍本、杜甫诗意画、杜甫世系表、杜甫行迹图、杜甫遗迹照片等。院东侧有一窑洞，门额上书“杜甫诞生窑”。窑洞深 20 米，宽 2 米余，高约 3 米。院内西墙上嵌碑 1 通，高 1.75 米，宽 0.75 米，正面楷书“唐杜工部立”。该碑是 1963 年由杜甫祠迁此。门外墙上嵌石碑 1 通，高 1.1 米，宽 0.56 米，系清雍正五年（1727）洛阳府张汉草书“诗圣故里”。

杜甫诞生窑不仅因系唐代留存而重要，更因为杜甫诞生于此而意义非常。在中国古代名人中，能确记其故里并保存其诞生处的仅此一例。

1963 年 6 月 20 日，杜甫故里被河南省人民政府公布为第一批河南省文物保护单位。

常香玉故居

常香玉故居位于巩义市河洛镇南河渡村董沟自然村，是常香玉出生和开始学戏的地方。

常香玉故居依山势建于高约 6 米的台地上，现有窑洞 4 孔，平房 3 间。整个院

村口纪念碑

落东西长 18.4 米，南北宽 17.9 米，大门外空地长 13.4 米，院落总占地约 600 平方米。大门前修有盘曲石阶、石坡，栽有松柏等常绿树木，坡下有古井一口，深约 30 米，村口有纪念碑。

常香玉（1923—2004），原名张妙玲，著名豫剧表演艺术家。她 9 岁随父张茂堂（艺名张凤仙）学艺，经过长期刻苦磨炼，博采众长，13 岁即以演《泗州城》而轰动开封，15 岁饰演《西厢记》中之红娘，精妙称绝。她吸取传统戏曲之精华，锐意创新，尤以吐字清晰为特点，形成了独具一格的常派艺术，为发展豫剧艺术做出了不可磨灭的贡献。

常香玉已成为河南甚至是中国的文化名片，常香玉故居是弘扬常香玉精神、缅怀豫剧大师常香玉的一处主要纪念地。

2016 年 1 月 22 日，常香玉故居被河南省人民政府公布为第七批河南省文物保护单位。

常香玉故居文物保护碑

常香玉故居正门

伏羲台遗址

伏羲台遗址位于巩义市河洛镇洛口村黄河与洛河交汇处高出河岸80米的台地上。

据传，伏羲曾在此日观河洛，夜观天象，创制了八卦，因此命名为“伏羲台遗址”。1992年5月，经有关专家实地考察，认定此处为古代祭祀场地。遗址略呈圆形，南北长约300米，东西宽约200米，面积约60000平方米，文化层最厚处达2米。发现有台基基址和房基、灰坑，采集到陶器残片、石器、骨器等。根据文化内涵，遗址可分为四期，一期为仰韶文化中期，二期为仰韶文化晚期，三期为河南龙山文

伏羲台遗址

伏羲台遗址文保碑

化早期，四期为周代。采集的标本以泥质红陶为主，其次是夹砂褐陶和夹砂红陶，其他有灰陶、黑陶。器形有罐、钵、盆、鼎等，另有石环、兽骨。

该遗址面积大，内涵丰富，地层叠压关系明显，延续时间长，对探讨华夏文明在洛汭地带的发展变化具有重要意义。

1987 年 3 月 1 日，伏羲台遗址被郑州市人民政府公布为郑州市文物保护单位；2008 年 6 月 16 日，被河南省人民政府公布为第五批河南省文物保护单位。

杜甫陵园

杜甫陵园位于河南巩义市老城西北约 6 千米康店镇康店村西的邙岭上。陵园占地 40 亩，坐北向南，主体建筑有大门楼、杜甫大型雕像、双层亭、诗圣碑林、杜甫墓、吟诗亭、望乡亭、草亭、献殿等。

陵园最引人注目的就是大型花岗岩杜甫雕像，雕像高达 4.7 米，雕法细腻，线条流畅，神情凝重，形象逼真。底座基高 3 米，用黑色大理石砌成，正面写有“诗圣杜甫”字样。

杜甫雕像

杜甫陵墓

墓地坐北面南，东西并排3个土冢，西为杜甫墓，向东依次为长子宗文、次子宗武之墓。墓冢呈漏斗状，高约10米，周长约72米。冢上和四周遍植冬青和柏树，冬夏苍翠。冢前有石碑两通，高约2米。前碑书“唐杜少陵先生之墓”，后碑刻“杜少陵墓”。

杜甫于唐代宗大历五年（770）在湖南平江县洞庭湖附近的湘江舟中与世长辞，享年59岁。当时家贫无力归葬，暂葬在湖南省平江县南15千米的小田村。43年后，唐宪宗元和八年（813），其孙杜嗣业遵先人嘱托，将杜甫灵柩归葬故乡巩义市康店的邙山岭上，其子宗文、宗武陪葬墓侧，当地群众称“圣人三冢”。宋代时墓园周围有墙垣，四门、园内种植苍松、翠柏，明代以后陵园被毁。

1987年3月1日，杜甫陵园被郑州市人民政府公布为郑州市文物保护单位。

崔氏祠堂

崔氏祠堂位于巩义市孝义镇白沙村，为皇族家庙式砖木结构建筑群，始建于明万历年间，清康熙五十年（1711）扩建，乾隆二十八年（1763）和1945年重修，2000年进行了第三次修葺。

祠堂由戏楼、厅楼式大门、拜殿、过厅、正殿、配殿、崔氏历史文化资料（谱）馆、库房等十八座殿堂式建筑组成，占地面积3398平方米。山门上镶嵌“崔氏祠堂”木匾，是全国保存最为完整、规模最大的崔氏大宗祠。

祠堂前大门为两层厅楼式建筑，共三间，房顶为五脊双坡硬山式，灰色小瓦覆顶，檐部为双重三角形瓦当，楼墙砖砌至顶。中间为过道，两侧为暗室，后壁各有方形木窗。木制大门上部雕饰二龙戏珠、梅花、牡丹、石榴等图案。前院东侧竖袁世凯所撰并书写的《崔继泽墓表》石碑，西侧设崔氏家族为国捐躯烈士名谱碑。祠堂后部西侧有配殿，共三间，为卷棚顶硬山式，青砖垒砌至顶。

祠堂总体为两进院落，进入两厢有耳房的厅楼式大门即拜殿，经过厅即为后院，迎门为后殿即正殿。正殿为起脊双坡硬山式建筑，分三间，屋顶为木结构，墙壁为青砖垒砌，前墙用砖砌约1米高的砖台，镶嵌石刻八仙图像，正门有两明柱两暗柱，明柱下有石刻狮驮莲花柱础，雕刻相当精细典雅。门前设五级台阶。正殿屋脊上砖

崔氏祠堂大门

始祖殿

刻缠枝菊花，有鸱吻、神兽 11 个。正殿后墙上方镶嵌“崔氏祠堂”石匾，殿内置精工木雕暖阁。后院两侧各有配殿，建筑结构与正殿基本相同。

崔氏祠堂是一处重要的宗祠文化遗产，也是崔氏重要的拜祖圣地。

崔氏祠堂现为郑州市文物保护单位。

牛状元府

牛状元府系清代武状元牛凤山与进士牛瑄的故居，位于河南省巩义市河洛镇官殿村。牛状元府背依凤凰岭（俗称老犍坡），面对二龙山（系嵩山北麓余脉），周围群山逶迤，风景秀丽。

该庄园坐北向南，以中院为主，一字排开，从东往西分为东院、中院、西院，总面积约 2400 平方米。庄园依山而建，红石根基，高 70 余米。状元府大门脊高 7 米，檐高 4.9 米，深 4.5 米，大门高 3.98 米，门口宽约 4 米。门楼堂皇高大，硬山式青

牛状元府

木匾

砖小瓦脊上雕刻龙兽，气势雄伟，门上方青石刻“圣旨”二字，其下醒目地并排着三幅青石匾额，分别题为“将军第”“状元府”“太史第”。下面是横楣，镌刻“清同治十二年春，五世将军癸巳状元牛凤山修”。大门两边又镶嵌红石刻联、青石刻联各一副。门内上方悬挂“父子文武状元传胪”木刻大匾一幅，南北侧墙分别悬挂“行孚时望”“怀远以德”木刻匾。门内第一院落为东院，即“御前侍卫府”；第二院落为中院，乃“金殿传胪太史第”；西院为“状元府”。此外，状元府还有下院，门前是状元回来下轿的地方。下院是喂牲畜及长工、佣人居住的地方。

牛状元府现为郑州市文物保护单位。

张相周故居

张相周故居位于大峪沟镇杨里村，坐北向南，分为上院老宅和下院窑楼两部分，上院长 19.3 米，宽 20 米，现存晒台窑、窑洞 2 孔、西大门。下院长 12 米，宽 16 米，存窑楼 1 幢。

张相周故居文保碑

据记载，张相周（1901—1972），原名张海，又名元宾，毕业于保定军需学校。1936 年任国民党第 33 军军需处长，1940 年任军部少将军需处长、第五战区兵站总监部中将总监。日寇投降后，在沈阳任第三兵站中将总监。1948 年任南京联合勤务总司令部高参。1949 年，中共中央副主席周恩来派人与张相周将军联系，策划起义，不慎泄密，遭到国民党政府通缉，张相周流亡美国，后转巴西，在巴西经营面粉企业。

身为国民党高级将领，张相周将军为官清廉，谨慎处世，热爱家乡，曾资助本村兴办育英小学。张相周故居下院窑楼保存完好，建筑高大，雕饰精美，为研究近代名人和民国时期的民居建筑风格提供了重要实物资料。

2007 年 12 月 18 日，张相周故居被巩义市人民政府公布为巩义市文物保护单位。

坞罗遗址

坞罗遗址位于巩义市南约 15 千米的坞罗水库大坝西头，南距坞罗村约 1 千米。

遗址分布在坞罗河西岸的台地上，高出河床约 20 米，附近为阶式梯田。耕土为红色土层，质硬而黏结度较高。该遗址在修建水库和平整土地时遭到严重破坏，

坞罗遗址文保碑

现存部分南北长约 200 米，东西宽约 150 米，总面积大致为 30000 平方米。

1963 年 8 月 15 日，坞罗遗址被巩县人民政府公布为巩县文物保护单位。

姚氏祠堂

姚氏祠堂位于巩义市鲁庄镇鲁庄村东头，始建于明末，重修于清乾隆元年（1736），后历代均有修葺。祠堂由戏楼、拜台、卷棚、大殿四部分组成。

祠堂大门口有一对清咸丰年间雕刻的石狮。大门上方嵌“姚氏家庙”砖刻，外悬“忠烈世家”木制匾额。1946 年，族人姚蕴亭出任巩县县长时，曾悬竖匾“陈征东姚大将军家祠”。

大门是走马门楼，外观是一座二层楼房，坐西向东，东西长 44.3 米，南北宽 20 米。二层有棱子门十二扇，每年祭祖时唱戏，将棱子门按到内边木框内，则为一座舞台。

进院是拜台，紧挨拜台的是卷棚五间，屋檐下悬有一匾，上书“敦伦堂”，卷棚内向东又有一匾，上书“式礼莫愆”。大殿五间三门，十二扇棱子门，正中悬“远宗虞帝”匾额。大门前檐有石柱四根，上刻对联，中间刻“理学光史册经明行修千

姚氏祠堂大门

姚氏祠堂

姚氏祠堂

秋重，忠烈耀邑乘仁成义取万古尊”，两侧对联书“系出虞后封于陈昌于齐流长源远，代当明初叔之功侄之德业创垂统”。

姚氏祠堂现为巩义市文物保护单位。

第三节　新郑市

郑韩故城

郑韩故城位于新郑市区双洎河（古洧水）与黄水河（古溱水）交汇处，是春秋时期郑国和战国时期韩国的都城。

故城城址平面略呈不规则长方形，东西长约 5000 米，南北宽约 4500 米。城墙分层夯筑而成，地面上城墙残高一般 10 米左右，最高处达 19 米，城墙底宽 40—60 米。郑韩故城内文物遗迹星罗棋布，目前发现城门遗址 4 处，在城内南北走向有一隔城墙，把故城分为东、西两城。西城内分布有韩国宫城和宫殿区、缫丝作坊遗址。

郑韩故城遗址

郑韩故城文保碑

东城内分布有郑国宫庙遗址、祭祀遗址、铸铜遗址和韩国铸铁、制骨、制玉、制陶等多处遗址。故城内外有郑韩两国贵族墓地多处，其中大型韩王陵墓群 12 处。平民墓葬区主要分布在城东黄水河东岸、城南和城西双洎河西岸一带，城北墓葬极少。

郑韩故城的布局体现了当时东周列国都城的典型模式，是目前发现的世界上同时期保存最完整、城墙最高、面积最大的古城。其北墙外侧有数处马面建筑，是全国最早的新型城墙防御设施。

1961 年 3 月 4 日，郑韩故城被国务院公布为第一批全国重点文物保护单位，被列入 20 世纪全国 100 项重大考古发现之一。

轩辕庙

轩辕庙位于河南省新郑市辛店镇始祖山（也叫具茨山）主峰顶上，创建年代不详，用于祭祀人文始祖轩辕黄帝。据清康熙三十二年（1693）刊本《新郑县志》卷三“祠庙”记载：“轩辕庙在县西大隗山巅。”大隗山即始祖山。

轩辕庙

轩辕庙为歇山式建筑，坐西向东，台基、墙身和屋顶均为石材构成，面阔三间7.35米、进深三间4.8米，高约5米，建筑面积40平方米。单檐歇山。殿顶为灰板瓦，疑为近代覆加。正脊平直，正脊两端和戗脊下端均以兽首作结。正脊中央雕有“吉”字图形。庙墙正面背面四组斗拱装在立柱之上，殿内四根石柱由步梁与墙连接，柱上置横梁承托屋顶。正面明间辟门，门高2.18米，宽1.73米。左右有立颊。两次间用直棂窗8抹格，中间一道破子。其他三面无窗。门楣石簪上浮雕横排四个象形文字，南为“日”，北为“月”字，中间阳雕“卐”字。庙正面两窗下各嵌有96×44厘米的石碑，碑文已漫漶不清。

庙内为仿木构凹槽式抬梁建筑，以石板作椽，石条作檩，厚重坚固。

2000年9月25日，轩辕庙被河南省人民政府公布为河南省文物保护单位；2006年5月25日，被国务院公布为第六批全国重点文物保护单位。

轩辕黄帝像

后周皇陵

后周皇陵在河南省新郑市区北 18 千米的郭店村附近，现存陵墓 4 座，即嵩陵、庆陵、顺陵和懿陵。

嵩陵（太祖郭威墓），位于郭店村西南约 1 千米的周庄村。据县志载，墓前有墓碑，现今已佚。现存冢高约 12 米，周长 110 米。庆陵（世宗柴荣墓）位于郭店村西北 500 米处陵上村。现存冢高 10 米，周长 105 米。明初建有正方形陵园，四周建砖墙，边长 200 米。大门朝南，院内有甬道，宽 3 米，长 80 米，直达墓前。陵墓四周植柏树，墓前置有方形祭坛，祭坛附近碑石林立。民国年间，军阀混战，陵园被毁，今仅存御制祭文碑 28 通。顺陵（恭帝柴宗训墓），位于庆陵东北 500 米处。现存冢高 4 米，周长 40 米。过去该墓曾被盗掘，墓室和墓道还保存有壁画。懿陵（世宗皇后符氏墓），位于庆陵东侧 100 米处陵上村内，冢高 3 米，周长 30 米。

五代十国为中国历史上割据纷争时期，后周世宗时进行经济和政治改革，国

后周皇陵文保碑

懿陵

力增强，为北宋统一事业打下了基础，因此在中国历史上占有一定地位。后周皇陵规模较小，体现了后周统治者难能可贵的政治开明及与民休息的政策，且陵园和祭碑有较高的历史和科学价值，为中国历史上各王朝皇陵不可缺少的一段实物例证。

1963 年 6 月 20 日，后周皇陵被河南省人民政府公布为河南省文物保护单位；2001 年 6 月 25 日，被国务院公布为第五批全国重点文物保护单位。

华阳故城

华阳故城位于新郑市郭店镇华阳寨村。华阳故城原是华国的都城，简称“华”或“莘”，郑国东迁后，灭掉华国，此后，华国故城成为郑国重要城邑之一。

城址平面呈南北长方形，夯土城墙，各面城墙中部均有折曲，周长 2300 余米，面积约 36 万平方米。北城墙全长 540 米，残高 10—14 米，墙基宽 30 米，外侧有 3 处马面，护城河宽约 8—10 米。东城墙总长 670 米，残高 2—4 米，墙基宽 30 米左右，

华阳故城遗址

中部有一马面。南城墙全长约502米，残高2—6米，墙基宽约30米，大部分被华阳寨民宅占压。西城墙全长763米，残高9米，墙基宽30—40米，城墙北端有一马面，南段被华阳寨村占压。城内发现有夯土建筑、灰坑、水井、墓葬等遗迹。在南墙南门遗迹处，曾出土“古华邑”青石匾额。

华阳故城是目前所知最早全方位配置马面的一座古城，也是当时城防体系最完备的中原古城。其防御墙是东周城址考古的首次发现，对研究中国古代建筑史和古代军事战争史具有重要学术价值。华阳故城遗址中丰富的仰韶、龙山文化遗存，以及大量商代二里岗时期和西周时期的文化遗存，为中华文明探源工程提供了珍贵的实物资料。

1986年11月21日，华阳故城被河南省人民政府公布为河南省文物保护单位；2013年5月，被国务院公布为第七批全国重点文物保护单位。

李诚墓

李诚墓位于新郑市龙湖镇于寨村西，为北宋著名建筑学家李诚之墓。

李诚墓原有墓园达十余亩，墓地上有夯土堆，高 3 米，周长 10 米。冢下有墓室，坐北向南，墓室为砖室，近圆形，南北长 5.3 米，东西宽 4.7 米，深 5.7 米。现墓顶已塌。墓冢前建有四角碑亭，灰瓦顶，下有高台，砌出四出踏道。亭内立有石碑，碑身四面，庑殿顶，下有方座。在李诚墓右下方有 4 座砖室墓，为李诚家族墓地。

李诚是中国古代伟大的建筑学家。他编写的建筑巨著《营造法式》是中国建筑史上的一个划时代创举、营造史上的一次重大革新，也是我国古代劳动人民在建筑方面宝贵经验的科学总结，对后世建筑技术的发展具有深远的影响。李诚因此成为享誉国内外的伟大的建筑家、古建筑界所供奉的祖师爷。

2006 年 5 月 25 日，李诚墓被国务院公布为第六批全国重点文物保护单位。

李诚墓

李诚墓文保碑

欧阳修墓

欧阳修墓位于新郑市辛店镇欧阳寺村。

欧阳修（1007—1072），字永叔，号醉翁，又号六一居士。北宋重要政治人物，卓越的文学家、史学家，“唐宋八大家”之一。官至枢密副使、参知政事。自熙宁八年（1075）欧阳修葬此以来，陆续又有欧阳修的祖母李氏、欧阳修的继配夫人薛氏、长子欧阳发、次子欧阳奕、三子欧阳棐、四子欧阳辩及孙欧阳愻、欧阳恕等人葬于此地。欧阳修墓前立碑“宋太师欧阳文忠公之墓”。夫人薛氏墓与欧阳修墓东西并排，墓前立碑“宋安康郡太夫人薛氏之墓”。

欧坟建有陵园，坐北向南。陵园南北中轴线上建有照壁、大门、内照壁、东西厢房、大殿，直通陵墓，四周包以围墙。外照壁高5米，长6米，厚0.7米。大门三间，门外左右有台阶。内照壁与围墙同高，将庭院分为前后两部分，左右两侧置有便门，庭院中修有甬道，两边立有石猪、石羊等，对称排列，间隔3米。庭院中

欧阳修墓碑

陵园内景

东西侧各建厢房三间。大殿（即拜殿）计 3 间，内设暖阁、神牌、神幔、供桌诸物，供展拜祭奠。殿前有祭坛，长 10 米，宽 5 米，高 1 米。园内旧有石碑 40 余通，植有松柏诸木。穿过大殿，即可看到欧阳修墓冢。冢高 5 米，周长 15 米。墓前旧有苏辙所撰神道碑一通，已遗失。陵园旧时碑碣林立，古柏荫郁，风景秀丽，有“欧坟烟雨”之誉，为新郑八景之一，可惜陵园在“大跃进”和“文化大革命”中遭到破坏，碑碣流失，古柏尽毁，仅存大殿、大门、东西厢房。1988 年，文物部门开始着手修复，现在看到的欧阳文忠公陵园即多为此后所建。

2000 年 9 月 25 日，欧阳修墓被河南省人民政府公布为河南省文物保护单位；2006 年 5 月 25 日，被国务院公布为第六批全国重点文物保护单位。

裴李岗遗址

裴李岗遗址位于新郑市区西北约 7.5 千米的新村镇裴李岗村西侧岗地上，为距今 8000 年前的聚落遗址。

裴李岗遗址文保碑

裴李岗遗址

裴李岗遗址在 1958 年被发现，1977—1979 年由开封地区文物管理委员会、新郑县文物管理委员会、郑州大学历史系、中国社会科学院考古研究所等单位先后四次对裴李岗遗址进行发掘，揭露面积 2700 平方米，发掘墓葬 114 座、陶窑 1 座、灰坑 22 个，共出土各种器物 400 余件。

该遗址出土的器物有独具一格的文化面貌，被考古界命名为“裴李岗文化”，填补了我国仰韶文化以前新石器时代一段历史空白，证明早在 8000 年前，我们的先民们已开始定居，从事以原始农业、手工业和家畜饲养业为主的氏族经济生产活动，对我国的史前文明研究具有十分重要的意义。

1986 年，河南省人民政府公布该遗址为河南省文物保护单位。2001 年，裴李岗遗址被公布为 20 世纪百项考古大发现之一、河南省十大考古发现之一和全国重点文物保护单位。

苑陵故城

苑陵故城位于新郑市龙王乡古城村东北部，东至梅河（岗河），西临鸿雁河，北靠高岗。

城址平面呈长方形，东西长约 2300 米，南北宽 1700 米。整个城墙用黄土夯筑而成，在北墙的中部和西段中部及东墙南北两端筑有马面 4 个。东城墙高 16 米，北城墙高 9 米，城内有许多高土台，城外有 31 座墓冢和烽火台遗迹，出土有大量铜器、陶器和米字纹空心砖。近年，在其外围还发现了西周夯土墙遗存。《史记·正义》载："《括地志》云：'故郐城在郑州新郑县东北二十二里。'《毛诗谱》云：'昔高辛之土，祝融之墟，历唐至周，重黎之后妘姓处其地，是为郐国，为郑武公所灭也。'"郑樵《通志》载："今新郑县东北三十五里，有古郐城是也。"经考证，该城极有可能为西周时期郐国都城。

苑陵故城遗址

苑陵故城文保碑

苑陵故城对研究中原地区的城市布局、城市建筑以及当地的政治、经济和军事都有着较高的研究和参考价值。

1987年，苑陵故城被郑州市公布为郑州市文物保护单位；2000年9月25日，被河南省人民政府公布为第三批河南省文物保护单位（东周时期）；2013年5月，被国务院公布为第七批全国重点文物保护单位。

人和寨遗址

人和寨遗址位于新郑市辛店镇人和寨村西，是一处包含龙山文化、新砦期文化、夏商文化以及夏商城址在内的多时代遗址，其历史达4000多年之久。

遗址北起双洎河南岸，南至村西南自然沟，南北长700米，东西宽300米，面积约20万平方米。2003年，河南省文物考古研究所对遗址进行钻探调查，对地上部分夯土遗存进行试掘，证明遗址东部是一座夏商时期的古城址。遗址西南部是龙山文化遗存。在晚清至民国时期，人和寨村民因取土修筑寨墙对遗址中部有一定程

人和寨遗址文保碑

度的破坏。今遗址东部被人和寨村庄所压，其余大部为农田和荒沟。

人和寨遗址在中原地区的古聚落和古城址中都具有独特性，对解决龙山文化与新砦期文化以及二里头文化的承袭关系，特别是新砦期文化的分布状况及其不同地域特征、文化性质等诸多学术问题，都具有一定的研究价值和重要意义。

2006 年 6 月 8 日，人和寨遗址被河南省人民政府公布为河南省文物保护单位；2013 年 5 月，被国务院公布为第七批全国重点文物保护单位。

陈氏三宰相墓

陈氏三宰相墓位于河南省新郑市郭店镇宰相陈村西，因陈省华死后被赠中书令，陈尧叟、陈尧佐皆为同平章事，所以人称三宰相坟。

陈氏三宰相墓区现存墓冢八座，分别为宋左谏议大夫赠中书令陈秦国公省华墓、宋同平章事枢密使赠侍中陈文忠公尧叟墓、宋同中书平章事赠司空侍中陈文惠公尧佐墓、宋天雄军节度使赠太尉陈康肃公尧咨墓、宋太子中舍陈君希古墓、宋主客员

陈氏三宰相墓

墓碑

外陈君学古墓、宋陈君知节墓、宋陈君珣墓。

八座墓分作三区，西侧自西向东为尧叟、尧佐、尧咨的墓地。中间一区有两座墓冢，东西平列，西为希古墓，东为学古墓。偏东一区有二冢，西为陈知节墓，东为陈珣墓。在墓域东北宋建崇孝寺背后有陈省华墓。诸墓现存高约 5 米，周长 30—40 米。诸墓前新立墓碑刻有墓主人官爵、封号、谥号及生平。尧佐墓前旧时立有翁仲 4 个，左右石兽翼列，并有欧阳修所撰神道碑和尧佐自撰墓志。神道碑已流失，自撰墓志现存崇孝寺内。省华墓前旧有石羊、石虎，墓前立有王举正所撰神道碑，碑已碎裂，字迹不可辨认，现存崇孝寺内。

崇孝寺位于陈氏三宰相墓区北部，建于金大定三年（1163）。在东厢房旧址上立有《陈尧佐自撰墓碑》《大宋故左谏议大夫赠太师尚书兼中书令秦国公神道碑》等三件石刻。

陈氏三宰相家族墓是新郑籍古代名人墓葬之一，墓冢和墓室保存完好，对研究中国古代社会史、家庭史具有重要的价值。

2008 年 6 月 16 日，陈氏三宰相墓被河南省人民政府公布为第五批河南省文物保护单位。

金钟寨遗址

金钟寨遗址位于河南省新郑市区北 15 千米的新村镇金钟寨村东。遗址南边是深沟，东边临黄水河，面积约 10 万平方米，1985 年发现。

20 世纪 70 年代平整土地时遗址上部被挖去 1 米多厚，现存文化层 1—3 米，内涵较为丰富。出土石器有斧、铲等，陶片中可辨的器形有鼎、鬲、罐、盆等。纹饰主要有绳纹、方格纹，另外还出土有鹿角、蚌壳等，为新石器时代龙山文化遗存。2003 年 5 月，“中华文明探源预研究”调查专题组对该遗址进行了调查，新发现新砦二期文化遗存，主要分布在东半部，文化堆积较厚，约 1—2.5 米，还发现有灰坑等遗迹。采集有罐、瓮、碗、澄滤器、三足盘、器盖等陶器残片。

金钟寨遗址包含有龙山文化、新砦二期文化遗存，遗物十分丰富且具有代表性，对研究河南龙山文化遗址的文化内涵、时代与分期，特别是龙山文化晚期遗存具有

金钟寨遗址

重要的价值。

2006 年 6 月 8 日，金钟寨遗址被河南省人民政府公布为第四批河南省文物保护单位。

于寨遗址

于寨遗址位于新郑市龙湖镇于寨村东北约 1 千米处，面积 12 万平方米，包含有龙山文化、二里头文化、二里岗文化和殷商文化遗存，20 世纪 70 年代发现。

遗址文化内涵丰富，文化层厚 1—2 米，采集的陶片可辨器形的，龙山时期有鬲、盘、罐等，纹饰以绳纹为主；二里头时期有罐、缸、甗、鬲、鼎、盆、尊等，纹饰主要有绳纹、附加堆纹、弦纹；二里岗时期有鬲、罐、豆、盆等；殷商时期有鬲、罐、缸、鼎等，纹饰以绳纹为主。另外还采集有石铲残片和兽骨。

于寨遗址延续时间长，文化遗存丰富，具有非常重要的保护和研究价值。

2008 年 6 月 16 日，于寨遗址被河南省人民政府公布为第五批河南省文物保护单位。

于寨遗址文保碑

鉴忠堂宝谟楼（接旨亭）

鉴忠堂宝谟楼（接旨亭）位于新郑市新建路办事处向阳街西接旨胡同。

据清康熙四十一年（1702）《新郑县志》载："鉴忠堂宝谟楼遗址（补载）按：明穆宗赐高相国拱所建，在城内东街道北。"高拱八世孙高海勤先生回忆，鉴忠堂宝谟楼是一座穹隆拱形二层楼房，屋顶和墙体全用青砖砌造，中间隆起，四边呈下垂貌，原先面阔三间8米，进深7米，高约10米。正面辟一门，高2米，宽1.3米，木门框下设石门墩，木门两扇，门前踏步左右设一门台。在南北中轴线上鉴忠堂的前方，建有殿房（客厅）一幢，东西两侧建有配房三间，南面有牌坊一座，与前方的八卦洞相照应，几座建筑相互毗连，构成了壮观的画面。宅前为停旨胡同，即高拱迎接圣旨的地方。

鉴忠堂宝谟楼主体建筑为二层楼结构，由基座、墙身和屋顶组成。建筑面积

鉴忠堂宝谟楼

56 平方米，基座高 1.2 米，上部用青石条铺成，墙身和券顶均用青灰砖以白灰粘砌。屋顶歇山，绿色琉璃瓦覆盖。檐下有斗拱，格扇门，室内宽敞明亮。

2009 年 6 月 3 日，鉴忠堂宝谟楼被郑州市人民政府公布为郑州市文物保护单位。

考院

考院位于新郑市新建路街道办事处南大街考院街原新郑县第二印刷厂院内。

原为黉学，后改为师范，“文革”后改为印刷厂。始建于清代，现存考院为殿堂硬山建筑，灰筒瓦顶，前有廊柱，面阔三间，进深三间。室内四根明柱，石雕柱础较好。

考院是一处保存较好的清代建筑群，对于研究清代建筑形制和明清时期的科举制度具有一定价值。

2009 年 6 月 3 日，考院被郑州市人民政府公布为郑州市文物保护单位。

考院

考院

白氏祠堂

白氏祠堂位于新郑市辛店镇辛店街，坐北面南。

大门为牌坊式三券门，顶用琉璃瓦覆盖。门内向后为大殿，坐落在高台上。面阔三间，前出廊，硬山式建筑，灰瓦顶，正脊中间饰宝塔，两端为吞脊龙吻。檐下平板枋上有木雕装饰。西厢三间为硬山建筑。院内存明、清碑刻4通。此祠堂大门匾额为“乐天祠”，墙上有“乐天故里”碑，主要是慕白居易为辛店名人之名，实际是白氏祠堂。

2009年6月3日，白氏祠堂被郑州市人民政府公布为郑州市文物保护单位。

白氏祠堂

裴度墓

裴度墓位于新郑市龙湖镇林锦店东南，现存墓冢高 8 米，周长约 200 米。墓前旧时立有石羊、石马、石人诸石刻。

裴度（765—839），字中立，河东闻喜（今山西省闻喜县）人。德宗贞元五年（789）考中进士，累升司封员外郎、知制诰（起草皇帝诏令）。元和七年（812），魏博（治所今河北大名）节度使田弘正归顺中央，宪宗派裴度前去抚慰，魏人欢服。朝廷倚赖，宪宗拜裴度为中书侍郎、同中书门下平章事（宰相）。裴度于元和十二年（817）督师进讨淮西，破蔡州，擒吴元济，平定淄青，既有功，名震四夷。及死，天下莫不思其风烈。

裴度生前喜欢中原这片草木皆春的胜地，故死后埋葬于此。

2009 年 6 月 3 日，裴度墓被郑州市人民政府公布为郑州市文物保护单位。

裴度墓

裴度墓

第四节　登封市

启母阙

启母阙位于登封市区北 1.5 千米太室山南麓万岁峰下，是启母庙前的神道阙。延光二年（123）东汉颍川太守朱宠建。

启母阙以凿石雕刻砌成，分东西二阙，现存高 3.17 米。西阙北面有两方阙铭，一方为启母阙铭，篆书，内容主要是赞颂夏禹治水的功绩和三过家门而不入的忘我精神。另一方是《请雨铭》，在启母阙铭下，隶书，东汉中郎将堂溪典撰写，计 18 行，每行 5 字，现仅存 11 行。阙身雕刻马技、骑马出行、杂技、幻术、驯象、郭巨埋儿、夏禹化熊、果下马、狩猎、虎逐鹿、双蛟、月宫图、蹴鞠图等，阙顶雕刻瓦垄、瓦当、板瓦、垂脊等建筑构件。其中雕刻的女子蹴鞠图，是足球起源于

启母阙

中国的重要实物证据。

启母阙与太室阙、少室阙并称中岳“东汉三阙”，其雕刻艺术具有很高的历史、艺术、科学价值，在金石雕刻史上占有很重要的地位。阙顶上雕刻的建筑构件的外形对研究汉代建筑提供了实物依据。

1961年，启母阙被国务院公布为首批全国重点文物保护单位；2010年8月1日，被联合国教科文组织列为世界文化遗产。

太室阙

太室阙位于登封市太室山南麓中岳庙前约500米中轴线上，为汉代太室山庙前的神道阙。

石阙为汉安帝元初五年（118）时的阳城长吕常所建，由凿石砌成，通高3.96米，

太室阙

分东西二阙，阙门间距 6.75 米，东阙高 3.92 米，西阙高 3.96 米。两阙结构相同，由阙基、阙身、阙顶三部分构成。西阙南面上部阳刻篆书“中岳泰室阳城”6 字，铭记刻在西阙北面，为阴刻隶书，计 27 行，每行 7 字，内容主要赞颂中岳神君的灵应并记载阳城长吕常等人建阙的缘由。

另一方铭记字体为篆隶，剥蚀严重，仅辨 50 余字。铭记中的“东汉延光四年（125）”是后刻的。太室阙上雕刻的车马出行、马戏、狩猎、神话故事、奇禽珍兽、斗鸡、杂技、楼阁等画像和装饰图案，艺术风格浑朴古拙，气势深沉，反映了古代劳动人民在艺术创作上的辉煌成就，其形式和内容对研究建筑史、美术史和东汉社会历史有很高的参考价值。

1961 年，太室阙被国务院公布为第一批全国重点文物保护单位；2010 年 8 月 1 日，被联合国教科文组织列为世界文化遗产。

太室阙文保碑

少室阙

少室阙位于登封市区西6千米少室山东麓，为少室山庙前的神道阙，建于汉安帝延光二年（123）。

少室阙以青灰色块石砌筑，分东西二阙。两阙结构相同，为二重子母阙，由阙基、阙身、阙顶三部分构成。东阙通高3.37米，西阙通高3.75米，间距7.6米。西阙北面三层中部有阴刻篆书“少室神道之阙”6字，阙铭也为篆书，约55行，每行4字，皆剥蚀，不可辨识。少室阙上雕刻的画像有车马出行、宴饮、羽人、玄鸟生商、四灵、兽斗、击剑、狩猎、犬逐兔、驯象、斗鸡、蹴鞠、羊头、鹿、虎、马技、月宫、常青树、柏树等。其中以马戏图和狩猎图最为出众，马戏的惊险在画面中表现得淋漓尽致。

少室阙是古代祭祀少室山神的重要实物见证，也是中国古代祭祀礼制建筑的典范之一。

1961年，少室阙被国务院公布为第一批全国重点文物保护单位；2010年8月1日，被联合国教科文组织列为世界文化遗产。

少室阙

少室阙

观星台

观星台位于登封市东南 13 千米告成镇北周公庙内，为元代天文建筑，元至元十三年（1276）由天文学家郭守敬创建。

现存建筑自南向北有照壁、大门、仪门、周公测景台石圭表、周公庙卷棚、大殿（三间）、观星台、帝尧殿等。观星台为砖石结构的建筑，由覆斗状的台体和石圭两部分组成。台体的平面近正方形，北壁正中有一凹槽，凹槽南壁上下垂直，东西两壁有明显收分，台体北壁下设有东西对称的踏道口，可以由此登至台顶。石圭在台体以北下部，圭上刻两条平行双股流水渠，渠南端有方形注水池，北端有长条状泄水池，池两头有泄水孔。这种水渠装置是用来测水平的天文仪表。历史上当时世界最先进的历法《授时历》就是经过此台的观测推算出来的。

观星台是我国现存时代最早、保护较好的天文台，也是世界上最早的天文建筑之一。此外，院内还有唐代依周代旧制重建的周公测景台。

观星台

观星台文保碑

1961 年 3 月 4 日，观星台被国务院公布为第一批全国重点文物保护单位；2010 年 8 月 1 日，被联合国教科文组织列为世界文化遗产。

大唐嵩阳观纪圣德感应之颂碑

大唐嵩阳观纪圣德感应之颂碑位于登封市嵩阳路北端嵩阳书院大门西 10 余米处，俗名“大唐碑”。全碑由基座、碑身、碑额、云盘、碑首五层雕石组成。唐天宝三载（744）二月五日立，通高 9.02 米，宽 2.04 米，厚 1.05 米，雄伟壮观，为河南最大的石碑。

碑额题“大唐嵩阳观纪圣德感应之颂”12 个篆字。碑文末行“天宝三载二月五日建”九字亦作篆体。碑文 25 行，每行 53 字，主要记述唐玄宗李隆基为寻求“长生不老”之术，命嵩阳观道士孙太冲炼丹九转的故事。被世人骂为“口蜜腹剑”的奸相李林甫撰文，著名书法家徐浩八分隶书，字态端正，一丝不苟，堪称唐隶上乘作品。

大唐嵩阳观纪圣德感应之颂碑石质坚硬细腻，雕工极为精致，是我国唐碑的优秀代表作之一。

大唐嵩阳观纪圣德感应之颂碑

大唐嵩阳观纪圣德感应之颂碑

2001 年 6 月，大唐嵩阳观纪圣德感应之颂碑被国务院公布为第五批全国重点文物保护单位；2010 年 8 月 1 日，被联合国教科文组织列为世界文化遗产。

中岳庙

中岳庙位于嵩岳太室山南麓黄盖峰下，其前身是太室祠，始建于秦。西汉元封元年（前 110）武帝刘彻游嵩山时，令祠官大加修建。

现存庙制为明代所定，其建筑大部分为清顺治至乾隆（1644—1795）时按照工部营造则例的官式作法重修的，有殿、宫、楼、阁、亭、台、廊、庑等明清建筑 400 余间，汉至清代古柏 300 余株，金石铸器、石刻造像等金石文物百余件。中岳庙沿中轴线，由南向北主要有太室阙、中华门、遥参亭、天中阁、崇圣门、化三门、峻极门、中岳大殿、寝殿、御书楼。

中岳庙院南北长 650 余米，东西宽 160 余米，占地面积近 11 万平方米，是五岳之中现存规模最大、最完整的一组古建筑群，具有很高的历史、艺术、科学价值。

中岳庙

2001年6月，中岳庙被国务院公布为第五批全国重点文物保护单位；2010年8月1日，被联合国教科文组织列为世界文化遗产。

第五节　荥阳市

京襄城遗址

京襄城遗址位于荥阳市东南10千米的京襄城村周围，是荥阳市委、市政府2009年的重点工程之一，总占地面积约740亩。

京襄城整体呈“日”字形，南北长1722米，东西宽1418米，占地244万平方米。目前遗存的城墙约1000余米，高3—9米不等，以东南城角最为高大雄伟，而东北城角保留得最为完整。历经战乱和岁月的变迁，这段距今2700多年的古城墙上的夯层和木棍架孔依然清晰可见，古城堆叠的土层就像砖层一样整齐，人称“天下第一墙”。

京襄城为战国时期法家先哲申不害的故里，《韩仁铭》即出于此城，城内有郑桓公庙、洪福寺等古迹。

京襄城遗址

京襄城遗址平面布局图

1986 年 11 月，京襄城遗址被河南省人民政府公布为第二批河南省文物保护单位；2013 年 5 月 3 日，被国务院公布为第七批全国重点文物保护单位。

汉霸二王城

汉霸二王城遗址位于河南省郑州市荥阳西北约 17 千米的广武山上。秦汉之际，刘邦与项羽对垒，修筑东、西广武城以为相持。西城为刘邦所筑，称汉王城；东城为项羽所筑，称霸王城。二城中隔广武涧（一说即战国时期的鸿沟），涧深 200 米，宽 100 米，口宽约 800 米，南北走向。此涧即“楚河汉界”。二城之北紧靠黄河，西南万山丛错，形势险要。

现存的汉霸二王城，由于黄河的不断冲刷侵蚀，早已失去原貌，特别是二城的北墙已塌入水中。据 1980 年实测，残存汉王城东西长 530 米，南北宽 190 米，墙宽 30 米，高约 6 米，最高处 10 米；霸王城东西长 400 米，南北宽 340 米，墙宽 28 米，高约 7 米，最高处约 15 米。二城夯层基本相同，均系平夯，用土呈黄褐色。汉王城西另有一夯土城，据传为张良所居之“子房城”。

汉霸二王城遗址

汉霸二王城文化资源丰富，特别是“楚河汉界”以其独特的历史见证留在中国象棋的棋盘上，是2000多年前那场楚汉战争的鲜活见证。

1986年11月，汉霸二王城被河南省人民政府公布为河南省文物保护单位；2013年5月，被国务院公布为第七批全国重点文物保护单位。

李商隐墓

李商隐墓位于荥阳市豫龙镇二十里铺行政村苜蓿洼自然村东南约500米，墓冢东低西高，呈棺木状，东西长10.4米，南北宽约10米，高约4米，周长45米。

李商隐是晚唐乃至整个唐代为数不多的刻意追求诗美的诗人。他擅长诗歌写作，骈文文学成就也很高，其诗构思新奇，风格秾丽，尤其是一些爱情诗和无题诗写得缠绵悱恻，优美动人，广为传诵。部分诗歌反映现实生活，揭露封建统治者的昏聩腐败、钩心斗角。晚唐诗歌在前辈的光芒照耀下有着大不如前的趋势，李商隐却将唐诗推向了又一个高峰。

2009年6月3日，李商隐墓被郑州市人民政府公布为郑州市文物保护单位。

李商隐墓

中国文化遗产
China Cultural Heritage
郑州市文物保护单位
李商隐墓
郑州市人民政府2009年6月3日 公布
郑州市人民政府2011年1月1日 立

李商隐墓文保碑

刘禹锡墓

刘禹锡墓位于河南荥阳市郑上路与博文路交叉口东南方向的狼窝刘村高地上。墓冢坐北面南，冢高约 7.5 米，周长约 20 米。

刘禹锡祖籍洛阳，唐朝文学家、哲学家，自称是汉中山靖王后裔，曾任监察御史，唐代中晚期著名诗人，有“诗豪”之称。他出自书香门第，政治上主张革新，是王叔文派政治革新活动的中心人物之一。

1987 年 3 月 1 日，刘禹锡墓被郑州市人民政府公布为郑州市文物保护单位。

刘禹锡墓

刘禹锡墓文保碑

小索城遗址

小索城遗址位于荥阳市城关乡张楼行政村周围。

遗址地表上仅存东城花垣南段一部分夯土墙，最高处约 5 米，在西南邻河的地崖边，发现有夯筑基址，分布密集，质地坚硬，厚度在 0.1 米以下，夯窝有圆底（直径 0.05 米）和圜底（直径 0.07 米）两种。在城内南部及北部地表曾采集到较多的陶器残片、瓦砾等。部分陶豆之盘底戳印有“格氏”“格氏左（右）司工（空）”等陶文。小索城范围较大，且有夯筑城圈和基址等遗迹，地表有丰富的东周陶器残片和板瓦等标本。

索城历史悠久。索城之名的来历，有学者研究认为，盖因此地在东周时期曾由殷商七族之一的索氏居住。东周初年郑武公东迁，以其司徒身份，解放了被拘于洛阳成周数代之久的殷商遗民。武公要在东方建立郑国，需要这些手工业者，就同他们订立盟约，分迁各地。其中索氏（制大绳者）兄弟迁居此地，故名索城。

2009 年 6 月 3 日，小索城遗址被郑州市人民政府公布为郑州市文物保护单位。

小索城遗址文保碑

苏寨民居

苏寨民居位于荥阳市广武镇苏寨村。

该民居坐东向西，前院的正房（过厅）面阔五间，进深一间，高 7 米，前院北厢房一所，后院正楼一所，面阔三间，进深一间，三层，高约 13 米；斜对面为苏

苏寨民居文保碑

氏家庙，坐西向东，由正房、南屋、北屋以及倒座（含大门楼）4 所硬山式建筑组成，门开于东北角，门上挂一匾，上书“颖滨苗胤”4 字（苏辙号“颖滨遗老”），正房面阔三间，所存建筑为砖木结构，小瓦覆顶。其工艺手法在本地区保存不多，具有很高的历史、艺术价值。

苏寨居民的先祖为苏辙，苏辙后人自元代在苏寨定居，数百年间，文风绵盛，文人辈出，系一方名门望族。对于祖先文化的保护与继承，苏寨人做出了自己的努力。

2009 年 6 月 3 日，苏寨民居被郑州市人民政府公布为郑州市文物保护单位。

第六节 新密市

打虎亭汉墓

打虎亭汉墓位于郑州市西南 6 千米的新密市，是全国最大的汉墓之一，距今已有 1800 多年。这两座东西并列的大型东汉墓，西为画像石墓，东为壁画墓。两座墓都有长而宽的斜坡墓道。两墓相距约 30 米，墓室建筑形式和结构基本相同，都是用巨大的石块和大青砖砌券而成，规模宏伟。墓壁保存有内容丰富、色彩绚丽的石刻画像和壁画。

汉墓中西墓庞大，用砖石筑成，分七室，总长 25.16 米，宽 17.8 米，中室高 4.88

打虎亭汉墓文保碑

打虎亭汉墓

米。墓底铺煤，厚 0.5 米。墓内画像、石刻丰富，雕刻风格独特。东墓规模略小，壁画多是模拟墓主生前的庄园生活，有收租、迎宾、宴饮、舞乐和百戏、相扑、车马出行、侍女图等。

1963 年 6 月，打虎亭汉墓被公布为河南省文物保护单位；1988 年 1 月，被国务院公布为全国重点文物保护单位。

密县瓷窑遗址

密县瓷窑遗址位于河南省郑州市新密市，是唐、宋时期的古遗址。遗址南北长 1080 米，东西宽 200—300 米，总面积约 30 万平方米。

密县瓷窑遗址的烧造年代始于晚唐，终于宋，在金代也烧过一段时期。据《密县志》记载，密县瓷窑瓷器曾一度为贡瓷，属北方磁州窑系，在历次考古发掘中出土有碗、盘、壶、盒、灯、罐、杯、注子、枕、俑及围棋子、象棋子等，在现场还发现刚被大水冲出的一座宋代瓷窑，有关瓷窑的资料正在调查之中。

密县瓷窑是中国北方地区宋、金时代一座十分重要的窑场。古代文献对其向无记载，其作品为国内以及日本、欧美等不少博物馆珍藏。密县瓷窑的巨大成就在中

密县瓷窑遗址

国陶瓷史上占据着举足轻重的地位，是对中国乃至世界的一个贡献。

2013 年 5 月，密县瓷窑遗址被国务院公布为第七批全国重点文物保护单位。

密县县衙

密县县衙，位于河南省省会郑州西南 43 千米处新密市老城区。

密县古县衙始建于隋代大业十二年（616），历经隋、唐、宋、元、明、清、民国，距今已有 1400 年的历史，是国内现存历史最久的官署衙门。其中衙署内的监狱历代沿用，一直使用到 2003 年，称得上是“监狱之最”了。这在中国乃至全世界都是一个奇迹，所以在文物界有“中华第一衙”之称。县衙历代屡有增修重修，后毁于元末战火。明洪武三年（1370），知县冯万金在旧址重建县衙，一座座建筑自南向北沿中轴线依次排列，形成五进院落。中轴线上建有钟鼓楼、照壁、大门、莲池、仪门、戒石坊、月台、卷棚、大堂、二堂、三堂、大仙楼、后花园、东西花厅，基本保持了古时官署衙门的原有格局和形制。整座建筑布局合理，错落有致，结构严谨，集中体现了古时官衙庄重、肃穆的威严气势。

县衙的建筑依级别规制而建，并且必须遵循居城正穴，坐北朝南，左文右武，

密县县衙

前堂后宅的建筑规制。自隋代至民国末年，共有194位县官在此任职，其中38名清官一心为民的事迹一一记录于《密县志·循政传》。

密县县衙

2006年6月8日，河南省人民政府公布密县古县衙为第四批河南省文物保护单位；2013年5月3日，被国务院公布为第七批全国重点文物保护单位。

密县城隍庙

密县城隍庙位于河南省新密市老城中心十字街口北侧，东为鼓楼街，西与法海寺节孝祠相邻，北有县衙。城隍庙始建于明太祖洪武四年（1371），清康熙、乾隆年间重修。城隍庙建筑群现存明清建筑93间，总面积4140平方米。

城隍庙坐北面南，由南向北按中轴线对称分布，大门前原有琉璃照壁、铁狮、石坊，现存有山门、戏楼、东西廊房、大殿、东西配殿、寝殿及东西道院。琉璃照壁、铁狮、石坊在“文革”期间被毁。现存建筑中戏楼面宽五间，进深两间，歇山式高台楼阁灰瓦顶建筑，实为戏楼、钟楼、鼓楼三楼合一，戏楼居中，钟楼居左，鼓楼居右，均位于3米多高的台基之上，台基下为5个砖券门洞，可行人。大殿面宽五间，进深8米，为单檐悬山建筑，前后檐下各置斗拱10组，四周檐板彩绘山水人物。殿前有卷棚，

密县城隍庙

密县城隍庙

均琉璃瓦覆盖，为明代建筑。寝宫，由抱厦和寝殿组成，中有地沟相隔。寝殿面宽三间，进深两间，悬山式建筑；殿前的抱厦，面阔三间，卷棚顶，琉璃瓦覆盖。另外有配殿 4 间、东西廊房各 15 间，均为硬山灰瓦顶。庙内有石碑 20 余块，都嵌于墙上。

2008 年，密县城隍庙被河南省人民政府公布为河南省文物保护单位。

马鞍河遗址

马鞍河遗址位于新密市城区西约 2 千米的马鞍河村西侧朱家沟西的台地上，东临马鞍河，南距绥水约 2 千米。马鞍河遗址东西长约 300 米，南北宽约 400 米，总面积 12 万平方米。

遗址文化层厚约 1.2—2 米，遗迹和遗物相当丰富，从遗址四周断崖上看，东部和南部有草拌泥筑成的房基和大面积红烧土层，为居住区。北部发现较多的人骨，是墓葬区。还发现瓮棺墓一座，并出土彩陶、灰陶瓮棺各 1 个。在遗址区域内采集到的陶器有鼎、深腹罐、盆、钵、尖底瓶和缸等。从遗址出土的房基、陶器和墓葬等遗迹看，该遗址属仰韶文化早期遗存。它的发现对研究新石器时代早期文化发展

马鞍河遗址

的承袭关系有一定历史价值。

2008年6月，马鞍河遗址被河南省人民政府公布为第五批河南省文物保护单位。

郑庄公墓

郑庄公墓位于新密市曲梁镇郑伯岭上，具茨、大隗二山屏其前，梅、泰二山环其后，溱、洧水环绕左右。

郑庄公陵园坐北向南，南北长431米，东西宽123米，占地约80亩，主要建有山门、配殿、阁楼、牌坊、祭坛、庄公大殿、廊房、角楼、祭殿、陵墓区、始祖塔、接待会馆等。

郑庄公，郑国第三代国君，生于公元前757年，死于公元前701年，在位43年。郑庄公励精图治，平息内乱，开创了郑国的鼎盛局面，成为春秋霸主之一。庄公时代郑国内部肃清了反对势力，击败了宋卫，并击败周师，还射中了周桓王的肩膀，是当时最强盛的国家，史称“郑庄公小霸”。

郑庄公墓现为郑州市文物保护单位。

郑庄公墓

冯京墓

冯京墓位于新密市曲梁镇五虎庙村南100余米的台地上。

1981年，河南省文物研究所与原密县文化馆对该墓进行发掘清理，获得一批珍贵瓷器和4盒具有重要历史价值的墓志。墓室结构为石砌多室墓，共4个墓室，东西向，南北排列。4盒墓志分放在各室封石上。据墓志可知，由南向北各室分别葬冯京续妻富氏、再续妻富氏、冯京、原配夫人王氏。墓内出土有汝窑瓷器、陶器、石器、骨饰及北宋铜钱等随葬品。

冯京（1021—1094），宋鄂州江夏（今湖北武汉）人，神宗时为翰林学士，哲宗时以太子少师致仕。冯京夫妇合葬墓建于北宋仁宗嘉祐八年（1063）以前。

这样规模的北宋石砌多室墓在河南尚属首见。它的发现，不但丰富了我国北方宋墓形制，也为埋葬习俗变化的研究提供了依据。4盒墓志内容极为丰富，着力记述了冯京的宦海生涯及主要生平事迹，涉及宋代政治、经济、军事、外交、河患及西南羌族人民起义等史实，具有重要的历史价值。其随葬瓷器的出土，对研究北宋时期青、白、天目、影青及彩瓷的烧制年代有较大价值。

冯京墓现为郑州市文物保护单位。

冯京墓

第二章 开封市

开封，古称老丘、大梁、陈留、汴州、东京、汴京、汴梁等，简称汴。开封具有“文物遗存丰富、城市格局悠久、古城风貌浓郁、北方水城独特”四大特色，迄今已有4100余年的建城史和建都史，先后有夏朝，战国时期的魏国，五代时期的后梁、后晋、后汉、后周，宋朝，金朝等朝代在此定都，素有“八朝古都”之称，孕育了上承汉唐、下启明清、影响深远的“宋文化”。

春秋早期（公元前8世纪），郑庄公在今开封城南朱仙镇附近修筑储粮仓城，取“启拓封疆”之意，定名启封。西汉初，因避汉景帝刘启之名讳，将启封县改名为开封县，这便是“开封”这一名称的最早由来。

第一节　市　区

铁塔

铁塔位于河南省开封市北门大街铁塔公园的东半部，是园内重要的文物，也是主要的景点，始建于北宋皇祐元年（1049），素有“天下第一塔”之称。

铁塔高55.88米，八角十三层，因此地曾为开宝寺，又称“开宝寺塔”；又因遍体通砌褐色琉璃砖，浑似铁铸，从元代起民间称其为“铁塔”。在900多年中，铁塔历经37次地震、18次大风、15次水患而巍然屹立。据史料记载，开封铁塔的前身是座木塔，位于开宝寺福胜院内，始建于太平兴国七年（982），建成于宋太宗端拱二年（989），谓之福胜塔，

铁塔

铁塔

是宋太宗用来供奉吴越国进贡的阿育王佛舍利用的。宋真宗大中祥符六年（1013），“有金光出相轮，车驾临幸，舍利乃见，因赐名灵感塔”。

在河南宋代砖塔中，铁塔也是杰出的代表。这不在于其建材昂贵与外观豪华，而在于它那挺拔有力、气宇轩昂的艺术风格。铁塔虽然是中国最高的琉璃塔，但是它的绝对高度在全国诸塔中并不算十分突出，它比时代相近的河北料敌塔（84 米）和应县木塔都要低些，但铁塔给人的印象却是那样高大，像是立在古都开封的擎天巨柱。

1961 年，开封铁塔被国务院公布为第一批国家重点文物保护单位。

北宋东京城遗址

北宋都城遗址位于河南省开封市区及其周围。东京城始建于后周显德三年（956），北宋定都于此后，多次修筑。

北宋东京城由外城、内城和皇城三重城垣构成，其层层套叠的形制展现出国际大都会的宏大气势。自北宋灭亡后，历经动乱，东京城遭受严重破坏，特别是元世祖时为防止汉族人民反抗，将开封内外城全部拆毁。由于黄河屡次决口泛滥，泥沙淤积，东京城逐渐淹没地下。20 世纪 80 年代，经过 7 年的勘探和试掘，在今开封城地下 8 米初步探明北宋东京城的基本情况。北宋东京城东西略短，南北稍长，由内向外依次为皇城、内城、外城，其外城的轮廓、形制和范围以及一些城门的位置同宋人的记载大致吻合。外城，又称新城、罗城，是东京军事防御的第一道屏障。外城是在后周时期周世宗柴荣所修筑的东京城的基础上增筑而来的，史载周长 50 里 165 步，“其高际天，坚壮雄伟”。由于历代的兵灾水患，昔日巍峨壮观的外城已遭到了极大的破坏，并全部淤埋于地下 2—8 米深处。内城是当时最繁华之处，是衙署、寺观和商业集中的地方，时周长 20 里 155 步，有城门 7 座。皇宫遗址位于龙亭下面，它与内城朱雀门、外城南薰门同处一南北直线，即当时的御街上，同今纵贯开封市区的中轴线——中山路基本相对应。

北宋东京城的繁荣，除了东京是全国政治、经济和文化中心外，境内方便发达的水道交通也是主要的因素之一。当时京畿一带水网纵横，舟楫云集，穿过东京城

大梁门

的河流有蔡河、汴河、五丈河、金水河，架在这些河道上的桥梁即有 32 座。这些河流先后为黄河泥沙淤废。

1988 年，北宋东京城遗址被国务院公布为全国重点文物保护单位。

山陕甘会馆

山陕甘会馆位于河南省开封市龙亭区徐府街北侧，建于清乾隆四十一年(1776)，由居住在开封的山西、陕西、甘肃三省的富商巨贾在明代开国元勋、中山王徐达的府址上集资修建而成，是清代山西、陕西、甘肃三省旅汴客商经商、贸易、联络同乡感情的场所，已有 200 多年历史。

山陕甘会馆坐北朝南，南北长 88.44 米，东西宽 42 米。会馆为四合院式布局，主体建筑置于中轴线上，由南向北依次为照壁、戏楼、牌楼、正殿。会馆附属建筑位于东西两侧，包含有左右掖门、垂花门、钟楼、鼓楼、厢房、东西跨院等。

照壁临街，位于会馆建筑中轴线的最南端，照壁两侧为左右掖门，与照壁高低错落，构成一个“山”字形的整体。过掖门后，迎面是一座古戏楼，面阔三间，分

山陕甘会馆

山陕甘会馆

前、后两部分，前台为“乐床”，用于正式演出；后台为“戏房”，专供演员化妆。戏楼两边是东、西对峙的钟鼓楼，过戏楼向北有牌楼一座，为歌颂关羽的情操和品德而建。牌楼两侧为东、西配殿，均为硬山瓦顶，高浮雕花脊。牌楼北即为正殿，是会馆的主体建筑，由三进殿宇组成。前为拜殿，面阔三间，中为卷棚，后为大殿，皆面阔五间。三殿由天沟相连，构成整体，总面积达 540 平方米。

2001 年 6 月，山陕甘会馆被国务院公布为第五批全国重点文物保护单位。

刘青霞故居

刘青霞故居位于开封市顺河回族区北土街刘家胡同。刘家宅院建于清光绪六年（1880），是我国近代教育家、社会活动家、辛亥革命志士刘青霞女士的故居。

刘家宅院是典型的封闭式四合院，坐北朝南，东、西宅院布局及建筑形式完全一致，各由前、中、后三进院落组成，占地面积 900 余平方米，东院、西院共有清末民初建筑风格的房间 70 余间。整座院落建筑雕饰素雅，门敞窗明，相配益彰，虽无雕梁画栋之华美，却也碧玉素装，雅而不俗，是河南省保存最为完整的具有中原古典建筑风格的四合院。

这些建筑，既有北方四合院的典型面貌，又有河南民居的建筑特色。1906 年，刘青霞随兄马吉樟东渡日本，结识了鲁迅先生，并加入同盟会。半年后，由日本返国回归故里，为唤醒民众，着眼于女子教育，于 1908 年在尉氏开办华英女校，首开河南女校之先河。此外，她还分别捐银 3000 两资助过尉氏高等小学堂、中州女学堂和中州公学，捐银 30000 两资助旅京豫学堂，在尉氏创办蚕桑学校，捐地 3000 亩创办实习桑园，捐银 9000 两修造贾鲁河石桥，捐地 110 亩创办孤贫院等，得到了京师各界的敬仰。

刘青霞故居作为刘青霞生活及奋斗的实物载体，不仅使人民群众更形象地了解到她的传奇人生，体现了她对资产阶级民主革命核心价值观的追求，而且对当代社会有着积极的教育意义。

刘青霞故居

刘青霞故居

2006 年 5 月，刘青霞故居被国务院公布为全国重点文物保护单位。

河南留学欧美预备学校旧址

河南留学欧美预备学校旧址位于河南省开封市内前营门街，原是清末废除科举后开封第一所官办大学堂。

1911 年，辛亥革命河南起义指挥部曾设于此地。1925 年，萧楚女曾在此进行革命活动。1936 年改为开封高级中学。河南留学欧美预备学校创建于 1912 年，是在清雍正九年（1731）建的河南贡院的旧址上创办的，当时全国创办的此类学校仅有三所，其余两所为清华留美预备学校（今清华大学前身）、上海南洋公学（今西安交通大学、上海交通大学前身）。

1915 年后，该校先后建设了六号楼、七号楼、东西斋房、南大门与大礼堂等，形成一组既具有鲜明中国传统建筑特色，又吸取了部分西式建筑手法的中西合璧的优秀近代建筑。它是中国高等学校中构造精妙、建筑雄伟、中西完美结合的一处建筑。

河南留学欧美预备学校旧址

其建筑形制巧妙地融合了我国官式建筑与河南地方建筑手法，吸收了西方建筑柱式、门窗形式，既体现了鲜明的时代特色，又继承了祖国优秀建筑文化传统，是我国 20 世纪初期民族建筑的优秀代表作之一。

2006 年 5 月，河南留学欧美预备学校旧址被国务院公布为全国重点文物保护单位。

朱仙镇岳飞庙

朱仙镇岳飞庙俗称岳王庙，庙址在河南省开封市西南 22 千米朱仙镇上，始建于明成化十四年（1478）秋九月，是明代全国四大岳庙之一。

明清时期，朱仙镇和湖北汉口镇、江西景德镇、广东佛山镇并称为四大名镇，异常繁华、声名显赫。

公元1140年，挥师北伐的岳飞取得了著名的“郾城大捷”，在朱仙镇大败金兀术。正当岳飞准备一鼓作气收复东京汴梁之时，却被“十二道金牌”从朱仙镇召回临安，

朱仙镇岳飞庙

最终含冤屈死。中华人民共和国成立后，朱仙镇岳飞庙重新进行修葺，现已修复山门、门前照壁和“五奸跪忠”铸像。“五奸”分别是秦桧、秦桧的妻子王氏以及谋害岳飞的帮凶张俊、万俟卨和罗汝楫。庙内以碑碣最为有名，有《送紫岩张先生北伐》《满江红》等碑，字体苍劲奔放，为碑中上品。

该庙占地27亩，坐北朝南，外廊呈长方形，三进院落。经明、清多次整修和重建，整个殿堂恢宏庄严，碑亭林立，刻绘塑铸，丰富多彩，曾吸引于谦、乾隆皇帝、杨成武、朱穆之等历史名人到此留墨，与汤阴、武昌和杭州岳飞庙统一称为全国四大岳飞庙，享誉中外。

2013年5月3日，朱仙镇岳飞庙被国务院公布为全国重点文物保护单位。

启封故城

启封故城位于河南省开封市祥符区朱仙镇古城村，是春秋时期的古城，初名启封，后更名开封。

隋唐时期，随着南北大运河的开凿，濒河的汴州城（今开封市区）迅速崛起。

启封故城

唐睿宗延和元年（712），开封县治所移至汴州城内。从此，启封城日渐荒废。历经千年的沧桑巨变，在几次较大的水患中被淹，几乎使故城在地表上荡然无存。如今已经很难看到其当年的模样，能够看到的只是城墙西北角地表的一段长约 100 米、高 7 米多、宽 20 多米的残垣。祥符区朱仙镇古城村这处郁郁葱葱的高岗突兀地矗立在一望无际的庄稼地中。夯筑城墙时留下的夯层、夯窝和柱洞历历在目，仿佛向后人诉说着千百年前的繁华。

启封故城于 1986 年被开封县人民政府公布为县级文物保护单位；2000 年，被河南省人民政府公布为河南省文物保护单位；2013 年 5 月，被国务院公布为第七批全国重点文物保护单位。

龙亭

龙亭公园位于开封市中山路北端，曾经是五代时期后梁、后晋、后汉、后周和北宋及金朝皇宫的遗址。

按清万寿宫布局而建的古建筑群体，自南向北由午门（景区南大门）、玉带桥、

龙亭

嵩呼、朝门、东西朝房、照壁、龙亭大殿、宋代蜡像馆、东西垂花门和东西跨院、北宋东京城和皇城模型、北宋皇城拱宸门遗址、《五岳真形碑》方亭、北门、东便门等组成，另有植物造型园、盆景园、梅园、园林景观等。龙亭景区三面环水，加上每年一次的菊花盛会主会场设在这里，龙亭成了开封的象征。

龙亭的古建筑，可上溯到唐德宗李适在位（780—805）时所建的永平军节度使治所——藩镇衙署。之后，五代中的后梁、后晋、后汉、后周相继将其改建为皇宫。北宋时的皇城（包括皇宫）亦在此，称之为大内。金代后期，亦以此为皇宫。元灭金后，它是河南江北行省的衙署。元末红巾军农民起义中龙凤政权也以此为临时行营。至明代，统治者又大兴土木兴建周藩王府。

清顺治十六年（1659），在周王府旧址上设立了贡院，作为考试举人的场所。康熙三十一年（1692），曾在原周王府煤山上修建了一座万寿亭，亭内供奉皇帝万岁牌位，每逢节日大典或皇帝诞辰，地方官员来此遥拜朝贺。于是煤山改为龙亭山，简称“龙亭”。

1963 年 6 月，龙亭被河南省人民政府公布为河南省文物保护单位。

禹王台

禹王台，又名古吹台，位于开封市城区东南隅的禹王台公园内，最早叫“吹台”，为纪念春秋时晋国音乐家师旷，取名“古吹台”。

古时吹台很高，明朝时期有10米高，周长百米，后由于黄河泛滥，泥沙淤积，仅高出地面约7米。古吹台的建筑，在明清时期曾进行过多次修葺。禹王台古建筑群是1981年重新修葺的，经过修葺后主要建筑有禹王庙、三贤祠、水德祠和御书楼等。沿牌坊下台阶拾级而上，迎面是面阔三间的御书楼，该楼是为康熙所题的“功存河洛”四字门楣所建。在该楼一侧的墙壁上，镶嵌着康有为的《游禹王台诗碑》。三贤祠建于明正德十二年（1517），是为纪念唐代著名诗人李白、杜甫、高适同登吹台而建的祠堂。唐天宝三载（744），李白、杜甫、高适在古吹台相会，慷慨怀古，饮酒赋诗，留下了《梁园吟》等脍炙人口的名篇。水德祠也建于明代，祭祀历代治

古吹台

水名人，以配享大禹之功德。

古吹台建筑群内外的碑刻堪称一绝。碑刻从明代至民国，真草隶篆，蔚为壮观。三贤祠内的《时雨亭记》《抚安亭记》均出于明正德年间。水德祠里的双面碑更是少有。碑廊东侧有清康熙三十三年（1694）河南巡抚顾汧撰文的《御书功成河洛匾额四道恭颂并序碑》和巡抚河南等处提督军务李国光撰文的《御书功成河洛记碑》。除此之外，碑廊东侧和西侧等处还有记载禹王台历史变化及到禹王台观瞻禹王的官员文人留下的墨宝碑刻数十块。

禹王台具有较高的历史文化价值，保存着上自汉代、下至民国的各类石刻珍品，是研究历史、科学技术和书法艺术的宝贵资料。

1986 年 11 月，禹王台被河南省人民政府公布为河南省文物保护单位。

刘少奇逝世处

刘少奇在开封陈列馆（刘少奇主席逝世处）位于开封市北土街 10 号，始建于 1928 年，保持“同合裕银号”初建时的风貌。

整个陈列馆坐西朝东，为一天井院式的三层楼群，属于典型的中西合璧式近代建筑，总面积 879 平方米，刘少奇主席便逝世于该处。馆内六个展柜分别陈列着刘少奇主席逝世前的病历、鼻食管、遗体火化介绍信、火化登记卡、骨灰盒、骨灰寄存证、病床、被褥、枕头、氧气瓶、吸痰器、输液管架、药橱药品、大小便器等。

刘少奇在开封陈列馆馆舍是 1928 年由王曼卿建造的同合裕银号。1933 年，银号倒闭，改为河南省银行，后改为河南农工银行，日伪时期在此设“市政府”，日本投降后仍归河南省银行。1948 年 6 月，开封第一次解放时，曾为冀南中州银行驻汴联合办事处。1948 年 10 月，开封二次解放后为开封市人民政府所在地。1969 年 10 月 17 日，重病中的刘少奇同志被秘密送到该处“监护”，1969 年 11 月 12 日在这里蒙冤逝世。1993 年 8 月，中共开封市委决定将刘少奇主席逝世处辟为刘少奇在开封陈列馆，计划按原貌整修刘少奇主席逝世处，建刘少奇铜像，建立展厅，建纪念碑廊。1993 年 10 月，在刘少奇同志诞辰 95 周年之际，刘少奇铜像落成并揭幕。1994 年 11 月 12 日纪念刘少奇同志逝世 25 周年时，刘少奇在开封陈列馆正式开放，

刘少奇在开封陈列馆

刘少奇在开封陈列馆

薄一波同志为陈列馆亲笔题写了“刘少奇在开封陈列馆”馆名。

2000年9月25日,河南省人民政府将刘少奇逝世处公布为河南省文物保护单位。

河南辛亥革命十一烈士墓

河南辛亥革命十一烈士墓位于开封市区东南隅禹王台公园内。

烈士墓坐北朝南，呈八角形，冢高5米，直径5.7米，墓壁四周镶巨石。墓前设有墓碑。墓周嵌题词及烈士传略石刻16方。1911年10月辛亥革命起义后，河南同盟会会员公推张钟端为河南起义军总司令，在省会开封组织起义，因奸细告密，400多名起义者被捕。同年12月24日，张钟端、王天杰、张照发、刘凤楼、单鹏彦、徐振泉、张得成、李干公、王梦兰、李鸿绪、崔德聚等11人，分别就义于开封西郊和南关。1934年，河南省政府将11位烈士遗骨合葬于南关铁路北侧，1981年迁入禹王台公园内。

2006年8月，河南辛亥革命十一烈士墓被河南省人民政府公布为河南省文物保护单位。

河南辛亥革命十一烈士墓

开封府文庙棂星门

开封府文庙棂星门原在文庙内，现已临街，并因路面抬升而略显低矮。开封府文庙最早是元代至元年间（1264—1294）的汴梁路学，是利用北宋太学的旧址改建的。

北宋太学的旧址原在内城朱雀门外附近。清代重建的开封府文庙前有棂星门 3 间，前临大街，街东西建“德配天地”“道冠古今”两牌坊。路南有泮池，成半圆弧形。泮池有石栏环绕，高约 4 尺，左右有“圣城”“贤关”两牌坊。1927 年扩街，将四牌坊拆除，泮池并入街内。

棂星门的建筑结构为抬梁式，以四根通天柱支撑，柱顶饰石雕走兽。柱间朱扉三座，中间一座略高，门上各施斗拱，顶为绿琉璃筒瓦，并有脊兽。门前还有石狮一对，也是文庙原物。棂星门以北，有戟门 3 间、大成殿 7 间，大成殿前东、西庑各 7 间。殿后有启圣祠 3 间。顺治年间迁建时所谓“左庙右学”，庙即文庙，学即庙西的儒学，内有明伦堂、尊经阁等，庙东为儒学教授宅。清代每年例有祭孔盛典，1927 年废庙，祭孔所用青铜器及仪仗等都交文物部门保管，现在部分存开封市博物馆，文庙旧址改为小学，中华人民共和国成立后改称开封市第二初级中学，又改为开封七中，后

开封府文庙棂星门文保碑

孔子塑像

七中迁往学院门，文庙旧址由开封市第一师范学校接管，后来，开封第一师范学校迁走。2014 年，此处修建了珠玑巷，棂星门往北平移了几米，守望阁前建孔子塑像。

1991 年，棂星门被开封市人民政府公布为开封市文物保护单位。2006 年 6 月 8 日，被河南省人民政府公布为第四批河南省文物保护单位。

张钫故宅

张钫故宅位于开封市区朝阳胡同 19 号。

张钫在担任国民革命军第二十路军总指挥时驻军开封，他长期留居的开封曹门里朝阳胡同路北 19 号原是一座清式建筑的三进大院，青砖蓝瓦，白灰细缝，前廊后厦，有房 50 余间，门窗格式以及室内装饰木槅等十分考究，原为有“开封首富”之称的王慰春的房产，与乐观街田家 12 号、13 号院房产先后售与张钫。张钫购此房时还附有一个西偏院，这是开封第三座张公馆，也是现今仍存在的唯一一处张钫故居。张钫

张钫故宅

离汴后，这里一直为开封河务系统所使用。

张钫，辛亥革命元老、著名爱国人士，河南新安人，少年时期受孙中山先生的影响，弃文从武，立志共和。毛泽东见到他时，称他是“中原老军事家”。

2008 年 6 月，张钫故宅被河南省人民政府公布为河南省文物保护单位。

第二节 兰考县

张良墓

张良墓位于兰考县城西 6 千米的三义寨乡曹新庄火车站南侧，紧靠陇海铁路。墓冢高 10 米，周围长 100 米，保护区面积 35000 平方米。

张良（？—前 189 或前 190），字子房，秦末汉初杰出的谋士、大臣，与韩信、萧何并称为“汉初三杰”。曾劝刘邦在鸿门宴上卑辞言和，保存实力，并疏通项羽

张良墓

叔父项伯，使刘邦得以脱身。后又以出色的智谋，协助汉高祖刘邦在楚汉战争中最终夺得天下，帮助吕后扶持刘盈登上太子之位，被封为留侯。

他精通黄老之道，不留恋权位，据说晚年跟随赤松子云游。张良去世后，谥为文成侯。《史记·留侯世家》专门记载了张良的生平。汉高祖刘邦在洛阳南宫评价他说："夫运筹策帷帐之中，决胜于千里之外，吾不如子房。"

2016 年，张良墓被河南省人民政府公布为河南省重点文物保护单位。

第三节　通许县

子羽墓

子羽墓位于通许县城东 1.5 千米之金园村东。墓高 14 米，面积 60 平方米。子羽名公孙挥，郑国行人（官名），曾助公孙侨（子产）相郑，在制定政策、法令和外交活动中做出了很大成绩，是郑国著名的政治家和外交家。清康熙五十五年（1716），于墓北建子羽祠，知县李为宪撰文勒于石。后知县王应佩为其祠书额，

子羽墓

其祠已坍塌，墓前石碑尚存，高 2.1 米，宽 0.7 米，厚 0.2 米。有碑楼一座。墓上有郁郁翠柏，风景秀丽，景色宜人，“羽墓春云”为古咸平八景之一。

子羽墓为通许县文物保护单位。碑上文字已无法辨认，目前正在整体修缮。

第四节　杞　县

鹿台岗遗址

鹿台岗遗址位于杞县裴村店乡鹿台岗村。遗址北高南低，平面呈梯形，文化层厚 2—8 米，自下而上依次为仰韶文化、河南龙山文化、先商文化、岳石文化、早商文化、春秋时期文化，属村落居住遗址。

鹿台岗遗址出土器物有陶器、骨器、石器、蚌器、牙角器、铜器等，其中以生产工具和生活用具为主。生活用具又以陶器为主，纹饰丰富。

1959 年，在鹿台岗出土了鬲腿、鬲当、陶片、骨针等遗物，同年鹿台岗遗址成为杞县文物保护单位，1963 年升级为河南省文物保护单位。1989 年至 1990 年，

鹿台岗遗址

郑州大学考古专业 86 级师生和开封市博物馆工作人员对鹿台岗遗址进行了进一步发掘考察，发现此处存在着仰韶文化、龙山文化、岳石文化、商文化以及春秋时期的文化遗存。

2006 年 5 月 25 日，鹿台岗遗址被国务院公布为第六批全国重点文物保护单位。

杞县私立大同中学旧址

杞县私立大同中学旧址位于杞县人民政府西侧孔庙。进步知识分子孟昭朴、孟昭渠于 1920 年年初，利用其父孟广乐（号伊东）时任孔庙（学）奉祀官之便在杞县孔庙开办了一所私塾，专门招收追求进步的 13—18 岁的中小学生和其他私塾学生。

杞县孔庙始建于明洪武三年（1370），建筑面积 1504 平方米，史称“黉学”。杞县孔庙历经多次维修，基本保持原貌，现存大成殿 5 楹，木质结构，歇山式建筑，东西厢房 10 楹，灰色瓦硬山顶。殿前为祭祀台，上有明柏、明槐两棵雄姿挺拔、经历战火洗礼的千年古树。大成殿南 40 米处地下埋有三孔桥一座，桥左、右泮池各 1 个。后院为明伦堂。孔庙东厢房后有一南北通道，学生可由此进到后院明伦堂学习，20 世纪 80 年代初被拆。1935 年 9 月至 1938 年 5 月，杞县私立大同中学师

杞县私立大同中学旧址

生在此学习、办公。抗战初期，抗日民族解放先锋队队部、中共杞县县委、中共杞县中心县委在此成立。

1986 年 2 月 26 日，河南省人民政府公布孔庙——“杞县私立大同中学旧址”为河南省文物保护单位。

抚辰楼

抚辰楼又名钟鼓楼，元世祖至元二十八年（1291）创建，明嘉靖二十年（1541）经知县朱尚文重建，是杞县县城中心点，为杞县人民政府大门，西面紧靠孔庙，与之互相映衬。“辰楼春霁”被誉为杞县八大景之首。《杞县志·建置》载：“大门若城，重楼其上名曰抚辰，设钟鼓于上，以司五夜，铜漏在焉。”

最早抚辰楼高三层，建在青砖叠砌的台基上，中设拱券，高 3.1 米，宽 4 米，为县署出入大门。上层被日本侵华时炮弹炸毁拆去。现在的抚辰楼高 10 余米，东西长 21 米，南北宽 14 米，占地面积 294 平方米。台基上为两层楼房，砖木结构，硬山式三开间，底楼楼门居中向南，回廊四向延伸，廊下环立漆红明柱 16 根，以鼓形雕石为柱础，顶楼呈宫殿形，四面起坡，五脊分立，檐角展翅，上下楼八角翅飞，各悬一钟形铃铛。楼小于台基，四周各留隙地丈余，供游人环行憩息，台周为青石

抚辰楼

护栏，高 1 米许。

1959 年，抚辰楼被公布为县级文物保护单位。

豫东武装起义旧址

1927 年 3 月，出席河南省武装农民代表大会的杞县代表孔寅初等返杞后，与张海峰在何氏宗祠召开杞、睢等县农民自卫团代表会议，宣布成立豫东农民自卫军联合办事处。何氏宗祠因此被称为大革命时期豫东农民运动的策源地和武装起义的指挥中心。

2016 年，豫东武装起义旧址被杞县人民政府公布为县级文物保护单位。

豫东武装起义旧址

杞县何氏宗祠

第五节 尉氏县

紫铜钟

紫铜钟，又名宋铜钟，原挂尉氏县城东关太平兴国寺内，与太平兴国寺塔同为该寺重要设施和组成部分。

紫铜钟铸于宋真宗咸平二年（999）十一月二十八日，咸平三年（1000）四月十七日悬挂。铜钟高五尺五寸，围一丈一尺，厚二寸五分，八齿。紫铜钟外形浑厚，工艺精良。相传，宋时击之声达汴京，皇上闻其声清越，命移至汴，击之无声，仍还尉，因之涂其响眼，后移挂县署大门谯楼上，明万历十二年（1584），邑侯阮公甫倡议就地创建钟鼓楼，第二年落成，高悬之，警晨昏，禁行止，为王政事。

铜钟铭文：顶有“皇帝万岁，重臣千秋”八个大字，每两字中有一眼，共四眼；腹上按八方排列，方方有文，除南方文字全部剥蚀外，其余各方字迹大部清晰可见。

紫铜钟钟楼

如"大宋国咸平二年岁次己亥十一月二十八日铸""东京尉氏县太平兴国寺泗州钟"等。

1963年6月20日，紫铜钟被河南省人民政府公布为河南省文物保护单位。

阮籍啸台

啸台，又名阮籍台，是晋代阮籍舒啸处，遗址现在尉氏县小东门南城墙上，东临城壕，西濒湖水，南北皆为住宅。

相传，阮籍常在此段城墙上吟诗讴歌，后人为了仰慕先贤，在此筑台（据考证此台应筑于春秋战国时期）以表爰慕。台上原有一厅，为屋三间。厅前花墙围绕，院中有古柏一株，气势挺拔可观。北与战国尉缭高台南北相映，清宣统年间，这里的居民在台下西侧发现用大筒瓦砌的七角水井一眼，据说是阮籍花园故址。

啸台为黄土夯筑而成，"高15丈，阔2丈，有层三楹"。据县志记载，古台历经明、清和民国，曾四次维修，但终因年深日久，仍免不了风雨剥蚀和水土流失，特别在

阮籍啸台

阮籍啸台

抗日战争时期，黄水泛滥，黄泛区人民无家可归，逃至县城，在古台四处挖洞，暂为栖身之所，加之以后当地群众拉土盖房，破坏更为严重。

现在啸台呈不规则圆形，直径约为 23 米，高约 10 米，上有平台直径约 9 米。

2006 年 6 月 8 日，阮籍啸台被河南省人民政府公布为河南省文物保护单位。

第三章

洛阳市

洛阳，古称西亳、洛邑、雒阳、洛京、京洛、神都、洛城等，位于河南省西部、黄河中下游，因地处洛河之阳而得名，是国务院首批公布的国家历史文化名城，中国四大古都之一，世界文化名城。

洛阳有着5000多年的文明史、4000多年的建城史和4000年的建都史，夏朝、商朝、东周、东汉、曹魏、西晋、北魏、隋朝、唐朝、后梁、后唐、后晋、民国等十三个王朝在洛阳建都，有十三朝古都之称，有全国重点文物保护单位42处，馆藏文物40余万件。

洛阳是华夏文明和中华民族的发源地之一、丝绸之路的东方起点、隋唐大运河的中心枢纽，被誉为“千年帝都，牡丹花城”。

第一节　市　区

隋唐洛阳城遗址

隋唐洛阳城遗址位于洛阳市区，北依邙山，南对伊阙，西至涧河，东逾瀍水，洛水横贯其中。

隋唐洛阳城为隋大业元年（605）所建，历经隋、唐、后梁、后唐、后晋诸王朝，北宋时为西京。隋唐洛阳城分为外郭城、宫城、皇城、东城、含嘉仓城、圆壁城和曜仪城，规模宏大，布局有序。城址周长为27.52千米，是洛阳建城史上最大的一座古代都城。都城之内，街道纵横，其中定鼎门街，北起皇城端门，中经洛河天津桥，南达外郭城定鼎门，长9里，宽100步，中为御道，路旁各植樱桃和石榴两行，极为宽敞壮观。隋唐

定鼎门（重建）

洛阳城建成后于武周时期曾大加扩建。

城内有里坊 109 个，洛河南多于洛河北。现在洛河南已找到了 55 个，洛河北仅找到 9 个。城内有三个大的市场，东为丰都市，西为大同市，瀍河东岸有通远市。

1988 年 11 月 13 日，隋唐洛阳城遗址被国务院公布为第三批全国重点文物保护单位。

北魏宣武帝景陵

北魏宣武帝景陵在洛阳市北 8 千米处的邙山上，是一座雄伟壮观的大冢，由于此冢的存在，冢西的村庄便命名为“宣武村”，后改为“冢头村”。

北魏宣武帝景陵是新中国成立后经国家批准科学发掘的第二座皇帝陵，也是我国目前挖掘开放时代最早的帝王陵。宣武帝为北魏第八位皇帝，名元恪，孝文帝第二子，公元 499—515 年在位，继承了其父的一系列改革政策，公元 515 年死于洛阳，葬于景陵。

北魏宣武帝景陵封土呈圆形，直径 110 米，现高 24 米。地宫置于封丘之下，坐北面南，由墓道、前甬道、后甬道和墓室部分构成，全长 56 米余。墓室平面近方形，棺床置于墓室西部，由 15 块方形大青石板拼成，整体为长方形。北魏宣武帝景陵在宋金时代和民国年间曾遭盗掘，现已复原出青瓷盘口龙柄壶、陶砚、石帐座、残石灯等十余件文物。由此证明，地宫内陈设已超越了北魏陵制规定的不设明器、不置素帐和瓷瓦之物的限制，对研究北魏时期的葬俗、陵寝制度等有重要的参考价值。

北魏宣武帝景陵气势壮观，结构完整，风格朴实，色调素雅，具有较高的历史、考古、文物、建筑、科研和观赏价值，现与古代艺术博物馆合为一处。古代艺术博物馆原名古墓博物馆，馆内搬迁复原上自西汉、下迄宋金时期的代表性墓葬 25 座，原材实景搭建，真实还原墓葬样貌，是世界上第一座古墓博物馆。

作为邙山陵墓群的组成部分，北魏宣武帝景陵于 2001 年 6 月 25 日被国务院公布为第五批全国重点文物保护单位。

北魏宣武帝景陵

潞泽会馆

潞泽会馆（现洛阳民俗博物馆）位于河南省洛阳市老城东关新街南头，俗称东会馆，始建于清乾隆九年（1744），系山西潞安府和泽州府两地商人集资兴建的会馆。1981年建为豫西博物馆，1987年改为洛阳民俗博物馆。

潞泽会馆共占地15000多平方米。该建筑群呈较为严格的中轴对称，坐北朝南，轴线上依次为戏楼、大殿、后殿，另有东西厢房、耳房、钟鼓楼和东西配殿，规模宏大，布局严整，是中原地区保存完整、规模最宏大的古建筑群之一，是研究清代洛阳商业、交通和古建筑的文物瑰宝。会馆内的木雕精美、内容丰富，广泛分布于木桁、额枋、斗拱、雀替、挡板、垂柱等建筑构件上。除了木雕以外，会馆的石刻艺术也非常有特色，尤其是大殿上柱础石的雕刻，造型新颖，生动活泼，以珍禽、瑞兽、花卉、祥草、几何图案为主，一动一静，交映生辉，产生独特的艺术效果，展现出古代艺人独到的构思和高超的技艺。

潞泽会馆戏楼前的九龙壁具有很高的历史价值、科学价值和艺术价值，在历经

潞泽会馆

了220多年风雨后，遇到了“文革”的大风暴，同附近的文昌阁、魁星楼同时被拆毁了。

2001年6月25日，潞泽会馆被国务院列为第五批全国重点文物保护单位。

祖师庙

祖师庙位于洛阳老城北大街北关，在安喜门南侧，2012年改为“洛阳老子纪念馆”，是全国唯一的、最大的老子文化专题纪念馆。

祖师庙始建于元末明初，最初供奉道教始祖老子，后改奉真武大帝。据祖师庙现有碑刻及有关资料记载，明、清两代祖师庙规模宏大，香火鼎盛，曾屡次修缮，名称有玄帝庙、真武庙、祖师庙诸说。祖师庙曾经有戏楼、大门、照壁和前后殿等，由于历史原因屡受破坏，冯玉祥进驻洛阳（1927—1930）期间驻军祖师庙，大力破除迷信，许多神像被毁，又做私学，此后庙的规模渐减，多数房屋被废弃或毁掉，新中国成立后被用作仓库。现仅存大殿（面阔五间，进深三间）、东配殿和前殿。

祖师庙

祖师庙

老子与洛阳渊源颇深，曾任周朝的“守藏史”，即类似于国家图书馆馆长，孔子入周问礼也发生在洛阳，后老子骑青牛西出函谷关并写下《道德经》均与洛阳有关。

2006 年 5 月 25 日，祖师庙由国务院公布为第六批全国重点文物保护单位。

周公庙

周公庙，又称洛阳周公庙博物馆，亦称元圣庙。

周公庙始建于隋唐都城洛阳城内，为隋将王世充首创，唐太宗贞观年间和唐玄宗开元年间予以重修，明嘉靖四年（1525）在旧址重建，万历四十七年（1619）重修。

周公庙坐北面南，现存一组古建筑，依中轴线自前到后依次为定鼎堂、礼乐堂（会忠祠）、后殿及东、西廊房，凡 664 平方米，是洛阳市保存下来的为数不多的明、清建筑群之一。大殿四角飞檐起翘，拓展伸张，比例匀称，节奏和谐，既庄严稳重又隽秀灵巧，按我国著名古建专家郑孝燮先生所言，这是一座保留有辽金建筑风格的艺术杰作，具有较高的历史价值和文物价值。

周公庙是纪念西周时期著名的政治家、军事家、思想家、西周东都洛邑（今河南省洛阳市）的缔造者、中国儒家思想的奠基人周公姬旦的祠庙。殿内现供奉周公、召公、毕公及周公长子伯禽、次子君陈五尊圣像。定鼎堂后为会忠祠，清代单檐硬山式建筑，面阔五间，进深两间，现陈列一组人物群像，再现了当年周公制礼作乐的场面，置身此殿仿佛能聆听到典雅而悠扬的韶乐，故改名礼乐堂。

2006 年 5 月 25 日，周公庙被国务院公布为全国重点文物保护单位。

周公庙

周公庙

关林

关林位于河南省洛阳市洛龙区关林镇，为埋葬三国时蜀将关羽首级之地，前为祠庙，后为墓冢，为海内外三大关庙之一，千百座关庙中独称“林”，是中国唯一的冢、庙、林三祀合一的古代经典建筑。

关林始建于明万历年间，清乾隆时加以扩建，现存建筑主要为明代建筑，是一处保存完整的古建筑群。关林的建筑按照宫殿形式修建，布局严谨壮观。庙前有戏台，中轴线建筑依次有大门、仪门、甬道、拜殿、大殿、二殿、三殿、石牌坊、林碑亭、关墓。中轴线两侧附以其他形式相同的对称建筑物，其中最具特色的当数舞楼，前台的歇山式和后台的硬山式组合在一起，重檐楼阁，构筑之妙全国罕见。

公元 219 年冬，孙权偷袭荆州，关羽败走麦城，大义归天（时在 220 年初）。220 年春正月，孙权害怕刘备起兵报复，将关羽首级传于洛阳曹操处，但被曹操识破，曹操敬慕关羽为人，将计就计追赠关羽为荆王，刻沉香木为躯，以王侯之礼葬于洛

舞楼（千秋鉴楼）

关林

阳城南十五里，并建庙祭祀，即今关林，迄今已有 1790 余年。万历四十三年（1615）敕封关羽“三界伏魔大帝神威远镇天尊关圣帝君”，关羽始封“圣”。

清朝顺治五年（1648）敕封关羽“忠义神武关圣大帝”，康熙五年（1666）敕封洛阳关帝陵为“忠义神武关圣大帝林”，始称“关林”，成为与山东曲阜“孔林”并肩而立的两大圣域。雍正八年（1730）诏改武庙。清乾隆年间加以修建，形成现今占地 180 亩的规模。关林是明清时期皇帝遣官致祭、地方官吏和百姓朝拜关公的场所。

2006 年 5 月，关林被国务院公布为全国重点文物保护单位。

河南府文庙

河南府文庙在洛阳市老城东南隅文明街东边，原文明街小学院内，为祭祀春秋时期大思想家、教育家孔子而修建。

河南府文庙始建于元代，重修于明嘉靖六年（1527）四月。文庙建筑布局严谨，由南向北做台阶式上升、沿中轴线向两边展开，布局规整，层次分明，极具观赏性和旅游价值。河南府文庙正南为琉璃陶塑彩龙壁，向北依次是棂星门、辟雍、水池、

河南府文庙文物保护碑

石桥、戟门、大成殿、后殿，属我国传统宫殿式建筑。唐玄宗于开元二十七年（739）封孔子为文宣王，因此称孔庙为文宣王庙，明以后称为“文庙”，相对“武庙”（关帝庙、岳飞庙）而言。

河南府文庙是国内较少见的元代建筑之一，现存建筑二十余间，有戟门、大成殿、后殿。前殿面阔三间，进深二间，悬山式顶；后殿面阔五间，进深四间，歇山式顶，为文庙主体建筑。庙内原有石碑数通、山门、琉璃照壁、石桥、水池等，均在“文革”期间被毁。

2006 年 5 月，河南府文庙被国务院公布为全国重点文物保护单位。

山陕会馆

洛阳山陕会馆位于洛阳老城南关马市街，又称西会馆，始建于清康熙、雍正年间，距今有 300 多年历史，是当时活跃在洛阳附近的山西和陕西两地的成功商人筹资修建的经商聚会场所，是一个“叙乡谊、通商情、敬关爷”的社交性公共场合。

馆址占地面积 10000 余平方米，建筑面积近 5000 平方米。会馆坐北朝南，布局前密后疏。有琉璃照壁、山门、舞楼、正殿、拜殿等建筑，门前还有两对威风凛

山陕会馆

山陕会馆

凛的石狮子。照壁高 12 米、宽 13.2 米，由青色雕砖砌成，正中用彩色琉璃方砖镶成 3 块方形壁面，其上雕饰二龙戏珠、花卉、人物等，色彩鲜艳，基座雕饰有精美的图案，是豫西地区最大、最完整的琉璃照壁。正殿为中心建筑，面阔 5 间，进深 3 间，歇山式顶，琉璃覆瓦，勾连斗拱，别具一格。

会馆内砖雕、石雕、木雕比比皆是，几乎达到无木不雕、无石不刻的地步，每一种雕刻都蕴含着商人和建筑者的独具匠心。

2006 年 5 月，山陕会馆由国务院公布为第六批全国重点文物保护单位。

八路军洛阳办事处旧址

八路军洛阳办事处旧址位于河南省洛阳市老城南关贴廓巷。旧址初称通讯处，简称“洛八办”。

院落坐南朝北，分东、中、西三个院落。三所院落的建筑结构相同，均建造于清道光十一年（1831），是南关富豪庄延珍家的宅院，系砖木结构。每所院落都分

八路军洛阳办事处旧址

八路军洛阳办事处旧址

三进，前有临街房，中有一、二厅堂，后有上房，旁边留有过道，每进院落两旁对称建有二层结构的厢房。门、窗上附有雕刻花纹装饰，主要有梅、竹、兰、菊、牡丹、松柏等传统的花卉图案和神话人物、传说故事等，雕刻细腻，栩栩如生。整个建筑气派大方，古色古香，具有较高的建筑水平和艺术欣赏价值。

1938 年 11 月，中国共产党经与国民政府协商，设此办事处，主要任务是护送从延安至中原局和晋东南八路军前方总部及豫皖苏边区的工作人员，动员、组织群众参加八路军，输送地方干部到延安学习。刘少奇、朱德、彭德怀、徐海东等我党、我军领导人曾多次亲临办事处，指导和部署工作。办事处设有接待科、秘书科、机要科、电台室、救亡室、医务室、经委派、炊事班等，工作人员最多时达到一百余人。先后有刘向三、刘子久、袁晓轩三位处长在此主持工作。1942 年 2 月，鉴于洛阳形势紧张、国共两党关系恶化，办事处全体工作人员撤离。

八路军洛阳办事处旧址现为全国重点文物保护单位。

西工兵营

西工兵营位于河南洛阳中州中路与解放路交叉口东，由袁世凯兴建于 1914 年。

洛阳西工兵营旧址当前主要由四合院、高级住宅、惜阴书室、老吴桥和阅兵台组成。如今的西工兵营建筑为砖木结构，院落轴线明显，左右对称，布局紧凑。四合院由南北两个大厅和东西厢房围合而成，是当时的议事办公场所。高级住宅位于四合院东侧，是吴佩孚的办公场所，屋内地面均铺设红色木地板。高级住宅东侧就是书室，是一处由四孔青砖箍就的窑洞式建筑，中间一孔窑洞上方还留存有刻着“惜阴书室”四字的匾额。沿西工区美术馆路一直往南，有一块“老吴桥”石碑，对着的洛河河堤上伸出一段断桥，这便是老吴桥。老吴桥是河南省近代第一座钢筋混凝土桥梁，1921 年由著名实业家、教育家张謇出资建成。阅兵台位于解放路与凯旋路交叉口西南角。

西工兵营建筑群既具有中国近代传统民居建筑的布局特色，又带有西方建筑装饰的风格，对于研究洛阳的近代建筑有着重要意义。此外，洛阳西工兵营见证了洛阳从 1914 年至 1948 年解放这一时期风云变幻的历史，在洛阳近现代史上具有无可

西工兵营

替代的地位。洛阳市西工区的名称即由西工兵营而来。

2013 年 5 月 3 日，洛阳西工兵营被国务院公布为第七批全国重点文物保护单位。

邵雍祠

邵雍祠位于洛阳市洛龙区安乐窝村，故居大门正上方横书“安乐窝”三个大字。“安乐窝”一词，《辞海》等解释，是宋代著名理学家邵雍的故居，后泛指舒适、安逸的住处。

整个安乐窝院子分为两进，第一进院落两边各有偏房三间。正殿里面有邵雍塑像，两边多为名人所留字句。塑像上方，有一块康熙御书匾额“学达性天”。院子里有几通石碑，正殿右边的为清代的石碑。

邵雍（1011—1077），字尧夫，北宋著名理学家、诗人，与周敦颐、张载、程

邵雍祠

颢、程颐并称北宋“理学五子”。少有志，喜刻苦读书并游历天下，并悟到“道在是矣”，而后师从李之才学河图、洛书与伏羲八卦，学有大成，并著有《皇极经世》《观物内外篇》《先天图》《渔樵问对》《伊川击壤集》《梅花诗》等。

2008 年 6 月，邵雍祠被河南省人民政府公布为第五批河南省文物保护单位。

洛阳文峰塔

文峰塔位于今洛阳市老城东南隅东和巷东端。据记载，文峰塔始建于宋代，明末毁于战火。而今看到的石塔是清初重建。明清时，文峰塔附近还有一个湖泊和一座庙宇，如今只剩下这孤零零的一座塔。

洛阳文峰塔是一座密檐式砖石塔，四方形，高约 30 米，由塔基、塔身、塔刹三部分组成。基座用方形青石砌成，每边长 6.8 米，高 3.3 米，塔基和塔身之间嵌有铸铁，以保持整座塔的牢固性。塔身九层，通体用青砖砌成，从第一层至第九层

洛阳文峰塔

逐层递缩，最高层每边长 3 米。一至八层向北各开一弧形拱门，可向外望，门上皆有题额，如“文昌赐弟、奎星献禄、文笔耸秀、高瞻远瞩”等；第九层则四面各开一弧形拱门。塔刹已被毁。一层拱门两侧有对联一副，上联：楼九尽云通天尺；下联：楹苑桃李接东壁。塔名“文峰”，是据塔中供奉“文昌”和“奎星”二神所命名，二神是道家和民间广泛崇奉的主掌文人命运之神。一层奉祀“文昌帝君”泥塑彩绘坐像，二层供奉“奎星”泥塑彩绘坐像。

文峰塔祭祀的是“文曲星”与“魁星”，其效用自然是为保佑当地文化昌盛，多出状元。

2006 年 6 月，文峰塔被河南省人民政府公布为第四批河南省重点文物保护单位。

福王府石狮

明福王府石狮，位于洛阳老城青年宫广场南，一雄一雌。原为明福王府门前左右之石狮，由汉白玉雕刻而成。

石狮整体由蹲坐狮和狮座两部分组成。两石狮昂首挺胸，各长 1.03 米、宽 0.8 米、高 2.12 米，狮背上各有 2 只幼狮嬉戏。雄狮右前脚踩球，口微张；雌狮左前

福王府石狮

脚抚要1只幼狮，口微张，左前小腿部已损五分之二。狮座离地高0.9米，整座为反“工”字形，上层四周阳雕莲花托瓣，下层四周皆阳雕二狮戏球，凹部四周阳雕花卉。

据史料记载，朱常洵是明神宗朱翊钧第三子，是神宗宠妃郑贵妃于万历十四年（1586）正月初五所生。十五岁被封为福王，藩属洛阳。为营建洛阳府邸，神宗御批银二十八万两，是平常规定的十倍。福王府按皇宫建筑模式，大造宫室、楼台亭阁和小桥碧湖，并赐亿万计资财异宝，供其玩赏游乐，还赐良田四万顷，中州肥土不足，便选取山东、湖广之田加以补充。福王府曾经号称“小故宫”，辉煌壮观，清军占领洛阳后，对福王府内宫进行修建，改为清河南府衙署，可惜在太平天国北伐时大部被毁坏了。抗日战争时，福王府内宫曾为国民政府驻地，但在1940年2月日军侵略时被飞机彻底炸毁，只剩这对石狮子了。

2008 年 6 月，福王府石狮被河南省人民政府列为第五批河南省文物保护单位。

丽景门旧址

丽景门位于洛阳市西关，始建于隋代，据《唐两京城坊考》记载，东都皇城西面有两门，南曰丽景门，北曰宣辉门，是洛阳古城的西大门。自从代表夏、商、周三朝王权的九鼎置于洛阳后，洛阳就成为历朝历代兵家必争之地，英雄、枭雄的表演竞相在历史舞台上展开。

今日的丽景门是由洛阳市政府于 2002 年在原址新建的，占地面积 18000 多平方米，城门楼共分四层，钢筋混凝土结构，2004 年竣工。整个工程由城门楼、瓮城、箭楼、城墙和丽景桥（古时为吊桥）、护城河等部分组成，其城垣高厚，月城宏阔，重门叠关，上干浮云，气势磅礴，成为洛阳老城历史文化古城街区的龙头。其规模

丽景门

之宏大在河南古建筑中居于首位，成为洛阳古城历史文化最具特色的标志，是为中原第一楼、古都第一门。

丽景门内的翁城依附于城门，是与城墙连为一体的附属建筑，呈半圆形。进入瓮城，抬眼望去，巍巍古庙立于箭楼之上，拾级而上，来到最高层的景点，南北两侧有象征洛阳十三朝古都的十三根描金龙柱，似一排昂首而立的勇士守卫着城楼，沿着雕梁画栋的弧形长廊来到历代百官及万民祭祀神灵、祈福纳祥之处，在这里可以看到“河洛文化长廊”和“帝王史馆”。

丽景门现为洛阳市文物保护单位。

鼓楼

洛阳鼓楼，正名“谯楼”，位于今老城东大街中段。据《洛阳县志》记载，鼓楼原建于府前街福王府（今青年宫广场前中州路上）。明万历四十二年（1614），建福王府时鼓楼移建于东大街。清顺治十三年（1656）和清乾隆十年（1745）曾两次重修。

钟鼓楼古时白天用于报时，夜间用于报更，其基础是用大青砖砌成的三丈多的高卷台，台下拱券门洞为行人通道，宽一丈五，高二丈，卷台两边修有三尺台阶登楼之道。拱券门洞之上，东端镶一石匾阴刻“就日”，西端石匾为“瞻云”，均为楷书，为金代中京留守亲书（这和新安县城东边不远的汉函谷关的叫法一样）。鼓楼距今已有400年的历史，经过数次修缮，现在的钟鼓楼已重现了昔日的风采。

鼓楼现为洛阳市文物保护单位。

鼓楼

司马光独乐园遗址

独乐园遗址在洛阳城东南伊洛河间司马街村。独乐园见于《洛阳名园记》。司马光居洛十五年，买田二十亩，筑独乐园，在此主持编撰了中国历史上第一部编年体通史《资治通鉴》。史学家刘恕、刘攽、范祖禹受邀随书局一并迁入。

《洛阳名园记·独乐园》云：“司马温公在洛阳，自号‘迂叟’，谓其园曰‘独乐园’，卑小，不可与他园班。其曰‘读书堂’者，数十椽屋；‘浇花亭’者，益小；‘弄水’‘种竹’轩者，尤小。曰‘见山台’者，高不过寻丈；曰‘钓鱼庵’、曰‘采药圃’者，又特结竹杪落蕃蔓草为之尔。温公自为之序，诸亭、台诗，颇行于世。所以为人欣慕者，不在于园耳。”

2007 年，独乐园遗址被洛阳市人民政府公布为洛阳市第三批文物保护单位。

司马光独乐园遗址文保碑

第二节　偃师市

汉魏洛阳故城遗址

汉魏洛阳故城是公元 1 至 6 世纪中国多个王朝的都城。西周初周公营建洛邑，在此筑城，称成周。因城在洛水之北，东周时称洛阳。东汉光武帝建武元年（25）在此定都，改洛阳为雒阳。其后曹魏定都时复改为洛阳。西晋亦以此为都。北魏孝文帝太和十八年（494）自平城迁都于此。因该地在汉魏两代最为繁盛，故史称汉魏洛阳故城。

汉魏洛阳故城城市规模在北魏时达到最大，分为宫城、内城和外郭城三重城圈，面积 100 平方千米。今存遗址内城东垣残长 3895 米，西垣残长 4290 米，北垣长 3700 米，南垣已为洛河所淹，残垣一般高出地面 1—2 米，北垣东段高出地面 5—7 米。城墙皆夯土版筑而成，周长约 14 千米。城内主要建筑为宫城、宫殿、衙署、

汉魏洛阳故城遗址

苑囿等。北魏宫城为长方形，南北长约1400米，东西宽约660米。太极殿为宫中正殿。东汉太学遗址在内城南郊，今偃师市太学村附近。

汉魏洛阳故城前后延续使用近1600年，是中国古代最大的都城，都城里坊制以及中国都城建筑的“建中立极”制在此形成，并为后世都城效仿。周汉魏晋风云际会，是中国古代到中世纪社会形态及文化形态转变的重要时期。罗马帝国与古中国仅有4次交往，3次在汉魏洛阳故城中，这座城市见证了中西方文化交往的开始以及陆上丝绸之路第一次延伸到欧洲的过程。北宋时期，文学家司马光到访汉魏故城时，面对这座城市悠远、辉煌的历史曾经发出了“若问古今兴废事，请君只看洛阳城”的慨叹。

1961年3月4日，汉魏洛阳故城遗址被国务院公布为第一批全国重点文物保护单位，国家首批重点保护的大遗址之一、世界文化遗产。

汉魏洛阳故城文保碑

商城遗址

洛阳偃师商城遗址为商代西亳城的遗址，夏商文化界标。偃师商城遗址是一处商代早期二里岗文化时期的都邑级遗址，为商汤灭夏后所都，总面积约2平方千米，北靠邙山，南临洛水。城址覆盖在地面下1—4米。1983年春在配合基建工程中发现，中国社会科学院考古研究所进行多次发掘。

根据“夏商周断代工程”提供的系列测年数据，其始建年代被推定为约公元前1600年，偃师商城第三期早段的年代被推定为公元前1400年前后，则这座城址由兴到废经历了约200年时间。该遗址的发现，对探讨夏商文化和确认汤都西亳城址具有重要意义。

城址平面略呈长方形，南北长1700余米，东西宽740—1215米，包括大城、小城、

商城遗址城墙

修缮中的商城遗址公园

宫城三重城垣。城址内发现有城门、道路、宫殿、居址等遗迹，并出土大量石器、陶器、铜器、玉器等文物。从已发现的遗迹来看，偃师商城内既有大型宫殿建筑，又有军事防御设施，具备了早期都城的规模和特点。

1988 年，商城遗址被国务院公布为全国重点文物保护单位。

唐恭陵

恭陵（孝敬皇帝陵）位于河南省偃师市缑氏镇东北 2.5 千米的滹沱岭上，是唐高宗李治第五子、武则天长子李弘的陵墓。

永徽六年（655），武则天从宸妃晋升为皇后，次年李弘被立为太子，曾一度监国，原太子李忠被改封为梁王。上元二年（675）四月，太子弘从幸合璧宫，薨，时年 24 岁，同年八月葬于恭陵。唐高宗将其追谥“孝敬皇帝”，开创了太子死后追谥为皇帝的先例，以皇帝的规格安葬，并亲撰《孝敬皇帝睿德纪》立于陵侧。

唐恭陵大门

“孝敬皇帝睿德纪”碑

南神门宽 30 米，门阙外 10 米有立狮一对，石人三对，飞马、华表各一对，其余三神门外分别为一对坐狮。恭陵石刻规模宏大，气势雄伟，雕刻精美，形象生动，达到了以形写神、形神兼备的境界，堪称中原唐代陵墓石雕之冠。唐高宗撰写的《孝敬皇帝睿德纪》碑有重要的历史价值和较高的书法艺术价值。

1963 年，唐恭陵被河南省人民政府公布为第一批河南省文物保护单位，2001 年 6 月 25 日被国务院列入第五批全国重点文物保护单位。

吕不韦墓

河南省偃师市首阳山镇大冢头村，因秦相国吕不韦的墓冢在村边而得名。冢顶过去有房屋数十间，驻扎过镇公所、区干队，可知封土之高大。如今墓冢圈进偃师第一高中院内，虽已残损，仍存其巍峨气势。1994 年 12 月，首阳山镇为其立纪念碑一座，西北大学原校长张岂之教授来偃讲学，参观了吕不韦墓冢并为吕不韦纪念碑奠基，并应偃师古都学会之请，撰写了《秦相国吕不韦墓碑记》，成为一处名人

吕不韦墓

吕不韦墓功德碑记

故迹。

作为战国后期由分裂走向统一这一历史转变时期的政治家和思想家，吕不韦的历史地位和历史功绩是不容抹杀的。他两任秦国相邦，主持朝政，在政治、经济、军事、思想方面为秦统一准备了有利条件，打下了基础。他主持编写的《吕氏春秋》为封建大一统的理论作了新的探索。尽管他和秦始皇政见有所不同，又发生了激烈的权力冲突，但是事实说明秦始皇的统一与吕不韦的功业有不可分割的联系。吕不韦作为一名由商人跃上政治舞台的封建地主阶级政治家，固然表现了唯利是图、贪求权势的历史局限性，但总其一生，他对秦统一事业的贡献是巨大的，他不愧为中国古代杰出的政治家、思想家。

1981 年，吕不韦墓被公布为偃师市文物保护单位。

玄奘故居

玄奘故居位于河南省偃师市缑氏镇陈河村，北依景山，南望嵩岳，东南为轘（huán）辕古关，西南临近伊阙龙门，原野平坦，河谷纵横，自古便为洛京畿辅之地。

玄奘故居坐落在陈河村中部，坐北朝南，占地 25 亩，建筑面积 6000 平方米，

玄奘故里景区大门

分前后两院，前院建筑为东、西厢房和厅堂，西厢房主要展示玄奘只身奋斗 17 载赴印度取经的动人经历和 19 年呕心沥血翻译的全部经卷。后院东厢房为玄奘母亲宋氏的居室，后堂为玄奘祖父、祖母居室。

玄奘故居现为河南省文物保护单位。

第三节 宜阳县

福昌阁

福昌阁位于河南省宜阳县城西 30 千米处的福昌村。

据《宜阳县志》记载，隋朝曾在此建福昌宫，为帝王行宫，唐太宗、唐高宗曾巡幸于此。《隋书·地理志》“河南郡宜阳县”条载：“有福昌宫。”唐福昌县即以此宫为名。现存建筑始建于明代，清嘉庆二十四年（1819）后曾进行过全面修葺，近年又重新翻修。歇山式重檐四方形建筑，面阔五间，四周斗拱，飞檐翘角悬铃垂挂。阁顶黄绿琉璃瓦覆盖，东西脊各有一大龙吻。正面雕花门窗，门楣之上有一“福昌宫”大匾。

福昌阁

福昌阁一角

福昌阁最独特之处在于其包容性，道、释、儒众神在此荟萃。随台阶而上，阁基两侧有很多神洞，分别为财神洞、老君洞、鲁班洞、西佛洞、药王洞、吕祖洞、五瘟洞、城隍洞、鸿钧老祖洞、天尊洞、玄帝洞、菩萨洞、南极仙翁洞、华佗洞、十二老母洞等（部分已不存）。

2016年1月22日，福昌阁被河南省人民政府公布为第七批河南省文物保护单位。

第四节　孟津县

邙山陵墓群——汉光武帝陵

汉光武帝陵古谓原陵，俗称汉陵，为东汉开国皇帝——世祖光武帝刘秀（前5—公元57）和光烈皇后阴丽华的陵园，始建于公元50年，由神道、陵园和祠院组成。光武帝陵南倚邙山，北临黄河，近山傍水，蓊蔚肃穆。阙门巍峨，气势壮观，神道宽阔，直达陵前，两侧石刻林立、碑碣参差。陵园呈长方形，占地6.6万平方米，墓冢坐北朝南为夯土丘状，高17.83米，周长487米。

陵冢上下松柏掩映，陵前有一通穹碑，碑身镌刻“东汉中兴世祖光武皇帝之陵”。从陵冢到门阙修有神道，神道两侧原排列有石像、石马等石雕和整齐葱茏的柏树。

汉光武帝陵

汉光武帝陵

如今，除去墓冢，便是郁郁葱葱、气象蔚然的柏树林。其中有 28 棵高耸入云的柏树，当地百姓称为“二十八宿”，传说是象征跟随刘秀南征北战立下赫赫战功的“云台二十八将”。

刘秀陵的柏树可称一奇，整座墓园，千年古柏拔地通天，苍翠蓊郁，其中“鸟鸣柏”“苦恋柏”更是柏中一绝。整座陵内弥漫着一种奇香，由满园翠柏发出，雨过天晴，这种余香感觉更深，风过之处，古柏清香可传 10 里之遥。汉陵古柏殊异，是国内仅有的乔木树种，这种柏树质坚性柔，剖面色美，香味浓郁。因它木色金黄，柏体杏黄，又称“血柏”，千百年来为人称奇。其实，刘秀主张简葬，当时的葬仪和陪葬物品甚为简陋。当初并无巍殿崇榭，园内的千年古柏也是在他去世 500 多年后的隋唐时期栽植的。

2001 年 6 月 25 日，汉光武帝陵被国务院公布为第五批全国重点文物保护单位。

邙山陵墓群——北魏孝文帝长陵

北魏孝文帝长陵位于洛阳城西北约 15 千米处孟津县朝阳镇官庄村邙山之巅。

此处存大小冢各一，大者高 35 米，底部周长 141 米；小者高 23 米，底部周长 110 米。两冢相距约 100 米，当地俗称“大小冢”，分别为高祖孝文帝长陵和文昭皇太后之陵。北魏孝文帝长陵陵园为长方形，其夯土围墙东西长 440 米、南北宽 390 米，陵园总面积达 17 万余平方米。长陵位于陵园的中部偏北，圆形封土。根据长陵的封土形状、墓道朝向等特点，文物工作者认为，它继承了东汉的皇陵葬制，与少数民族葬制有明显区别，这也直接印证了北魏孝文帝的汉化政策。

北魏孝文帝拓跋宏于太和十七年（493）率军南下，翌年决定由平城（今大同）迁都洛阳。他实行汉化政策，并规定死后葬洛阳。北魏孝文帝改革不仅缓和了民族

北魏孝文帝长陵

北魏孝文帝长陵

矛盾，巩固了封建统治，更促进了民族的大融合，为结束长期分裂局面，重新走向国家统一奠定了基础。

北魏孝文帝长陵在2001年被国务院公布为第五批全国重点文物保护单位。

邙山陵墓群——贾谊墓

贾谊墓位于洛阳市东北方向10千米的孟津县会盟镇屋栾行政村梅窑自然村南邙山北坡之巅。

据清《洛阳县志》《孟津县志》载：汉太傅贾谊墓在邙山上，今平乐镇新庄村东，洛孟一号公路所经之大坡口西侧，俗称贾生墓。贾谊墓拥有御赐田18亩。清同治年间，测量贾谊墓底直径37米，高12米。墓南80米有门冢二座，东西间距40米。1914年五月初五日，在贾谊墓南出土有青石莲花柱础、石像生、透雕八棱青石柱等物。

贾谊墓

1916年夏，在贾谊墓南王麒麟家地边，出土一奇特人物俑，顶盖左右对称生长着两个犄角，直径25毫米，高15毫米，驻天津洋人以15块银元购去珍藏。1928年农历十二月，在贾谊墓正方位角132° 15′ 30″ 、水平距635米处，出土有东汉殇帝延平元年（106）贾武仲妻马姜墓记。1929年6月，在贾谊墓北坡，出土有贾氏长女墓志。1966年5月至1967年7月，孟津县新庄抽水站建站过程中，将贾谊墓封土运走垫了渠道，上水压力管洞将贾谊墓掏透，现场目击者发现墓早年已遭遇盗掘，只剩一些青铜剑残片。贾谊墓东北向300米处有一废墟土质的台地，相传为贾谊故里。

贾谊，西汉政治家、文学家，洛阳人，时称贾生。贾谊建议削弱诸侯王势力，巩固中央集权，主张重农抑商，抗击匈奴；所著政论有《陈政事疏》《过秦论》等，为两汉鸿文。

2001年，贾谊墓随邙山陵墓群整体被国务院公布为全国重点文物保护单位。

邙山陵墓群——班超墓

班超墓亦称班冢，是孟津百姓世代传袭的称谓。该冢位于孟津县朝阳镇张阳村西北，与今煤窑新村毗邻。

清乾隆《洛阳县志》载，班超“墓在北邙山”。河南人民出版社1993年版《孟津县志》载：“朝阳乡张阳村西有一大冢，俗称‘班墓’，可能是汉定远侯班超墓。”班超墓略呈正方形平顶高台，高约10米，边长约25米。墓上封土虽然经过近两千年风剥雨蚀，仍不失往日的非凡气概。

班超生于汉光武帝时期，身历四帝，初仕于汉明帝时期，扬威西域，于公元102年逝世，葬于邙山。班超投笔从戎，在朝廷派军队西征匈奴时作为车都尉窦固的假司马出击匈奴。在西域，班超以其神勇和胆略，定鄯善、镇于寘、抚疏勒、平姑墨、破莎车、击龟兹……摧枯拉朽，势如破竹，使东汉王朝的西北边陲空前一统。班超在西域因战功卓著被朝廷封为定远侯，邑千户。

2001年，班超墓随邙山陵墓群整体被国务院公布为全国重点文物保护单位。

班超墓

龙马负图寺

龙马负图寺位于洛阳市孟津县会盟镇雷河村，相传始建于晋穆帝永和四年（348），是为感念“人文之祖”伏羲的功绩，在图河故道上建起的第一座祭祀场所。

该寺初名“浮图寺”，永嘉时改为“河图寺”，梁武帝改称“龙马寺”，唐高宗麟德年间更名为“兴国寺”，明嘉靖四十二年（1563）改叫“负图寺”，清乾隆十九年（1754）又改“羲皇庙”，民国后称其为“龙马负图寺”。该寺为三进院落结构：一进为山门、鼓钟楼；二进为伏羲、文王、孔圣三殿，单檐歇山式琉璃吻兽砖木结构；三进为正殿三皇殿，重檐庑殿顶结构，高台建筑，明七暗五，殿长21米，宽30米，雕梁画栋，金碧辉煌，殿内伏羲像居中，炎黄二帝塑像分列左右。三人皆为中华民族始祖、华夏文明的肇造者。大殿顶部据《易经》“观天象于天”语，底为天蓝色，

伏羲殿

龙马负图碑

中有伏羲六十四卦方位图，卦象黑白相间，中为金色北斗七星图，斗柄回转，寓指四季。寺内存有宋、明、清历代著名学者程颐、朱熹、邵雍、王铎等人撰述的碑铭诗赋。

《周易》载:“河出图,洛出书,圣人则之。”相传六七千年前,有龙马身负“河图”跃出黄河、神龟背负“洛书”浮出洛水，伏羲氏依“河图洛书”演绎出阴阳八卦。据研究，河图即指中原的山川地理图，洛书则是龟甲卜文。

龙马负图寺是中华人文始祖伏羲氏的祭祀地，也是河洛文化中“河图”的发现地；是中原河洛文化寻根问祖的旅游胜地，也是中国易学文化的发源地。

2000 年 9 月，龙马负图寺被河南省人民政府公布为河南省文物保护单位。

石保吉、石保兴墓碑

石保吉、石保兴墓碑位于孟津县常袋镇石碑凹村。石碑凹村原名宣武村，据传说是武则天的花园，后来宋代开国元勋石守信葬在这里，逐渐成了石守信

石碑

家族陵墓。历史上，这里碑碣林立，高耸入云，村名因此更改为“石碑凹”。

石保兴，为宋初名将石守信长子，亦是北宋初大将之一，承其父骁勇善战之风，连战连捷，与西夏、契丹等均有战役，且胜率颇高。石保吉为石守信次子，墓碑亦在此地，石保吉为宋太祖驸马，亦能征战，澶渊之战中曾有功。

据传，这两通巨碑附近方圆近1千米的地方，历史上全是石守信家族墓地，极为壮观，墓冢一个挨着一个，碑碣林立，每座墓的神道两旁都设置着造型丰富的石人、石虎等石刻。后来，人们平坟种地，墓冢渐渐都消失了，墓碑石刻则大多被深埋到了地下，过去，人们犁地还经常绊到。

石保吉、石保兴墓碑于2006年6月被河南省人民政府公布为第四批河南省文物保护单位。

李际期墓

李际期墓位于孟津县会盟镇老城村东南方的田地中，占地9100平方米，为长

李际期墓

石刻

方形墓园。此处是清朝顺治年间历任工部尚书、殿试读卷官、兵部尚书的李际期的葬身之所。

李际期墓园由北部的墓冢及其附属石刻和南部的神道石像生组成。墓园内遍植杨树，间杂着芝麻、玉米等农作物。墓冢高约 4 米，底部直径约 12 米。墓冢前立着一块墓碑，上面写着“大清太子少保工兵尚书僖平李公之墓”。墓碑南侧的供案四周，铺首衔环、帷幕、海水云龙等浮雕图案依稀可见。墓神道石刻包括华表、石虎、石羊、石马、石人各一对。华表四方形，石羊、石虎雕造可爱至极，左右螭首龟趺碑各一方，雕造较粗疏，皆为御祭碑，碑文与京畿无两样，螭首、龟趺却迥异，碑身较薄，碑文并无满文。

在河洛地区现存的尚书级别官员的坟墓中，李际期墓里的石刻是保存最为完好的一组。这些石刻造型敦厚，雕刻洗练，形神兼备，是研究我国石刻艺术发展变化不可多得的实物资料。

李际期墓于2006年6月被河南省人民政府公布为第四批河南省文物保护单位。

魏家坡古民居

魏家坡古民居位于洛阳市区北 5 千米连霍高速公路洛阳西站西北 0.5 千米处。

魏家坡古民居建于清朝乾隆至道光年间，是魏氏家族兴盛时期建造的官宦住宅。现存建筑面积 25500 平方米，房屋 248 间，院落窑洞 26 孔。宅院青砖瓦舍，布局对称，房上有五脊六兽、狮子海马等装饰，宅院内保存有大量木雕、砖雕、石雕及匾额等工艺美术品，展示了清代民间建筑的艺术风格。

魏坡古街，又称老街，全长 186 米，依地势而建，面南背北，东高西低，蜿蜒而上如龙盘卧，古街地面由青石铺就。宅院坐落于古街两旁，“院内有院，院中套院，院院相连，院院相通”是它最大的特点。几百间房屋形状各异，大小不同，错落有序。魏氏古宅现有 16 所宅院，古街北边有 9 所宅院，南边有 7 所宅院，北边的是三进院，南边的多是五进院，人们习惯称为三宅五院。其规模宏大，犹如北京故宫的浓缩，人们常尊称魏氏古宅为“民间故宫”。

魏家坡古民居

魏家坡古民居

魏家坡古民居

魏家坡古民居修建在清朝强盛时期，建筑规模、布局、风格相对比较完整，在豫西地区较为少见，其时代风格、艺术特征为研究清代中层官宦之家私宅提供了重要的实物资料，具有一定的历史和文化价值。

2006 年 6 月 8 日，魏家坡古民居被河南省人民政府公布为第四批河南省文物保护单位。

王铎故居

王铎（1592—1652）字觉斯，号痴庵、嵩樵，别号烟潭、渔叟，因祖居洛阳孟津，故又称王孟津。他在书画上造诣高深，独树一帜，是明清之际著名的书法家，官至礼部尚书、东阁大学士。其故居位于孟津老城，由占地 2646 平方米的故居和占地 80 亩的后花园两部分组成。

王铎故居位于中州名镇河南省洛阳市孟津县会盟镇老城村，是明清大书法家王铎的宅第。王铎明天启二年（1622）中进士，官至明礼部尚书，清加太子太保职位，遂建官邸。后因历史变迁，战争纷扰，其故居毁于战火。为了弘扬王铎书法艺术，

王铎故居

王铎故居

王铎故居书法石刻

陈列其书法手迹、碑刻、拓片和展示明清建筑艺术，当地政府拨款于 1998 年 11 月动工，按王铎故居原貌修复重建，历时一年完竣。修复后的王铎故居，主要包括故居和宅居园林，占地面积 80 余亩，建筑面积 5000 余平方米。

王铎故居为五进院落，其建筑形制以前屋、客厅、中堂、后堂、后屋为主体，配以东西厢房和东西绣楼。构成每进院的单独结体，均分别以青砖青瓦构建，从整体上展现明清官邸建筑巍峨、壮观、肃穆的文化氛围。

王铎故居后花园为“再芝园”，是一座古典园林，园中因生两棵分别重 2.7 千克和 5.3 千克的灵芝而得名。有“杨柳低舞，楼畔皓月，桃花歌尽，扇底清风”佳境之誉。

王铎故居现为河南省重点文物保护单位。

鹞店古寨

鹞店古寨位于孟津县平乐镇鹞店村，始建于六朝时期，现存建筑为清代重建。

鹞店古寨位于邙山北麓，自然形成的楔形山脊突入洛阳盆地，犹如鹰鹞展翅，俯瞰洛阳，因此得名。古寨为高台式土寨，平面呈椭圆形，东西宽 152 米，南北长 210 米，总面积约 31920 平方米。有南、东两个寨门，寨门前有斜坡式门道。现残存北寨墙长 40 米，宽 3 米，高 2—5 米。在鹞店古寨中心区约 2 米高的台地上，有二仙庙遗存，该庙占地约 500 平方米，现存建筑较为完整，据传修建于北魏时期，为一进院落，坐北朝南，有庙门、东厢房老君殿、西厢房广生殿、正殿及东配殿各一座，院内铺设青砖甬道。此外，寨中有关帝阁、望京门等遗址，以及始建于清朝康熙年间的 60 多间古民居。古民居多为长方形四合院，沿南北街而建，均为两面坡瓦房，门楼建筑别致，外表美观气派。

鹞店古寨外的鹞店坂古时扼守洛阳通往黄河渡口的门户，是洛阳历史上著名的

鹞店古寨寨门

军事重地，东汉至隋唐近千年间，朝廷在鹞店古寨南门外辟有演武场，筑有烽火台，皇帝经常在这里阅兵劳军。汉魏时期，鹞店古寨是国际商贸城平乐的核心区，万国商贾云集，是丝绸之路的起点。

该寨自然沟壑与寨堡建筑巧妙结合，二仙庙建筑规制保存基本完整，居民设施与古寨风貌浑然一体，地势险要，易守难攻，是我国民居民俗文化不可多得的实物资料，对研究古代建筑和民防设施具有一定历史价值。

2007 年 11 月，鹞店古寨被洛阳市人民政府公布为第三批洛阳市文物保护单位；2016 年被河南省人民政府公布为第七批河南省文物保护单位。

鹞店古寨内景

扣马长嬴门

扣马长嬴门位于孟津县会盟镇扣马村，修筑于清同治年间。

据记载，因该村周边地势平坦无险可守，为防匪防寇，当地群众自发组织修筑扣马寨，并在其中定居生活。该寨原有东西南北四门，由于遭到自然和人为因素破坏，现仅存南门——长嬴门。该门现为扣马村村民出入该村的重要通道，东西长 6.6 米，南北进深 5.3 米，建筑面积 34.98 平方米。门楼正面上方镶嵌一块石匾，阴刻有“长嬴门”三字；柱基用红砂岩和石灰岩砌筑而成。2017 年，孟津县文物局利用文物保护资金对该门进行了保护维修。

扣马长嬴门于 2017 年 12 月入选第四批洛阳市文物保护单位名录。

扣马长嬴门

第五节　新安县

千唐志斋

千唐志斋位于洛阳新安县铁门镇西北隅，是辛亥革命元老、第二届全国政协委员张钫先生所建，是中国唯一的墓志铭博物馆。

张钫先生酷爱金石字画，并广泛征集，在故宅花园“蛰庐”内建斋收藏，由王广庆命名、章炳麟题额为“千唐志斋”。斋中镶嵌墓志、碑碣 1419 件，其中唐代墓志 1191 件。

20 世纪 20 年代初，张钫先生隐居铁门，营建园林广及百亩，蔚为壮观。康有为游陕过豫，被张钫邀至园中，谈书论画，赋诗抒怀，题名“蛰庐”。

千唐志斋

千唐志斋镶嵌墓志铭书房

千唐志斋展览石刻

千唐志斋所藏唐志上起武德、贞观，历盛唐、中唐以迄晚唐，其中包括武则天的改元、安禄山的僭号，无不尽备。志主身份有位极人臣的相国、太尉，封疆裂土的皇亲贵戚，雄踞一方的藩镇大吏，职司守土的刺史太守，官卑职微的尉墨参曹，也有悠游园林的处士名流，静悟参禅的寺观洞主，以及被深锁内宫、凄凉一生、死而不知姓名籍贯的宫娥彩女。这些墓志记载着形形色色的人物及其社会活动，故可作一部石刻唐书看待。这些文字为我们研究当时社会、政治、经济、军事、文化、外交等方面的情况提供了极为难得的珍贵资料，起着证史、纠史、补史的重要作用。

1996 年 11 月 20 日，千唐志斋被国务院公布为全国重点文物保护单位。

汉函谷关

位于新安县城东 500 米东关村的汉函谷关是中国古代重要的关隘之一、古代丝绸之路东起点的第一道门户。函谷关始建于汉武帝元鼎三年（前 114）。函谷关是中国历史上建置较早的具有重要军事作用的雄关要塞之一。

汉函谷关又称汉关，其名称中的“函”指匣子，“谷”为山谷，连起来“函谷”的意思则为以山谷为匣，遏其要冲。函谷关北依凤凰山，北距黄河 60 千米，南侧为青龙山，南北两山对立。关楼坐西向东，东临涧水，西通县城，南连青龙山，北接陇海线。关前有天然屏障八陡山，古称八特坂或八将山，是著名的古战场遗址。唯有通过城门方可出入此关。

鉴于汉函谷关重要的地理位置，历代对函谷关多有修葺，如明万历七年（1579）、清顺治十五年（1658）都曾维修过。迄今为止最后一次的大型修复则在 1923 年。现存的汉函谷关门洞东西两侧各有楹联一副，东门为“功始将梁今附骥，我为尹喜谁骑牛”，西门为“胜迹漫询周柱史，雄关重睹汉楼船”。正门上方嵌有“汉函谷关”四个大字，据传为康有为所书，笔力遒劲，字体雄浑，与汉关浑然一体，相映生辉。

1958 年“大炼钢铁”运动中，汉函谷关遭到严重的破坏，目前人们只能看到下面的两层。关楼东面门洞两侧的对联，已经只剩下北面的半副，西面门洞两侧的对联还在。

2000 年 9 月 25 日，汉函谷关被河南省人民政府公布为河南省文物保护单位，

汉函谷关

2012 年 7 月被国家文物局列入“丝绸之路中国段首批申遗名单”，2013 年 5 月被国务院公布为第七批全国重点文物保护单位。

第六节 伊川县

范仲淹墓（范园）

范仲淹墓（范园）位于洛阳市伊川县彭婆镇许营村北约 500 米处，距县城 17 千米，离洛阳市区 25 千米，北依万安山，南傍曲河水，东临九龙山，西望龙门山，嵩山少林位其左，伊河之水出其右，山重水复，气聚风藏。

范仲淹墓（范园）分前后两域，总面积约 85 亩，园内遍植古柏千余株，神道旁有石翁仲、石羊、石狮和石阙等，规模宏大。范园广场有高大的范仲淹雕像，园区前域有范仲淹及范母秦国太夫人、长子范纯祐墓，中央建有范文正公祠大殿三间、展厅两间，宏伟宽敞，雕梁画栋，蔚为壮观。大殿檐下悬挂河南省政协原主席范钦臣题写的“范文正公祠”匾额，两侧立柱书写千古名句“先天下之忧而忧，后天下之乐而乐”。飨殿内塑范文正公金身坐像，上方悬挂清光绪皇帝御笔“以道自任”匾额和台湾知名人士、世界文化总会主席范光陵题写的“天下存心”匾额以及当代著名书画家范曾题写的“先忧后乐”匾额等。大殿东西两个展厅展示范仲淹生平事迹。范公祠前“高山仰止”石坊始建于清顺治十三年（1656），四柱三门，结构独特，造型精美。中柱之顶有望天吼，威风凛凛，环顾墓地；双柱刻有“嵩少青山高道德，涧瀍碧水洁苹蘩”名联一副，用词精练，意境深远。园区后域为范仲淹次子宋丞相忠宣公范纯仁、三子宋尚书右丞恭献公范纯礼、四子宋户部侍郎范纯粹、养子宋衢州司理范纯诚及后裔之墓。

范仲淹墓（范园）除墓碑外，现存碑刻8通，其中“资政殿学士户部侍郎文正范公神道碑铭”为宋代所立，其余多立于明、清两代。神道碑碑额“褒贤之碑”由宋仁宗亲篆，碑文为宋代名臣欧阳修撰写，大书法家王洙书丹，着重记述了范仲淹

范仲淹雕像

范仲淹墓碑刻

的生平事迹。“褒贤之碑”被称为“三绝”碑。

2006 年 5 月，范仲淹墓（范园）被国务院公布为全国重点文物保护单位。

邵雍墓

邵雍墓位于洛阳城南约 35 千米处伊川县平等乡西村西部的紫荆山中，坐北面南，墓前石系清乾隆七年（1742）嵩县知县徐玑督工于旧址新修而成。

邵雍墓地现存建筑物有石坊、山门、享堂等，四周建有围墙，并保存有石雕、石刻。石坊位于邵雍墓南，距山门 20 米，由青石砌成，底柱四根，呈正方形，底柱之座双侧均有石墩夹持，下为石鼓，上呈月牙样，坚固美观。上部有石梁横连四柱。石梁之上雕成筒瓦状，坊脊两头各雕一石龙头，并刻有楷书“安乐佳城”，既描绘墓地物华天宝之地利，也表述墓主修身处世之哲理。山门有石刻对联，上联“删后无诗啸月嘲风留青壤”，下联“画前有易蹑根探窟见先天”。山门上方有石刻匾额，

邵雍墓

邵雍墓

楷书“邵夫子墓”。

享堂共计 3 间，东西两面山墙，南北相通，用柱子做砥，北为石柱，南为木柱，屋顶建有花脊，屋脊两头装有吻。

1963 年 6 月 20 日，邵雍墓被河南省人民政府公布为河南省文物保护单位。

第七节　汝阳县

魏明帝高平陵

魏明帝高平陵位于洛阳市汝阳县大安工业园区茹店村东南部。

魏正始十年（249）正月，司马懿乘曹爽兄弟随魏帝祭扫高平陵之机发动政变，又迫郭太后（明帝后）下令废曹爽兄弟官职，并派人送奏章给魏帝，要求罢免曹爽兄弟。曹爽犹豫不决，最终为求活命而同意交出大权。数日后，司马懿以谋反罪名族诛曹爽兄弟及其亲信何晏、丁谧、毕轨等人。正是通过这次政变，司马家族从曹魏集团手中夺过了权力桂冠，奠定了晋王朝兴起的基础。

2013 年 5 月 3 日，高平陵被国务院公布为全国重点文物保护单位。

魏明帝高平陵

第八节　嵩　县

两程故里

两程故里遗迹，一处是两程故里石坊，一处是两程祠，位于嵩县田湖镇程村，是宋代理学家程颢、程颐两兄弟著述、讲学的地方，明英宗天顺六年（1462）敕建，上书“圣旨”，下书“两程故里”。明崇祯九年（1636），祠庙毁于兵燹。清康熙十一年（1672），祠庙在旧址上重建。

两程祠门口有两座石狮守候。两程祠大门由正门和两个侧门组成，正门即“棂星门”。古时传说天上的文星即棂星，大门坊额上刻写此名，足以体现后人对两位旷世大儒的尊重。两个侧门旁边的墙壁上分别书“道接子舆”“学贯濂溪”字样。

两程祠为三进院落，分别为棂星门、诚敬门、道学堂。道学堂是祭祀两程的正殿，

两程故里

两程故里

两程故里

入门便看到两程的塑像和牌位，上挂宋理宗敕封的“理学亢宗”匾额及康熙钦赐的“学达性天”匾额，光绪皇帝赐匾“伊洛渊源”、慈禧太后赐匾“希踪颜孟”也悬挂于道学堂。两程祠坐北面南，整体布局以中轴为线，结构严谨对称，祠内石碑林立，古柏参天。

2006 年 5 月 25 日，两程故里入选第六批全国重点文物保护单位。

第四章 平顶山市

平顶山市的历史可追溯到五六千年以前。商周时代，这里属应国。北魏孝文帝太和元年（477）置高阳县。隋朝时，现平顶山境域分属襄城郡和颍川郡，唐代先后分属汝州、许州、襄城郡。宋元起至明清，平顶山境域分属汝州、许州和裕州。

第一节　市　区

应国墓地

平顶山应国墓地位于河南省平顶山市新华区滍阳镇北滍村滍阳岭上。滍阳岭的南段是沙河支流应河的东堤岸，南端濒临白龟山水库，西隔应河与应山相望。这里自古就是“出宝之地”，岭上不断有青铜器和玉器出土，也不断有人在岭上盗挖古墓。1979 年，北滍村砖厂在取土时挖出一铜簋，卖给废品收购站，几经周折，铜簋被平顶山市文物管理委员会的同志收回。根据铜簋上的铭文，得知铜簋是邓国国君之女远嫁应国的陪嫁礼器，从而使应国贵族墓地得以发现。

邓公簋发现后，河南省文物研究所与平顶山市文管会共同组成应国墓地考古队，从 1986 年至 1997 年进行了长达 11 年的考古发掘，共发掘墓葬 310 多座，其中发现了应国国君及夫人墓近 20 座，出土各类文物 1 万多件，其中有铭文的青铜器多达 200 多件。

应国墓地共发掘应国墓葬 42 座，这些墓葬排列有序，具有“族墓葬”特征；出土文物数千件，主要是青铜器和玉器。所出铜器铭文涉及大射

应国墓地

礼、俯聘礼、帝王庙号、丧服制度，对古代礼仪制度与诸侯方国史研究有重要价值。排列有序的国君墓葬为同时期墓葬断代研究提供了珍贵资料。

2006 年 5 月 25 日，应国墓地被国务院批准列入第六批全国重点文物保护单位名单。

蒲城店遗址

蒲城店遗址位于河南省平顶山市卫东区蒲城街道办事处蒲城店村北，20 世纪 50 年代发现，2004 年开始发掘。它是一处包括新石器时代龙山文化、夏代二里头文化早期、西周、春秋、战国、汉、宋、明各个时期连续使用的大型遗址，以新石器时代龙山文化和夏代二里头文化早期遗址为主，又有两周、汉、宋、明各个时期的遗存，发现有房基、壕沟、灰坑、墓葬、水井灶等遗迹。

根据所发现的遗迹判断，蒲城店遗址大致可分为六个阶段：第一阶段为新石器时代晚期龙山文化，第二阶段代表夏代二里头文化早期，第三阶段代表两周文化，第四阶段代表两汉文化，第五阶段为宋代遗存，第六阶段为明代遗存。

蒲城店遗址

1963 年，蒲城店遗址被河南省人民政府公布为河南省文物保护单位；2006 年 5 月被国务院核定为第六批全国重点文物保护单位。

白朗墓

白朗（1873—1914），字明心，河南宝丰大刘村人，北洋军阀统治时期著名的农民起义军首领。

1913 年 5、6 月间，白朗带领的起义军攻克唐河、禹县，提出“打富济贫”的口号，队伍迅速扩大，先后攻克新野、邓县及湖北随县等地，然后回师北返，占领河南唐县、方城、卢氏等县。11 月从豫西东进。1914 年 1 月，横越京汉铁路，取商城、固始、光山等地，又攻克安徽的六安、霍山，再回师豫南，引起袁世凯的极大恐慌。袁世凯派陆军总长段祺瑞拼凑二十万军队进行围攻，起义军避其主力，于 2 月 27 日突围西上，3 月 8 日，攻占鄂西重镇老河口，歼敌两千余，并在此召开军事会议，决定西走陕、甘，然后入川。此时起义军已超过万人，号称“公民讨贼军”，白朗以

白朗墓

大都督名义，传檄远近，谴责袁世凯的统治是“神奸主政，民气不扬，虽托名共和，实厉行专制”。5月间，起义军甩开尾追入陕的袁军，西入甘肃，连破岷州（今岷县）、洮州（今临潭东），又取道东下，攻克秦州（今天水），沿渭河回河南。由于没有建立根据地，长期流动作战，部队耗损过大，至此改为分散活动。8月，他带百余人回宝丰，在虎狼爬岭被围，突围时中弹负伤，不久牺牲。部队溃散，起义失败。

白朗墓位于平顶山市石龙区关庄村东北。

1986年，白朗墓被河南省人民政府公布为河南省文物保护单位。

第二节　宝丰县

清凉寺汝官窑址

清凉寺汝官窑遗址是宋元时期一处规模较大的汝瓷官窑遗址，分布于河南宝丰县大营镇清凉寺村内及村南台地，总面积超过100万平方米。其中心区域在村内的

汝窑博物馆

清凉寺汝官窑址

中北部，烧造的御用瓷器以天青色釉为主。汝官窑在中国古代陶瓷发展史上，特别是对于两宋官窑瓷系的发展，起承前启后的作用。

汝窑位居“汝、官、哥、钧、定”五大名窑之首，有“汝窑为魁”之称。明代的曹昭在《格古要论》里说：“汝窑器，出汝州，宋时烧者。淡青色，有蟹爪纹者真，无纹者尤好，土脉滋润，薄亦甚难得。”这说出了汝窑的一些基本特征：在制瓷工艺上开创了香灰色胎，超过了以前南方所有的青瓷，在烧成工艺上采用满釉支烧的方法烧成的支钉痕，其细小而规整的程度绝无仅有。汝窑主要依靠釉中所含少量铁元素在还原气氛中烧成纯正的天青色，使汝窑釉面开裂纹片成为一种装饰，使在烧成过程中无意识的缺陷变成了有意识的装饰。

1952 年，周恩来总理指示“发展祖国文化遗产，恢复汝窑生产”。经过上百次实验和研究，1958 年烧制出第一批豆绿釉工艺品；1983 年 8 月，汝窑天蓝釉经过专家鉴定，达到和超过宋代汝窑水平。

汝官窑遗址面积约 25 万平方米，窑具、瓷片堆积成丘，最厚处达 6 米以上。窑址附近盛产玛瑙石，是汝窑特殊色泽的釉料所在。1987 年，河南文物考古研究所开始对宝丰清凉寺汝官窑遗址进行试挖掘。

2001 年 6 月，清凉寺汝官窑遗址被国务院公布为第五批全国重点文物保护单位；2011 年汝瓷烧制技艺被列入国家级非物质文化遗产名录；2016 年，清凉寺汝官窑遗址入选国家大遗址保护“十三五”专项规划。现已建成汝窑博物馆、汝窑遗址博物馆、清凉寺等诸多建筑。

父城遗址

父城遗址位于河南省平顶山市宝丰县，遗址内城城台呈长方形，面积约 40 万平方米。外城东西长 1750 米，南北宽 1250 米，全城周长 6 千米，面积约 220 万平方米。遗址内先后出土春秋及战国时期青铜壶、铜鉴等文物。父城遗址的附属文物有楚长城、运粮河、冯异墓、白雀寺、三姑墓。

父城商周时属应国，盘庚七年，应侯赴殷都朝见殷王。周武王封子于应，为侯国。春秋归楚为“城父邑”，是楚国北方之边陲重镇，楚太子建曾镇守于此。《春秋左氏传》

父城遗址

载：昭公十九年（前 523）夏五月，“费无极言于楚子曰：‘晋之伯也，迩于诸夏；而楚辟陋，故弗能与争。若大城城父，而置太子焉，以通北方，王收南方，是得天下也。王悦，从之。故太子建居于城父’”。周赧王四十三年（前 272），置南阳郡，辖父城。秦朝时，这里设为父城县，属颍川郡。观音妙善在父城出生，后在香山寺修成正果。东汉著名军事家、“大树将军”冯异生于城内，并葬于父城东南之龙山脚下。

北魏太和十七年（493），废父城县，命名龙山县。父城遗址是商至南北朝时期的古城址，历经商、西周、春秋战国、秦、汉、晋、南北朝，距今已有 3000 多年。

2013 年 5 月，父城遗址被国务院公布为第七批全国重点文物保护单位。

塔里赤墓碑

塔里赤墓碑，位于宝丰县赵庄乡官衙村西南三雄山左之阳。

该碑通高 4.1 米，宽 1.15 米，厚 0.36 米。圆首上刻二龙戏珠，龟趺。额阴文篆书“大元临汝郡公神道碑铭”。墓碑为至治三年（1323）其子广西道宣慰使都元帅万奴所立，察罕篆额，宋民望撰文，姜元佐书丹。碑文楷书 28 行，满行 71 字，首行题曰：“大元赠辅国上将军、浙东道宣慰使都元帅、护军、临汝郡公神道碑铭”。

塔里赤（1243—1306），蒙古族，金、元时康里人。幼习文艺，颇颖异，长而武勇，性彪悍。后袭父职，佩银符莅理官，参戎幕，调度军马。征讨南宋时，累以战功，官福建招讨使。平定辖区之乱后，远出交趾、两广，收捕诸叛，迁浙东道宣慰使都元帅。大德十年（1306）因药矢创复发，死于延平驿，年63岁，葬于宝丰县城西北17.5千米处官衙村南三雄山左之阳。

碑文主要记述塔里赤的身世、历官、灭亡南宋、镇压南方农民起义和少数民族的所谓“战功”，以及生卒年月、世系和后裔等。碑文可补《元史·塔里赤传》记述之讹误及不足。

1963年6月，塔里赤墓碑被河南省人民政府公布为第一批河南省文物保护单位。

文笔塔

宝丰县城南五里许，东西横卧着一道土岭，因该岭位于文庙南，与庙南北对应，故名笔山。山巅古射箭台上耸立一座塔，其塔高约15米，结构下石上砖，六面棱形体，全名曰文笔塔，俗称文峰塔。该塔建于明万历四十七年（1619），下有六角青石塔座，上部六棱尖顶，无层、无门窗，略似华表，造型别致，风格独特。

文笔塔上方南侧镶嵌碑刻一方，碑文阴刻楷书，主要记述建塔主持人及捐款者姓氏、出身。捐款者中有辅佐李自成大顺政权的丞相牛金星之名，与香山寺戊辰科状元刘若宰于崇祯三年（1630）所撰“重修香山寺观音大士塔碑记”碑阴之“崇祯丁卯举人邑人牛金星”记载相吻合。

据清嘉庆《宝丰县志》记载，自明永乐十八年（1420）至万历四十七年（1619）的200年中，宝丰只中举人12名。至于中进士，更是少得可怜，从洪武至万历的250年间只有李秉仁一人登进士第，因此，文人学士和县令等迫不及待地要千方百计改变这种局面。县令范廷弼崇信术士之言，号召在文庙前笔山之巅，捐资兴建文笔峰塔，并立碑于塔下，题词曰“文峰冲天，世出魁元”以勉励学子潜心学问，以求科场夺魁。因此，当时宝丰的书香子弟、秀才、贡生、名人、志士都纷纷捐款。

文笔塔

现在还可看到距地 6 米多的塔体南面所嵌的建塔捐款题名碑上，铭刻着许许多多捐款者的名字和身份，其中最引人瞩目的是“生员牛金星”，它为今天史学界研究牛金星籍属问题提供了珍贵的佐证。

1986 年，文笔塔被河南省人民政府公布为河南省文物保护单位。

中原大学旧址

1948 年 5 月，刘、邓率部进驻宝丰后，在大白庄村(现属肖旗乡)创办了中原大学。1949 年，中原大学迁往武汉办学，成为今天的中南财经政法大学。中原大学曾经依存的肖旗乡大白庄村，成为中南财经政法大学的发祥地。

1948 年 6 月 22 日，开封第一次解放。6 月 24 日，河南大学文学院院长、历史系主任嵇文甫，经济系主任王毅斋，化学系主任李俊甫，教育系教授罗绳武，历史系教授赵俪生，体育教授兼作家苏金伞，音乐家嵇振民等一行 79 人，在中共地下党员、中国时报社社长郭海长的带领下，于 6 月 29 日抵达中原局驻地宝丰。7 月 9 日，河南大学等校的 287 名青年学生也来到宝丰。8 月 1 日，中原大学成

中原大学旧址

中原大学旧址庭院

立，7日上课。为加强充实力量，由刘子久主持党务工作；从晋察冀干部大队、中原支队和华北大学调118名干部到校工作；又陆续调张柏园、朱凡任正副教务长。学习课程有《辩证唯物主义》《社会发展史纲》《现代中国革命运动史》《新民主主义的基本政策》《青年修养》等。学习时间为4至6个月。先后招收学员2194名，编为17个大队。

中原大学最初将临时校部设在宝丰县城北大白庄，办公用房是村北一个关帝庙内的三间土瓦房。作为革命大学，学校因陋就简，扎根根据地办学，晒谷场就是露天教室，草棚马厩就是就寝宿舍，没有专门的校门和教室。

2016年1月，中原大学旧址被河南省人民政府公布为河南省文物保护单位。

第三节　舞钢市

舞钢市冶铁遗址群

舞钢市冶铁遗址群包括许沟冶铁遗址、沟头赵冶铁遗址、翟庄冶铁遗址、圪垱赵冶铁遗址、石门郭冶铁遗址和尖山古采矿遗址六处。许沟冶铁遗址位于舞钢市

石门郭冶铁遗址

尹集镇梁庄村许沟自然村南，面积 1 万平方米，是从战国到西汉年间的综合冶铁铸造场地。沟头赵冶铁遗址位于舞钢市武功乡田岗村沟头赵自然村内。翟庄冶铁遗址位于舞钢市杨庄乡陡沟村翟庄自然村南，面积 8000 平方米，龙泉河经遗址南部，是利用龙泉水淬火的冶铁遗址。圪垱赵冶铁遗址位于尚店镇马庄村圪垱赵自然村西 50 米，面积 6000 平方米。石门郭冶铁遗址位于垭口街道办事处，石门赵北，面积 2500 平方米。尖山古采矿遗址位于杨庄乡柏庄村西范庄自然村尖山脚下，现有坑矿一处，呈圆形，直径 15 米，深 4 米，矿坑周围矿石散布，并有战国、汉的陶片。

舞钢市冶铁遗址群发现有大量的矿石、炼渣、炉壁、铁块等，还有从战国到汉代的遗物，甚至有晋代遗物，说明冶铁业始于战国直到汉代，有的延续到西晋，对研究我国古代冶金史、军事史、工业史、经济发展史具有重要的历史价值和学术价值。

1999 年舞钢市冶铁遗址群被确定为河南省文物保护单位。2013 年 5 月，舞钢市冶铁遗址群被国务院核定公布为第七批全国重点文物保护单位。

第四节　鲁山县

望城岗冶铁遗址

望城岗冶铁遗址位于河南省鲁山县，是汉代遗址。望城岗冶铁遗址东西长 1200 米，南北宽 400 米。遗址内出土大量汉代冶铁遗物，如煤渣、炉渣、红烧土块、矿石、木炭、灰生铁块等。

在建设鲁平大道时曾出土文物数千件，发现冶铁遗迹几十处，望城岗村民都称村后的那条岗为煤渣岗，恰当地说明了当时该处的炉渣残余量之大。在 20 世纪 90 年代该处地势很高，村里的道路建好后该处地势变低，但仍可看到炉渣之类的遗物。遗址中部及偏西部位，发现有成排或单一约一间房基大小的烧结炉底。其红烧土层层层重叠。农民在耕作中不断发现冶铁遗迹，路沟边崖曾露出半个小高炉结构，直径 2.3 米，炉壁由带砂质的耐火砖砌成。还有各种铸造陶范、铁范、泥范，如犁铧范、锄范等，其中有带“阳一”铭文的铧范，对研究汉代冶铁史具有一定价值。

1963 年 6 月，望城岗冶铁遗址被河南省人民政府公布为河南省文物保护单位；

望城岗冶铁遗址

2006 年 5 月，该遗址被国务院公布为第六批全国重点文物保护单位。

豫西革命纪念馆（豫陕鄂前后方工委旧址）

豫西革命纪念馆（豫陕鄂前后方工委旧址）位于河南省鲁山县老城大街中段、县委大院西侧。纪念馆布置在原基督教牧师住宿的小楼（简称牧师楼）内外。牧师楼始建于 1891 年，由挪威传教士建造，具有欧洲建筑风格，建筑面积 400 平方米，是现存西洋建筑的活标本，有一定的文物价值。

1947 年 11 月鲁山解放，传教人员相继离去，此楼为豫陕鄂行政公署及豫西行政公署办公处。

1948 年 4 月至 10 月，中原局领导人邓小平等同志曾在此居住、办公，并多次在鲁山县召开会议，为中原解放战争的胜利而运筹于帷幄之中。

2002 年，中共鲁山县委、县政府把牧师楼作为县级文物保护单位进行保护和开发；2004 年 2 月，第十四届中央政治局常委、中央军委原副主席刘华清同志题写“豫西革命纪念馆”馆名；2004 年 8 月 18 日正式对外开放；2006 年元月，中央军

豫西革命纪念馆

委原副主席迟浩田题名“鲁山邓小平旧居”。

2006年6月，豫西革命纪念馆（豫陕鄂前后方工委旧址）被河南省人民政府公布为第四批河南省文物保护单位；2013年5月，豫西革命纪念馆（豫陕鄂前后方工委旧址）被国务院公布为第七批全国重点文物保护单位。

徐玉诺故居

徐玉诺（1894—1958）名言信，字玉诺，笔名红蝬，河南鲁山县人。五四时期著名诗人、作家。在求学期间，受五四新文化影响，他的民主思想逐步形成，开始进行文学创作，他的早期小说代表作《一只破鞋》被收入《新文学大系·小说一集》。民国九年（1920）到民国十三年（1924）是徐玉诺文学创作的爆发期，他兴之所至，可一日数章，甚至在十几天内写成一本诗集。五年间他先后写了300多篇作品，陆续登载于《小说月刊》、《晨报》副刊、《文学周报》、《诗》等报刊，尤其在民国十一年（1922）编辑出版了诗集《将来之花园》和《雪朝》等优秀作品，揭露当时社会的黑暗，引起较大反响，受到鲁迅、茅盾等著名作家称赞。

徐玉诺故居

徐玉诺故居是一座用红砖院墙围起来的小院，院子坐西朝东，东面和西面各有 3 间瓦屋。东屋 3 间房的北面一间是过堂，另两间则堆着一些杂物。西屋墙壁上挂着许多徐玉诺青年时代及解放后的照片和图像资料，引人注目的是他在五四运动时期在开封省立第一师范学校与同学们的留影，照片上的徐玉诺身材高大，意气风发。还有他于 1950 年参加河南省第一届各界人民代表会议协商委员会、1951 年参加中南文学艺术工作代表大会河南代表团时的留影等。

2016 年 1 月 22 日，徐玉诺故居被河南省人民政府公布为河南省文物保护单位。

仓颉祠

鲁山县仓头乡的仓颉文化遗迹遗存十分丰厚。这里拥有全国唯一的集造字台、祠堂和墓室于一体的古建筑和独特的“一墓三坟”古墓葬制。仓颉冢位于仓头乡乡政府院内，冢上有仓颉祠，已有 1300 年历史。仓颉陵造字台上的古楹联“文字始创地，史官肇任处”，佐证了仓颉就任黄帝左史官的历史和文字初创于此地的历史。此联自古流传至今，相传为黄帝所赐，为全国的仓颉庙祠所独有。

仓颉祠院内的正殿坐北朝南，还有东西配殿与过厅。祠里供奉着中华文字始祖

仓颉祠

仓颉祠庭院

仓颉，有元代至正九年（1349）、清乾隆元年（1736）、清乾隆四十一年（1776）所立的三通石碑，叙事上溯至宋代，均有“仓子头”字样。祠内曾有碑铭及其他碑刻 100 多块，在 1958 年仓头修建水库时被用作溢洪道顶板。今祠内仅剩 3 块石碑。

2003 年，仓颉祠被鲁山县人民政府确定为鲁山县文物保护单位。

第五节　叶　县

叶县县衙

叶县县衙位于河南省叶县东大街，是目前中国现存的古代衙署中唯一的明代县衙建筑。

叶县明代县衙不仅规模宏大，气势雄伟，而且还是一座五品县衙。县衙坐北朝南，占地 16848 平方米。整座建筑由中轴线和东、西两侧副线上的 41 个单元、153 间房屋组成，主体建筑有大堂、二堂、三堂、狱房、厨院、知县宅、大仙祠、虚受堂、思补斋等。

据历史资料记载，保存下来的叶县县衙始建于明代洪武二年（1369）。县

叶县县衙大门

衙大门下原有明代天启年间（1621—1627）时任叶县县令王者佐修葺县衙的二堂碑记，但这个石碑于“文化大革命”时被毁。明嘉靖《叶县志·公署》中对叶县县衙的方位、主要建筑设施有详细的记述：叶县治，在城内东。正堂、幕厅、架阁库在堂西，库楼在幕厅前，诸吏房在堂前左右。戒石亭在仪门内，鼓楼在仪门外，衙神庙在鼓楼内，东銮架库在鼓楼内西。知县宅在堂北，县丞宅在堂东，主簿宅在知县宅东，典史宅在仪门东。吏舍二区：一在典史宅南，一在狱南。狱房在堂西南，厩房在堂西北。申明亭在门外东，旌善亭在门外西。这种建筑格局虽然屡有调整，但总体布局基本无太大变化。几百年来，叶县县衙屡经战火、兵灾，历任职官不得不经常增修或重建部分设施。

在叶县县衙的文物展厅，有一套于2002年在叶县出土、2600年前的春秋中期铸造的编钟。这套编钟由8枚镈钟、9枚钮钟和20枚甬钟组成。其中最大的一件通高近60厘米，最小的一件通高16.8厘米，出土后每个钟都能发出两个不同音高的乐音。这套编钟可以演奏古今中外各种乐曲，是中国首次发现的春秋时期组合式编钟，代表了春秋时期音乐的最高成就。

2006年5月25日，叶县县衙被国务院公布为全国重点文物保护单位。

叶邑故城

叶邑故城位于河南省叶县叶邑镇旧县村。叶邑故城周长9千米，面积约100万平方米，北依澧河，东临烧车河，春秋时期曾为许国、应国国都。城内街道、城门、城墙、寺庙等遗址大部分得到保存。

叶邑春秋时曾为楚国政治家、军事家叶公沈诸梁的封地，叶公尹叶期间修水利、劝农桑，使叶邑地丰民强，成为楚国北方重镇之一。今叶邑故城周围分布有同时期的叶公墓、东西二陂、许国贵族墓葬群等重要文物遗址，对研究中国古代城文化、姓氏文化及东周许国文化均有重要价值。

西周时期，叶县一带属于应国。春秋早期，应国被楚国灭掉，叶县被并入楚国版图。周简王十年（前576），许为楚之属国，国小而近郑，常被郑国侵扰。许国国君许灵公畏惧郑国入侵而请迁于楚，是年十一月初三，楚公子申迁许于叶，把叶

叶邑故城

邑（今叶邑镇旧县村）作为国都。周景王二十一年（前 524）楚封沈诸梁（字子高）于叶邑，号为“叶公”。叶公治叶期间，率叶民修筑东西二陂，灌溉农田，惠及今世，遗址至今尚存。周敬王三十 年（前 489），孔子自蔡至叶，叶公（沈诸梁）问政于孔子，留下了溺车处、晒书台、揽车处、问政处、问津古渡等遗迹。更始元年（23），王莽军与汉军在昆阳（今叶县）展开决战。王莽军大溃北逃，汉军大胜。

2006 年 5 月 25 日，叶邑故城被国务院公布为第六批全国重点文物保护单位。

叶公陵园

叶公陵园是春秋时期楚国贵族叶公沈诸梁的墓地，位于河南省平顶山市叶县叶邑镇旧县村西北部北澧河南岸，占地面积 2 万多平方米。

陵园在历史上曾遭破坏，1994 年修复的叶公陵园占地 2 公顷，墓冢高大，翠柏簇拥，建筑典雅，布局严整，是海内外叶公后裔寻根问祖和人民群众瞻仰谒拜的圣地。陵园的建筑是三进院的格局，由歇山式琉璃瓦宫殿式的建筑组成。

春秋末年，楚国贵族沈诸梁食采于叶邑（治所在今叶县旧县村），人称叶公。他辅佐楚惠王，经营方城之外，兴建东西二陂水利工程，平定白公胜之乱，身兼司马、令尹二职，晚年退老于叶。孔子周游列国，曾拜访叶公，叶公也曾问政于孔子。

叶公陵园正门

叶公陵园大殿

叶公身老于叶，葬在叶邑北澧河南岸。后人建叶公祠、叶公问政处牌坊等以志纪念，后墓前祠，历代诗文颇多。叶公后裔以“沈”或“叶”为姓，尊沈诸梁为始祖。

叶公陵园现被列为河南省文物保护单位。

第六节　郏　县

三苏坟

三苏坟位于河南省平顶山市郏县城西 27 千米处的小峨眉山东麓茨芭镇苏坟寺村东南隅，背嵩阳，面汝水，山川秀丽，风景宜人。苏坟为历代文人墨客所景仰，留有许多珍贵的诗文碑刻。

坟院坐北朝南，占地面积 14800 平方米，院门古朴雅致。门前神道两旁四株古柏苍翠挺拔，遮天盖地。雕工精细的望柱、石马、石羊、石虎、石人两侧侍列，仪仗严整。入院，迎面是一座高 3.25 米、宽 3.54 米的红石牌坊，“青山玉瘗”四个苍劲有力的大字镌刻于坊楣正中，坊柱阴刻苏东坡“是处青山可埋骨，他年夜雨独伤神”的诗句。坊楣背面是郏邑正德年间进士、浙江右布政使王尚絅《祭三苏先生文》。

三苏坟

穿过石坊、享堂、祭坛，就来到三苏墓冢前，自东北向西南依次排列为“宋东坡子瞻苏先生墓”“宋老泉苏先生墓”“宋颍滨子由苏先生墓”。冢前耸立墓碑，碑前分别设石供桌、石蜡台、石香炉。整个坟院内有 588 株古柏，交错葱郁，遮天蔽日，柏香扑鼻，傲干奇枝，山风袭来，满园幽穆。

苏辙于绍圣元年（1094）出知汝州，在此期间，苏轼由定州南迁英州，便道于汝，与弟相会。苏辙领兄游观汝州名胜。郏城县属汝州，自古就有龙凤宝地之美称，黄帝钧天台更是有名。兄弟二人登临钧天台，北望莲花山，见莲花山余脉下延，“状若列眉”，酷似家乡峨眉山，就议定以此作为归宿地。建中靖国元年（1101），苏轼卒于常州，留下遗嘱葬汝州郏城县钧台乡上瑞里。次年，其子苏过遵嘱将父亲灵柩运至郏城县安葬。政和二年（1112），苏辙卒于颍昌，其子将他与苏轼葬于一处，称“二苏坟”。苏洵本葬于眉州眉山故里。元至正十年（1350）冬，郏县尹杨允到苏坟拜谒，谓“两公之学实出其父老泉先生教也，虽眉汝之墓相望数千里，而其精灵之往来，必陟降左右”，遂置苏洵衣冠冢于两公冢间。这样，原来的二苏坟就成了三苏坟。

1956 年，三苏坟被公布为河南省文物保护单位；2006 年 5 月 25 日被公布为全国重点文物保护单位。

山陕会馆

郏县山陕会馆位于西关大街，建于清康熙三十二年（1693）。

会馆坐北朝南，大门两旁站立一对高大石狮。迎门是一座照壁，馆内有前后殿、戏楼、钟鼓楼等建筑。进门是三间面北戏楼，戏楼建于会馆的山门之上，台下为出入会馆的通道，歇山式台顶，可容纳 3000 多人同场看戏，是会馆最热闹的地方，大大小小的戏班都来这里演出，每年春节、端午、中秋三节更要演戏娱神。全国很多地方的戏班都在这里演出过，对于众多秦晋商人来说，也许千里行商的乡愁只能在聆听家乡戏中得到安慰。

会馆十分气派豪华，戏楼檐下是精美的木雕，花卉、禽鸟、人物等，造型生动，工艺精湛。前檐下枋木均采用透花木雕，富有地方色彩的斗狮图，或舞或斗，惟妙惟肖，檐牙起翘，螭龙含珠，金鳞闪闪，屈曲盘旋于蓝天绿檐之中。戏楼两侧是钟鼓楼，高 4 米，

山陕会馆

山陕会馆钟鼓楼

山陕会馆戏台

山陕会馆戏台木雕

双层飞檐，凌空耸峙，上下飞檐挑角端设套兽，各有挂铃一枚，微风过处，叮当作响。楼脊两端吻兽高大，造型生动，把这些吻兽排列在高高的檐角处，象征着消灾灭祸，逢凶化吉，有剪除邪恶、主持公道之意。楼脊中间有砖雕麒麟驮宝瓶，高出屋脊数尺。

2013 年 5 月 3 日，郏县山陕会馆被国务院公布为全国重点文物保护单位。

临沣寨

据记载："柏水经城（宝丰）北复南，沣溪自香山东北流入郏境，至水田村。一由村南而北，一由村北而东，环村一周，复至东北至石桥入汝。"因村在二水之间，故称"水田村"。

清同治元年（1862），居住在寨内的人们用红石砌成了寨墙。寨墙高 7 米，全长 1100 米。红石砌成的寨墙十分坚固，形成一道寨城防线，将寨内外隔离开来。寨墙具有强大的防御功能。临沣寨墙原来是土城墙，当时，为了防止土匪的侵扰，防止太平军、捻军而建造了红石寨墙。至今，临沣寨的红石寨墙已走过 157 年的历史了。寨墙西门称"临沣"门，取临"沣溪"之意，"临沣寨"因此而得名。

2005 年临沣寨被评为第二批中国历史文化名村；2013 年 5 月 3 日，被国务院公布为全国重点文物保护单位，有"中原第一红石古寨"之称。

临沣寨

第五章

安阳市

安阳是中国八大古都之一，是早期华夏文明的中心之一，是国家历史文化名城。远古传说时期“三皇五帝”中的颛顼、帝喾二帝均葬于此。公元前1300年，商王盘庚迁都于殷（今安阳市区小屯一带），在此传八代十二王，历时254年。三国两晋南北朝时，先后有曹魏、后赵、冉魏、前燕、东魏、北齐等在此建都。著名历史学家郭沫若在安阳留下了“洹水安阳名不虚，三千年前是帝都；中原文化殷创始，观此胜于读古书”的著名诗句。

第一节　市　区

殷墟

殷墟位于河南省安阳市殷都区小屯村，横跨洹河南北两岸，古称“北蒙”，甲骨文卜辞中又称为“大邑商”“邑商”，是商代晚期的都城，也是中国历史上第一个有文献可考并为甲骨文和考古发掘所证实的古代都城遗址，距今已有3300年的历史。

现存遗迹主要包括殷墟宫殿宗庙遗址、殷墟王陵遗址、洹北商城、后冈遗址以及聚落遗址（族邑）、家族墓地群、甲骨窖穴、铸铜遗址、手工作坊等。1973年以前这里发掘的53座建筑基址，是殷墟宫殿宗庙区的主体和殷王都全盘规划、布局结构的重心所在，被考古学者划分为甲、乙、丙三组基址。甲组建筑基址共发现15座，是宫殿宗庙区内建设时间最早、使用时间最长的建筑，被认为是商王室的宫室、寝居之所。

殷墟遗址正门

殷墟

乙组建筑共发现21座，多数结构繁复，面积巨大，互相连属。这些建筑被认为是殷王室的宗庙建筑。丙组共发现17座，被认为是商王室的祭坛建筑。目前，在宫殿宗庙区已发现大型夯土建筑基址80余座。这些建筑基址形制阔大、气势恢宏、布局严整，按照中国古代宫殿建筑“前朝后寝、左祖右社”的格局依次排列，分布在以宫殿区为中心的范围内。

殷墟是中国考古学的诞生地、甲骨文的发祥地，出土了大量都城建筑遗址和以甲骨文、青铜器为代表的丰富的文化遗存，系统展现了中国商代晚期辉煌灿烂的青铜文明，确立了殷商社会作为信史的科学地位。

1961年3月，殷墟被国务院公布为第一批国家重点文物保护单位。2001年3月，殷墟被评为“中国20世纪100项考古大发现”之首。2006年7月13日，在第30届世界遗产委员会会议上被列入《世界遗产名录》。

后母戊鼎

袁林

袁林，又称袁世凯墓，位于安阳市北关区胜利路洹水北岸，建于1916年6月，占地9万多平方米，是清末民初著名的军事政治人物、中华民国第一任总统袁世凯及其夫人于氏中西合璧风格的大型墓葬。

袁林南临洹水，北望韩陵，东接御道，西依京广。袁林建筑群仿明清帝陵建筑形制而规模略小。硕大的照壁是整个袁林的最南端，照壁内侧满饰砖雕图案。绕过照壁，沿神道北上，跨糙石桥、青白石桥，牌楼便映入眼帘。与传统木、石结构不同，袁林的牌楼是用铁筋水泥石子筑就，这在中国陵墓建筑史上极为少见。当年，为了修建这座陵墓，北洋政府专门从日本进口了大量水泥。神道两旁的文武翁仲最能体现袁林时代特色，完全是袁世凯执政时期的装束。

袁林牌楼

袁林翁仲

袁林碑亭

碑亭内赑屃驮碑，墓碑正面镌刻“大总统袁公世凯之墓”九个苍劲挺拔的端楷大字，出自徐世昌的手笔。过了大门，便进入堂院。堂院是一组四合院式样的建筑，由景仁堂和东、西配殿组成。景仁堂居中，是当年用来祭祀袁世凯的地方。袁氏墓冢则仿美国第十八任总统格兰特濒河庐墓的形制修成，为内包水泥、外砌石墙的独特欧式风貌。

陵墓按照明、清皇陵的格局，以我国古典建筑规制为体、西洋建筑风貌为用，既彰显“皇家”气派又区别于帝王陵寝，为我国陵墓建筑史上的一个创例，具有较高的历史、艺术和科学价值。

袁林于 1982 年 11 月 21 日被河南省人民政府公布为河南省文物保护单位，2013 年 5 月 3 日，被国务院公布为全国重点文物保护单位。

韩王庙与昼锦堂

韩王庙位于安阳老城区东南营街东段，始建于北宋熙宁年间，是古相州人为纪念北宋三朝宰相韩琦而建的古建筑群，金代毁于兵火。元大德二年（1298），后人仍于原址建庙设像，明清两代均曾修葺，至今大殿仍保持元代大梁顺弯就势的梁架结构。清光绪二十七年（1901），慈禧太后与光绪帝由西安返京，路过安阳，分别题匾“器博道宏”“适时济物”。院内还有一通石碑，书刻宋神宗“两朝顾命，定策元勋”八个大字。

韩王庙东侧为昼锦堂，是韩琦任相州知州时在州署后院修建的一座堂舍，并据《汉书·项籍传》“富贵不归故乡，如衣锦夜行”之句，反其意而用之，故名“昼锦堂”。昼锦堂古朴典雅，殿中后侧悬挂金字黑底“昼锦堂”三字木质大匾。堂后为忌机楼，东有狎鸥亭，西有观鱼轩，中有鱼池康乐园，后为书楼。此处园林式的秀丽幽雅建筑，为当时全国四大书院之一。昼锦堂大殿、拜殿、忌机楼、观鱼轩、狎鸥亭等，于 1968 年被火焚烧，大门外一对石狮被毁。现存大门、二门、东西厢房、书楼、三株古槐及书院讲堂等。

昼锦堂中号称“三绝碑”的昼锦堂记碑，高 2 米，刻于北宋治平二年（1065）。此碑由北宋大文学家欧阳修撰文，大书法家蔡襄书丹，记述三朝名相韩琦之事迹，

韩魏公祠

昼锦堂

昼锦堂记碑

大书法家邵必题写碑额，所以此碑也称“四绝碑”，被河南省人民政府列为河南省文物保护单位。

2013 年 5 月 3 日，韩王庙与昼锦堂被国务院公布为第七批全国重点文物保护单位。

彰德府城隍庙

彰德（今安阳）府城隍庙，又名威灵公庙，位于文峰区鼓楼东街，始建于北周大象二年（580）。

彰德府城隍庙坐北朝南，占地面积 6773 平方米，建筑面积 2792 平方米。布局为四进院落、五座大殿。每院以大殿为主体，配有左右对称的廊房或配房，后院东侧有三座道房，前院有牌楼、照壁、泮池，中轴线上为五座大殿。屋顶有硬山式、悬山式、歇山式，屋檐分单檐和重檐结构。布局结构严谨，建筑材料均为木质，青

彰德府城隍庙

彰德府城隍庙

砖墙面，方砖地面，草白玉檐石，琉璃瓦顶。

彰德府城隍庙的建筑基本保持原貌，是豫北地区城隍庙与城隍文化的代表，也是安阳市现存规模最大、历史悠久、保存完好的道教建筑与礼制建筑群，为研究我国古代建筑艺术和道教的发展提供了可靠的实物资料。

1986 年 11 月，彰德府城隍庙被河南省人民政府公布为河南省文物保护单位；2013 年 5 月 3 日，被公布为第七批全国重点文物保护单位。

文峰塔

文峰塔又称天宁寺塔，位于安阳市文峰南街。天宁寺塔修建于后周广顺二年（952），塔高 38 米，塔身呈八角形，共五层，全部为砖结构。

清乾隆年间时任彰德知府的黄邦宁，主持重新修葺天宁寺和塔，于塔门横额上题“文峰耸秀”四个大字，文峰塔因此得名。塔的上身五级出檐，从下往上逐级增大。每层出檐的斗拱又不尽相同。每层檐角均悬有铜钟，微风徐来，叮当之声悦耳

文峰塔

文峰塔

文峰塔

动听，给人以高远静穆之感。塔顶有相轮、塔刹。塔的下身四周正面各有一门，其中正南面为真门，余为假门。券门首额，有砖雕二龙戏珠图像。八角均有巨龙环绕的盘龙柱，上加铁链枷锁，非常壮观。八根龙柱之间有八幅砖浮雕佛教故事图像，造型生动，神情逼真，姿态自然，栩栩如生。塔门有 72 级台阶盘旋到达塔顶。塔顶平台正中耸立着一座高达 10 米的宝瓶状塔刹，与北京北海的白塔塔刹极为相似。塔顶四周为 1 米多高的女儿墙，可以看到古城安阳的全貌。

大多数的塔都是由下而上逐渐缩小，文峰塔一反常规，塔身上大而下小，呈伞状，为国内外所罕见。历史上安阳曾发生过两次 7 级以上地震，文峰塔历经危难仍旧屹立不倒，让这座古刹更添了一分神秘的色彩，留下了千年古塔不倒之谜。

2001 年 6 月 25 日，文峰塔被公布为第五批全国重点文物保护单位。

第二节　林州市

红旗渠

红旗渠位于河南省林州市，是 20 世纪 60 年代林县（今林州市）人民在极其艰难的条件下，从太行山腰修建的引漳入林的工程，被称为“人工天河”。

红旗渠工程于 1960 年 2 月动工，至 1969 年 7 月支渠配套工程全面完成，历时近十年。该工程共削平了 1250 座山头，架设 151 座渡槽，开凿 211 个隧洞，修建各种建筑物 12408 座，挖砌土石达 2225 万立方米。红旗渠总干渠全长 70.6 千米（山西石城镇—河南任村镇），干渠支渠分布全市乡镇。据计算，如把这些土石垒筑成高 2 米、宽 3 米的墙，可纵贯祖国南北，绕行北京，把广州与哈尔滨连接起来。其中，青年洞景区是红旗渠的代表性工程，是红旗渠艰苦奋斗精神的实景体验场所。这里昭示青春，也展示巍峨，更有江泽民、李先念、郭沫若等领导人题词摩崖石刻点缀其间。

红旗渠的建成，彻底改善了林州人民靠天等雨的恶劣生存环境，解决了 56.7 万人和 37 万头家畜吃水问题，54 万亩耕地得到灌溉。红旗渠被林州人民称为“生命渠”“幸福渠”。红旗渠不仅工程浩大，而且建筑工艺高超，通水 50 年来，仍

青年洞

红旗渠文物保护碑

巍然屹立在太行山上，至今建筑专家们还称赞它为中国建筑史上的典范，成为林州市的标志性建筑。

2006年5月25日，红旗渠被国务院公布为全国重点文物保护单位。2016年10月，红旗渠获批国家5A级旅游景区。2016年12月，红旗渠被列入《全国红色旅游经典景区名录》。

第三节 安阳县

小南海石窟

小南海石窟又称北齐石窟，位于河南省安阳市安阳县西南25千米小南海北滨，面临洹水，背靠大山，依山而凿。由于它凿于风景优美的小南海附近，所以人称“小南海石窟”。

现存三窟分别是西窟、中窟、东窟，均为北齐天保年间（550—559）建造。三

小南海石窟

小南海石窟

窟造像大同小异，规模相近，风格古雅。西窟进深1.76米，面阔1.36米，高1.76米，平面呈方形，面积为2.4平方米。正中雕释迦牟尼佛一尊，结跏趺坐于长方形台座，左右为胁侍菩萨二像，两侧壁各镌刻菩萨三立像。门作拱券状，门楣上雕有滚龙两条，中间有一莲花。门两旁各雕刻有护法神王一尊，组成火焰拱门。中窟进深1.34米，面阔1.19米，高1.78米。平面呈方形，面积约1.6平方米。正中雕释迦佛一尊，火焰背光，内浅刻腾空飞舞的飞天6个，左右刻二胁侍菩萨，两侧壁各镌侍立菩萨3尊，其间各浅刻小型菩萨3尊，手拿莲枝。东窟毁坏较重，其进深和面阔均为1.29米，高1.67米，平面呈正方形，面积为1.66平方米。正面中间雕琢释迦佛一尊，左右刻二胁侍菩萨，两侧壁各雕3尊菩萨。其间密刻大小佛像23尊，无统一布局。

小南海石窟保存了大量的石刻佛经和供养人石造像，雕刻内容丰富，刻工精湛，对于研究当时的雕刻艺术和佛教文化具有重要意义。

2001年6月25日，小南海石窟被国务院公布为第五批全国重点文物保护单位。

马氏庄园

马氏庄园位于安阳市西部20千米的西蒋村，是清末广东巡抚马丕瑶的府第，被学者称为“中州大地的封建官僚府第建筑标本”“中原官宅”。

马氏庄园建于清光绪到民国初期，保存完好，占地面积20000多平方米，其中建筑面积5000多平方米，共分三区六路，每路分四个庭院、九道大门，俗称“九门相照”。三区的建筑形式主要有厅、堂、楼、廊、房、门等，共计308间。周围附属建筑还有马氏义庄、文昌阁、马厩、仓库、柴草库、马氏祠堂以及北、中、南三座花园等，总占地面积在70000平方米以上。整座庄园布局严谨，错落有致，古朴典雅，雄浑庄重，既有典型的北京四合院宽敞明亮的建筑风格，又有晋商大院深邃富丽的建筑艺术，还有中原地区蓝砖灰瓦、五脊六兽挂走廊的建筑特色。清末慈禧太后、光绪皇帝曾在这里下榻；解放战争年代，刘邓大军曾在这里设临时司令部，在这里我们可以观赏到当时的陈设。

马氏庄园

马氏庄园

马氏庄园不仅是一部清末民初的建筑巨著，一个具有跨时代意义的廉政教育基地、红色教育基地，更是一部集儒学、建筑、风水、书法、楹联等中国传统文化于一体的百科全书。

2013 年 5 月 3 日，马氏庄园被国务院公布为全国重点文物保护单位。同时，马氏庄园也是国家 4A 级旅游景区、全国红色旅游经典景区、河南省廉政教育基地。

第四节　汤阴县

岳飞庙

汤阴岳飞庙位于汤阴县城内岳庙街，又名精忠庙，是纪念南宋抗金英雄岳飞的祠庙。

汤阴岳飞庙始建时间无考，今天看到的岳飞庙是明景泰元年（1450）重建，历代曾多次修葺、增建，至今占地6400余平方米，六进院落，房屋建筑100余间。岳飞庙坐北朝南，外廓呈长方形。临街大门为精忠坊，面西，是一座建造精美的木结构牌楼，斗拱形制九踩四昂重翘。除精忠坊外，还有山门、御碑亭、正殿、岳母刺字祠、孝娥祠、岳云祠、四子祠、三代祠及东西厢房等，保存较完整。

精忠坊之正中阳镌明孝宗朱祐樘赐额“宋岳忠武王庙”，两侧八字墙上用青石碣分别阳刻“忠”“孝”两个大字。过精忠坊为山门，坐北朝南，三开间式建筑，两侧扇形壁镶嵌有滚龙戏水浮雕，门前一对石狮分踞左右。山门檐下一排巨匾，上书“精忠报国”“浩然正气”“庙食千秋”。山门前石阶下秦桧、王氏、万俟卨、张俊、王俊五奸党铁跪像一字排开。拾级入庙，古柏苍劲，碑碣林立，有明清帝王谒庙诗篇，有历代文人学士颂扬英雄的诗词歌赋，尚存近200块。正殿面阔五间，殿门楣上悬有五块巨匾，分别是“乃武乃文”“故乡俎豆”“忠灵未泯”“百战神威”“乾坤正气”，其中“百战神威”和“忠灵未泯”为清光绪帝和太后慈禧所题。正殿中央为岳飞彩塑坐像，高丈余，上悬“还我河山”贴金巨匾。

精忠坊

岳飞像

岳飞庙

毛泽东曾关心这座岳庙的保护情况，要求禁止在庙里开会，保持古庙的静穆，并亲笔书写了《满江红》一词，手迹现已刻成碑碣。

2001 年 6 月 25 日，岳飞庙被公布为全国重点文物保护单位；2006 年被公布为国家 4A 级旅游景区。

羑里城遗址

羑里城遗址位于汤阴县城北 2 千米处，是我国历史上有文字记载的第一座国家监狱，也是风靡全球的《周易》的发祥地。“画地为牢”的历史典故发生在这里，“逆境发愤”“自强不息”的民族精神也源于此地。

羑里城是一处蕴含丰富的龙山至商周时期的文化遗址，厚达 7 米的文化层断面清晰，依稀可见远古时期人们居住、生活的情景，是 3000 年前殷纣王关押周文王

羑里城遗址正门

姬昌之处，是有史可据、有址可考的中国历史上第一座监狱。此处也是文王据伏羲八卦推演出 64 卦 384 爻，即“文王拘而演《周易》”之圣地。后人为纪念西伯姬昌，在羑里城遗址上建起文王庙。

现存羑里城遗址，为一片高出地面约丈余的土台，南北长 105 米，东西宽 103 米，面积达万余平方米。台上有文王庙，坐北向南，古柏苍翠。现存建筑有演易坊、山门、周文王演易台、古殿基址，还有“周文王羑里城”“禹碑”“文王易”等碑刻十余通，对于研究《周易》和历史、书法都具有重要的史料价值。

1996 年 11 月 20 日，羑里城遗址被公布为全国第四批重点文物保护单位。

扁鹊墓庙

扁鹊墓庙坐落于汤阴县伏道镇岗阳村北，位于县城东南 6 千米处。

扁鹊，姓秦，名越人，战国时名医，精于望、闻、问、切四种诊断疾病的方法，并以切脉最为有名，为我国脉学之宗，后被宋仁宗封为“神应侯”。据《史记》载，

扁鹊墓庙正门

秦太医令李醯(xī)自知技不如扁鹊,使人伏于道旁而刺之。当地百姓遂将扁鹊葬积冢,于冢前立祠以纪念,故此地更名为伏道。

扁鹊墓庙坐北朝南,南北长200米,东西宽100米,占地面积2万平方米。共有雕塑14尊,碑刻数十通。扁鹊墓庙大体可分为两部分:西半部分为主体,由山门、阴阳桥、二门、大殿东西厢房、墓冢组成;东半部分为附属,由药库、放生池、百草园、十二生肖和扁鹊汉白玉塑像组成。大殿及两侧东西厢房为悬山式建筑,古朴大方,颇具战国时期建筑风格。大殿正中是扁鹊坐像,高约3米,端冕垂旒,面部慈祥和善。扁鹊庙最北部是扁鹊墓冢,是整座庙内核心所在。墓呈圆形,高约3米,周长20余米,墓前有清朝康熙年间墓碑1块。墓旁有石羊1对、古槐1株,树围根部粗4.24米,高约20米,树中空,据称树龄已上千年。祠内存碑最早者为明万历庚子(1600)“重修扁鹊祠记”,碑云“祠宇时久”,创始年不详。

扁鹊以其精湛的医术、医德深受百姓爱戴,从而受到历代祭祀。扁鹊庙现为河南省文物保护单位。

第五节　内黄县

三杨庄遗址

三杨庄遗址位于安阳市内黄县梁庄镇三杨庄南部,是一处西汉晚期规模宏大的汉代村落遗址。

在完成考古勘探的100万平方米范围内,已发现14处汉代庭院及道路、湖塘、农田等遗迹,其中对4处庭院进行了发掘清理,总面积为9000平方米,出土大量汉代遗物。它首次再现了汉代农业乡里的真实景象,为研究汉代的基层社会组织结构提供了绝好的实物资料,也为黄河河道变迁等黄河水文史方面的研究提供了重要的考古资料。像“庞贝古城”一样,三杨庄遗址是因为突发灾害而被完好地保存下来的,当时的生活场景因此被“凝固”下来了,如庭院的布局、道路、耕作中的农田及各类建筑的墙体等。被洪水浸泡而坍塌的屋顶,保留着板瓦与筒瓦扣合以及坍塌时的原状,来不及搬走的生活实物,如一些石器、陶器、铁器等,得以在原地保留,

三杨庄遗址正门

三杨庄遗址文保碑

为复原当时的社会和家庭生活、生产状况提供了难得一见的丰富实物。

三杨庄遗址是目前我国发现的唯一一处保存完整、性质明确的西汉晚期至东汉初期的农业聚落遗址。遗址所展现的“宅建田中、田宅相接、宅宅相望”的聚落布局，首次直观再现了西汉时期黄河中下游地区的农业生产状况、农村社会形态、农民生活情景，是一处价值巨大、内涵丰富、影响深远的独具特色的遗址。

三杨庄遗址2003年被中国社会科学院评为“全国六大考古新发现”；2005年被国家文物局评为“全国十大考古新发现”；2006年5月25日，被国务院公布为第六批全国重点文物保护单位，并列入“十一五”国家重要大遗址。

颛顼帝喾陵

颛顼帝喾陵俗称二帝陵，是上古时代“五帝”中高阳氏颛顼和高辛氏帝喾的陵墓，位于内黄县城西南30千米梁庄镇三杨庄村西北处，占地面积350余亩，南北长2050米，东西宽1060米。

二帝陵汉代修有陵冢，唐太和四年（830）建庙，宋乾德六年（968）修，金大定七年（1167）重修，元代后又多次修葺，历朝历代祭祀不绝，宋代以后列为定制。因地处黄河故道，清末逐渐被黄沙湮没。陵地古属东郡濮阳，1949年划入内黄县。1986年，对陵墓区和祭祀区进行清沙，元、明、清历代165通御祭碑碣展现于世人面前，出土碑碣之多为我国帝陵之首。顺中轴线发现御桥、山门、祭拜大殿、陵冢等主体建筑遗迹，唐至清代建筑基址12处，还发现有仰韶、龙山文化陶片等新石器时代遗存。景区占地23.3万平方米，由朝觐祭拜区、碑林区、休闲区、森林公园区组成，建有山门、棂星门、祭拜大殿、东西配殿、碑廊、井亭等建筑，元、明、清各代数条甬道纵横其间。颛顼陵冢居东，帝喾陵冢居西，两冢并峙，在帝王陵寝中极为罕见。

颛顼、帝喾是上古时期“三皇五帝”中的第二位和第三位帝王，前承炎黄，后启尧舜，奠定华夏根基，是华夏民族的共同人文始祖。国学大师范文澜先生在《中国通史简编》中写道：“汉以前人相信黄帝、颛顼、帝喾三人为华族祖先，当是事实。”

2000年9月25日，颛顼帝喾陵文物景区被公布为第三批河南省文物保护单位，

颛顼帝喾陵山门

颛顼帝喾陵内景

2006 年被评定为国家级 3A 级景区、全国青少年传统爱国主义教育基地。2007 年，作为全省四大拜（祭）祖地之一，颛顼帝喾陵祭祖节被列为河南省拜（祭）祖活动之一。

商中宗陵

商中宗陵位于内黄县亳城乡刘次范村，是商代第十代王太戊的陵寝，是国内仅存的一处地上商代王陵。

太戊，姓子名密，汤五世孙，太甲孙，太庚之子。太戊勤政修德，治国抚民，颇有振作，任用伊陟、巫咸掌握国政，天下大治，诸侯归附，死后葬于内黄亳城，被后人尊称为中宗。

商中宗陵汉代建陵，唐代继修，宋太祖开宝七年（974）重修，明、清又多次修葺增建。昔日陵外筑城（俗称皇城），占地 4.5 亩，内筑太戊陵、嫔妃墓，古柏森森，祭碑 142 块，还有接官厅等附属设施。陵区内发现有仰韶、龙山文化及商代文化层（陶片、石器等）。据《内黄县志》记载，有明、清时代谕祭商中宗陵祭文

商中宗陵

42 道。

现存宋开宝七年《大宋新修商帝中宗庙碑铭并序》，螭首龟趺，通高 6.45 米，宽 1.6 米，厚 0.59 米，是河南现存不可多得的大型古碑之一，雕刻精湛，书法刚劲，碑文记述丰富，有较高的历史和艺术价值。

由于无人管理，142 块祭碑逐渐丢失，特别在 20 世纪 50 年代，许多碑碣被砸断拉走作了房基或垒了猪圈，陵地仅剩有十多块石碑龟座，唯有开宝碑由于体大笨重免遭厄运。

1986 年 11 月 21 日，商中宗陵被河南省人民政府列为第二批河南省文物保护单位。

商中宗陵庙碑

第六章

鹤壁市

鹤壁历史悠久，文化灿烂。春秋战国时期的卫国、赵国均定都于此。穿境而过的淇河被誉为“诗河”“史河”，《诗经》中有19篇专门描绘了淇河沿岸的风土人情和自然风光。浚县是国家历史文化名城，境内的大伾山融儒、释、道文化于一体，文物古迹荟萃。淇县古称朝歌，是殷商文化的发源地之一。

第一节　浚　县

浚县古城墙及文治阁

浚县古城墙位于河南省鹤壁市浚县，现存卫河沿岸段城墙及姑山南侧城墙遗迹（只余夯土）。

浚县古城，始建于明洪武二年（1369），明清多次重修扩建，古城才渐趋完整。解放后，原城门、城楼及大部分城池被拆除。浚县古城墙卫河沿岸段南北长768米，高5.7米，宽7米。基部砌青石，高4米；上部砌砖，砖墙厚1.3米；内实以夯土，白灰灌浆，坚固异常。浚县古城墙是我国古代城墙建筑的优秀作品，历经600余年仍稳固如初，可见当初建造之坚固、工艺之精细，为研究我国古代城墙的修建提供了珍贵的实物资料。

文治阁原名中心阁，始建年代失考。清嘉庆《浚县志》载：“万历乙卯（1615）后，始移钟于中心阁。”据此可知，中心阁距今有400余年历史。清顺治六年（1649）毁于大火。康熙四十八年（1709），知县梁通洛重修，改名“文治阁”，意为“以文为治”。文治阁下部为正方

浚县古城墙

浚县古城墙

文治阁

形平台，高 8 米，每面边长 12 米，青石基，砖砌墙面。阁下为十字拱券，四面设门。券门外嵌镶青石横额，东曰“丹流东壁”，西曰“壁泻西山”，清代书法家赵素庐书。南曰“清环黎水”，北曰“黛护伾岚”，清代浚县书法家张子白书。东北角有砖砌阶梯可以攀登。平台上建两层高楼，双重檐，攒尖顶，挑角，花脊，琉璃瓦剪边。平台边建有方孔女墙，高 1 米。阁高 10 米，上层四面开窗，窗口上分别悬“视承顾问”“面奉特知”“三侍经筵”“五知贡举”横匾。阁内供福、禄、寿神像。

2000 年 9 月，浚县古城墙被列为第三批河南省文物保护单位；2013 年 5 月 3 日，浚县古城墙及文治阁被国务院公布为第七批全国重点文物保护单位。

第二节　淇　县

云梦山摩崖

云梦山摩崖位于淇县县城西南 15 千米太行山东麓余脉的云梦山，主要有宋代石窟，元、明、清各代的摩崖题记 100 余品，明清的碑碣 30 余块，还有孙膑洞、毛遂洞、道教石塔、石牌坊、三清殿等古建筑，形成了庞大的摩崖石刻群。

云梦山摩崖

云梦山摩崖

云梦山摩崖相对比较集中，仅水帘洞口就保留了元代以来摩崖碑刻 29 方，有元代大文学家王恽撰写的《重修道院记》摩崖碑、明代御史孙征兰的狂草碑和洛阳通判窦文的行草碑。孙膑洞中浅浮雕线刻的 41 幅八仙、戏曲人物故事，造型生动，布局合理，可谓上乘之作。舍身台摩崖题记高 6.9 米，宽 3.77 米，是河南省迄今发现的最大的摩崖题记。道教石塔位于云梦山盆地北山庞涓洞下方，明正德八年（1513）建造。塔平面呈正方形，边长 1.5 米，尖顶，中间有层密檐，通高 4.22 米。塔南面下部中间嵌一块碑铭。这座道教石塔在河南独一无二，为研究道教在云梦山的活动史和我国道教建筑提供了重要的实物资料。五里井石窟约为宋代开凿，窟内正壁凿龛，原雕有释迦像，四壁雕千佛龛。明成化十六年（1480），在石窟下方创建华严寺，寺院已毁，现仅有殿基和殿内石供桌，雕刻别致，极为罕见。

云梦山摩崖石刻是了解当时社会和研究古代雕刻艺术的重要资料，犹如一座石刻艺术博物馆，具有丰富的历史信息和深厚的文化艺术内涵。

云梦山摩崖石刻 1984 年被公布为淇县文物保护单位；2000 年被公布为河南省文物保护单位；2006 年 5 月 25 日，被公布为第六批全国重点文物保护单位。

纣王墓

纣王墓位于淇县城东 6 千米淇河西岸，占地面积 120 平方米，右临灵山，左傍淇水。

在牧野大战失败后，纣王登上鹿台自焚，商朝灭亡。周朝建立后，周武王为显示他不绝人祀的仁君风范，允许纣王的后代葬其遗骨。纣王的儿子武庚遵照纣王“死后葬于淇河之中”的遗命，命人截断淇水，在河床上凿竖穴而葬，封口后，河水照流。后因河道东移，河床日见冲刷变低，纣王墓露出，又渐与堤岸连在一起。纣王墓呈长方形，为土冢，长 50 米，宽 15 米，高 7 米。墓前原立一通巨碑，上篆书“殷纣辛之墓”。今已不存。1987 年 9 月，重新立碑一通，上镌周谷城题“纣王之墓”。墓冢四周林木葱郁，东侧有清澈晶莹、宛若玉带的淇水萦绕，整个墓区内清静素雅，风景宜人。纣王陵附近还有妲己墓。

2008 年 6 月 16 日，纣王墓被河南省人民政府公布为第五批河南省文物保护单位。

纣王墓

摘星台石刻及遗址

摘星台位于淇县县城（古都朝歌）中心位置，现依台建有主题公园，园内有摘心台、三仁祠、扯淡碑、陈婆造心经浮图、超公和尚石塔等景点。

摘星台是一个夯筑土台，下层为龙山文化，上层为殷商文化。据《淇县志》载，摘星台为纣王所建，意为登临其上，可以摘星揽月，喻台之高。摘星台也是纣王和宠妃妲己观朝涉（早晨涉水）、摘比干心处。自纣王在此摘比干心后，人们为纪念比干，俗称此台为摘心台。忠烈坊、心星阁、三仁祠等都是为纪念箕子、微子及林姓始祖比干而建。

陈婆造心经浮图雕建于唐开元九年，原立于淇县县城东南 7 千米处的良相村天宁寺内，1984 年迁于摘星台公园。“陈婆”指陈姓老年妇女。“心经”即佛经，佛经中有“般若波罗蜜多心经”。“浮图”即塔。该塔是佛教的忠实信徒陈姓老妪捐造的藏经塔。“救人一命胜造七级浮图”，此石塔即为七级浮图。该塔整体呈棱锥形，造型优美，雕刻内容丰富，对于研究唐代的石刻艺术和淇县的佛教史具有重要的价值。

1963 年，陈婆造心经浮图被公布为第一批河南省文物保护单位。2006 年 6 月 8 日，摘星台遗址及石刻并入陈婆造心经浮图，更名为摘星台石刻及遗址被列为第四批河南省文物保护单位。

摘星台公园

陈婆造心经浮图

第七章

新乡市

新乡历史文化厚重。牧野大战、官渡之战、陈桥兵变等重大历史事件均发生于此。隋开皇六年（586）设置新乡县，至今已有1400多年历史。新中国成立初期曾为平原省省会。

第一节 市 区

潞简王墓

潞简王墓位于新乡市凤泉区北郊15千米处的凤凰山南麓，依山据岭，四周泉壑幽深，是中国目前保存现状最好、占地面积最大的一座明代藩王陵墓。

墓主潞简王朱翊镠，是明太祖朱元璋九世孙、明穆宗朱载垕第四子、明神宗朱翊钧（万历皇帝）唯一同母弟。其陵墓建成于万历四十三年（1615），完全仿照万历皇帝在北京所建的明十三陵中的定陵。墓由东墓区（潞简王墓）、西墓区（次妃赵氏墓）和神道三大部分组成，共占地400余亩。其整体建筑用材除极少数砖木外，几乎全部采用青石和白石，被当地百姓称为“中原石头城”。

“潞藩佳城”石坊为整个墓区的起点，紧接石坊的神道东西两侧相对排列石像生16对，其中石兽14对、石文吏1对、控马官1对。墓区内有碑廊，廊房内镶嵌着潞简王朱翊镠之子、世袭第二代潞王朱常淓草书唐诗刻石复制品336方。该墓的祭碑共有10通，现尚存原碑8通，均为龙首方趺，且有巨石雕成的碑楼。墓碑前有巨型青石条案，条案前

潞简王墓

潞简王墓

放置石雕“五供”即炉和花瓶、烛台各一对。潞简王墓城门高 10 米，面阔 21 米，为规模宏大的无梁殿建筑，为历代帝王陵寝建筑所罕见，墓区内墓碑高大，石雕五供、焚帛炉及各种石建筑上的雕刻代表了明代石刻艺术的最高水平。

潞简王墓虽已经历了 400 多年的沧桑之变，几处高大巍峨的木结构建筑已毁，墓室内大量珍贵文物也早被洗劫一空，但现存的明代建筑及大量的石雕和碑碣仍蔚为壮观，在我国目前所发现的明代藩王陵墓中独占鳌头。

1996 年 11 月 20 日，潞简王墓被国务院公布为第四批全国重点文物保护单位。

河朔图书馆旧址

河朔图书馆位于新乡市一横街北头，建于 1935 年。“河”指黄河，“朔”是北方，民国时新乡专区管辖 14 个县，今焦作、新乡、鹤壁、濮阳、安阳等地都是“河朔”的泛指地带，建此图书馆旨在开启民智。

河朔图书馆是我国著名建筑学家杨廷宝的佳作。在他的设计中，河朔图书馆整个楼基为长方形磨光白料石砌筑，上方是疏密相间的砖砌壁柱。壁柱上方是飞檐画角，体现了中国宫殿式建筑的威严。建筑内部主要梁架为钢混结构，坚固耐用。这是一座具有明清建筑风格的宫殿式建筑，由三层四角攒尖顶式的主楼和左右两层单檐歇山顶式的配楼组成，脊饰为清宫式做法，为建筑更添几分肃穆。配楼两侧墙外各有一个宽敞的阳台，由汉白玉栏杆环绕，显得浑厚典雅，挺拔俊秀。

1930 年，新乡行政公署专员兼新乡县县长唐肯建议修建河朔图书馆，后馆址选在县城西北卫河湾处。1934 年，一期工程即三层宫殿式办公及阅览大楼动工，1935 年 8 月竣工并投入使用。1938 年 2 月新乡沦陷后，河朔图书馆被日军占领做了兵营。1945 年日本投降后，河朔图书馆由人民政府接管。1949 年 8 月建立平原省，在原河朔图书馆馆舍成立平原省文物管理委员会。同年 10 月，又成立平原省图书馆。1953 年 4 月，河南省新乡图书馆移交新乡市，组成新乡市人民图书馆。

在河朔图书馆，中西建筑设计理论、技艺相互渗透、融会贯通，体现了当时的文化潮流、科学技术水平和时代精神。

2013 年 5 月 3 日，河朔图书馆旧址被国务院公布为第七批全国文物保护单位。

河朔图书馆旧址

河朔图书馆旧址

郭氏祠堂

郭氏祠堂位于新乡市牧野区定国村东西大街东段，清康熙十一年（1672）由明礼部尚书郭淐之子、清初学者郭士标所建。祠堂坐北朝南，占地 4 亩，为一宅五院，中轴线上依次有山门、二门、神殿、拜殿、孝思堂等建筑。

山门三楹，为四梁八柱砖木结构，硬山顶，蓝色筒瓦覆盖，面阔 5.7 米，进深 5.6 米，复盆基础，青石凿成。山门左右各有石狮一个，门前高台上以青石雕刻而成的栏杆相围，四周栏杆望柱上雕有和尚头状，台中有一对小石狮雕于栏杆上，此栏杆为清咸丰三年（1853）雕刻而成。山门外高台上左右高立旗杆一对。大门匾题“郭氏先祠”，脊上有篆书“万字叉”镇顶，“万”字上有三环，为三代帝师之意。山门左右各有陪房三间（西陪房为 1983 年翻修），原为族人读书之处。

二门为三并门，角道砌以砖，自正门以巨石铺建的甬道直达大殿前中阶。大殿由神殿、拜殿组成，面宽 10 米，进深 10 米，高 6 米余，硬山式宫殿造型，二梁（垛

郭氏祠堂

郭氏祠堂

三）八柱，九檩八椽，木质叠架而起。五脊两坡，蓝瓦覆盖，坡度平缓，檐角翘翻，四脊走马神兽腾蹄跃式，檐饰云龙昂首扬威，厦柱漆红闪亮。三间殿门装棂窗扉门房，上棂下实，开合自如，上面雕刻精细，正门前檐下悬康熙年间新乡县知县王璋“九世乡贤”匾额，正门内上悬礼部尚书郭涓“忠厚正直”匾额，左悬康熙年间卫辉府通判、摄新乡县事李先益“文献犹存”匾额，右悬康熙年间提督云南学政王之枢“克昌厥后”匾额，殿内方砖铺地，井藻饰顶。

2005 年，郭氏祠堂被新乡市人民政府列为新乡市文物保护单位。

第二节　卫辉市

比干庙

比干庙位于河南卫辉，是重要的庙墓合一建筑群之一，被称为“天下第一庙”。

比干为中国历史上以死谏君的忠臣，人称“天下第一仁”。周武王封比干为国神。北魏孝文帝因感念其忠心而建庙。比干庙历代都由卫辉古城内官府维护。现存留的建筑群为明代弘治七年（1494）重建。整个庙宇的主体建筑由神道、照壁、山门、二门、碑廊、木坊、配殿、大殿等组成，总建筑面积达 4.7 万平方米。

庙院坐北朝南，主要建筑分布在南北中轴线上。大殿为歇山九脊顶，拜殿位于大殿前边，紧靠大殿。这是中国第一座有记载的坟丘式墓葬，墓地呈圆形，像心形，寓意丹心呈现宇宙之意。墓前有一石牌坊，上边左右分别有石刻的日月，中间有一

比干庙山门

比干庙

心形石刻，其寓意为比干忠心报国，“日月照丹心”。在墓地与日月石牌坊之间有一亭子，亭内竖立着一块墓碑，上面刻着“殷比干莫”四个大字，相传为孔子挥剑所刻，被世人尊为“天下第一碑”。

除了“天下第一碑”外，比干庙还保存了大量的碑碣石刻，其书法价值无可比拟，如北魏孝文帝的“吊殷比干墓文”碑、唐太宗的“赠太师比干诏”碑、清乾隆御书的“过殷太师墓有作”碑等，是中国古代书法艺术的丰富宝库。

比干庙庙宇宏敞，建筑巍峨，古朴壮观，显示了中国古代劳动人民的聪明才智和艺术创造力，具有重要历史价值。比干为世界林氏之太祖，国内外林姓子女纷纷前来卫辉朝拜谒祖，比干庙已成为海内外比干后裔祭谒的圣地。

1996 年 11 月 20 日，比干庙被国务院公布为第四批全国重点文物保护单位。

望京楼

卫辉望京楼位于河南新乡市卫辉市古城东北隅，为明潞简王（朱翊镠）思母所建，于万历十九年（1591）冬动工，万历二十一年（1593）秋竣工，迄今400余年。

望京楼高达33米，宽30米，进深19米，平面呈长方形，坐北向南，砖石结构。共分两层，外壁用青石砌筑，内壁用白石镶筑，外壁中间有白石腰檐。第一层东、西、北三面共有四窗，为券顶，青石窗棂残迹尚存。在东、西南角各辟一石券门，青石门框，由两门沿青石踏步可登至第一层楼。首层建十字拱券，四面辟门，高大宽敞。每券门上有两道木栏杆槽，下有一道石栏杆（50厘米）槽。北券有四门，均为青石门框。由东西两门沿青石踏步可登至第二层楼。第二层原有五间歇山式大殿，名曰“崇本书楼”，是供潞简王父子藏书和习书画的宫室。崇本书楼已毁，大殿柱础尚存。大殿前、左、右有回廊，殿后有两个小门。望京楼形体高大，结构坚固，内砖外石，砌筑工整，设计科学，具有典型的官式建筑风格。

望京楼

望京楼是我国目前保存规模最大、设计科学的石构无梁殿古建筑。

2000 年，望京楼被河南省人民政府公布为第三批河南省文物保护单位。2006 年 5 月 25 日，作为全国最大的石构无梁殿古建筑，被国务院批准为第六批全国重点文物保护单位。

徐氏家祠

徐氏家祠又名徐世昌家祠，位于卫辉市贡院街内西街，民国十年（1921）由第五任大总统徐世昌所建，坐北向南，主体建筑占地面积 5250 平方米。

徐氏家祠坐北朝南，分为四进院落，主要建筑有照壁、山门、石坊、二门、东西厢房、过厅、东西配殿、拜殿、大殿等。第一进院落有照壁、东西华门、山门。位于最前面高大的照壁，仿木结构砖雕额坊，影壁正中内外各镶着五棵谷穗组成的“嘉禾”图案的青石浮雕，象征着“五族共和”和“五谷丰登”之意。影壁两侧为东西华门，两门对称。第二进院落有石坊、次门、碑亭、两侧掖门。中轴线上建有石坊一座，柱

徐氏家祠

徐氏家祠

和额坊皆为嘉禾图案浮雕，额坊“东海世家”，两边柱上刻徐世昌亲笔书写的楷书联：“亭育托燕畿佳气常浮白云观，宗枝分卫水清波远溯绕湖桥。”石坊东面原竖有一高大旗杆，西面建有木结构四方攒尖顶碑亭一座，立“创建汲县徐氏家祠记”碑，为徐世昌书丹。第三进院落有东西配殿、凉亭（三门）。东西配殿面阔三间，进深两间。凉亭仅剩柱础和部分建筑构件。第四进院落有东西厢房、月台、拜殿、大殿等。拜殿面阔三间，进深两间，卷棚灰瓦顶与正殿连为一体，大殿面阔五间，进深三间，前砌月台，周围有青石雕刻栏杆。祠堂颇重装饰，雕梁画栋，古色古香，精美绝伦。

1921 年，规模宏大的徐家祠堂竣工，正在总统位置上的徐世昌还请来逊帝溥仪专程到卫辉出席落成典礼。徐氏家祠整体建筑保持了清末建筑传统风格，是豫北难得的一处具有代表性的近现代优秀建筑群，具有较高的艺术和科学研究价值。

2000 年，徐氏家祠被河南省人民政府公布为河南省重点文物保护单位。

镇国塔

镇国塔又名灵应塔，明代建筑，位于河南省卫辉市城外东南隅距城 200 米处，占地面积 10000 平方米。

镇国塔为七层六角楼阁式砖塔，高约 34.5 米，由下向上逐渐收缩成锥形，塔身通体由长 42 厘米、宽 19 厘米、厚 9 厘米的青砖垒砌，每层檐下有砖雕仿木结构的额枋、斗拱等装饰，并砌出线条柔和的腰檐，每层有望窗、塔心室，塔心室内共设有佛龛 21 个，佛龛与望窗相交，形成塔道。每一层南北各辟一券门，在门楣上镶嵌有石碣一方，正北面石碣上书“护国保民”，正南面石碣上书“灵应塔”，均为篆刻，上款为“卫辉知府周思宸”，下款为“大明万历十三年”。从第一层塔门入室，登 102 个台阶踏道盘旋而上，便到达第七层。在塔顶内部砌有八卦图，中部

镇国塔

镇国塔

有柏木刹杆，顶部用孔雀蓝琉璃瓦覆盖。塔的每层六个角上都悬挂着一个风铃，风吹起的时候叮当作响，悦耳动听。

该塔是一座具有较高历史、艺术、科学价值的古代建筑，也是新乡地区唯一的佛教砖塔。

1986 年 11 月 21 日，镇国塔被公布为河南省文物保护单位。

第三节　辉县市

百泉

百泉位于辉县市中心西北 2.5 千米处的苏门山南麓，因湖底遍布泉眼，故名百泉，泉水自地穴迸出，累累如贯珠，又名珍珠泉。

百泉早在 3000 年前殷商时期即行开凿，清乾隆十五年（1750），为防泄水，

百泉

绕岸砌石，成一长方形泉湖。湖水面积 34000 多平方米，经常流量四至五个，最深处达 3 米，水温常年 20℃左右，冬暖夏凉。湖水四季碧绿，清冽纯净；湖内鱼来蟹往，藻荇交横；湖畔亭台楼阁星罗棋布，曲桥相接；湖周古柏参天，绿柳婆娑，山水楼台交相辉映，景色如画，向有“中州明珠”“西湖缩影”之誉。

百泉湖畔遍布历代修建的亭台楼阁寺祠院殿，始建于元的清晖阁，四周翠柏环绕，雄伟壮观。“涌金”“喷玉”“灵源”“放鱼”“洗心”“下马”诸亭沿湖而立，设计古朴，造型玲珑剔透，其中以涌金亭为最，亭中嵌有碑刻 50 余块，北宋大文学家苏东坡于元祐年间游览于此，挥毫疾书“苏门山涌金亭”六个大字。书体楷行柔中藏锋，游人称赞不已。

2001 年 6 月 25 日，百泉被国务院公布为第五批全国重点文物保护单位。

第四节　原阳县

陈平祠

陈平祠位于原阳县城东北 9 千米的阳阿乡阳阿中村。

据历史资料记载，陈平祠建于汉武帝时期，明洪武二十三年（1390）重修。清乾隆二十二年(1757)又做了补修。昔日的陈平祠规模宏伟，金碧辉煌，有大殿、拜殿、寝宫、左右厢房、山门、歌舞楼。现祠堂为 1992 年翻修，存有大殿一座，面阔三间，进深三间，硬山卷棚勾连搭，灰瓦顶。门楣上悬“曲逆侯”匾额，正殿立有陈平塑像，另存明天顺年间的“汉曲逆侯陈公故里”碑、明嘉靖二十六年（1547）的“陈丞相雪诬辩”等六通碑刻。其中“陈丞相雪诬辩”之碑的大量材料，证明了历史上所谓陈平“居家时常盗其嫂”的传说是以讹传讹，并纠正了某些书籍记载的谬误。

陈平祠正门

陈平祠内景

陈平，汉代政治家、军事家，官拜丞相，封户牖侯、曲逆侯。六出奇谋，辅佐刘邦建立汉朝。与周勃合谋，诛诸吕，使西汉政权重新得到了巩固。

2008 年 6 月 16 日，陈平祠被列为第五批河南省文物保护单位。

第五节　长垣县

学堂岗圣庙

学堂岗圣庙位于长垣县城北 5 千米的满村镇学堂岗村东。《名胜志》载："昔孔子聘列国，与弟子（子路、曾皙、冉有、公西华）弦诵于此，故曰学堂岗。"后人在岗上建庙，以作纪念。

据县志记载，春秋时孔子和子路、曾皙、冉有、公西华等弟子周游列国。一次路过蒲城，到城北小岗村一带，忽然下起了大雨，不得已到一农户家避雨。后来雨

学堂岗圣庙

学堂岗圣庙

越下越大，师徒5人暂住下来，并在此讲学7天。空闲时，孔子便与四个弟子畅谈各人的志向，了解他们治理国家的才能，因而此处被称为“四子言志处”。子路任蒲宰时曾于此建草堂。该庙始建于汉，唐、宋渐盛，元遭兵火无存，明天顺三年（1459）重建，经明、清两代十数次增修，逐渐成为豫北规模宏大的古建筑群。其主体建筑有棂星门、大成殿、杏坛亭、“春风”亭、“化雨”亭、深造堂等。现存杏坛亭、杏坛碑亭和明、清碑刻6通。

“长垣县重修学岗记”碑碑身高大，为长垣碑刻之最，碑身高330厘米，宽103厘米，厚40厘米，明万历三年（1575）立，由广东按察司副使、东明人穆文熙撰文，河南道监察御史魏博、郑国仕书丹，邑人、明兵部尚书李化龙篆额。“重修学堂岗文庙记”碑碑身高310厘米，宽90厘米，万历二十五年（1597）立，由邑人、明兵部尚书李化龙撰文，邑人、山西按察使部永春书丹，邑人、明吏部尚书崔景荣篆额。该碑首、身、趺皆完整无损，文章、书法俱佳，有很高的历史、艺术价值。

2016年1月22日，学堂岗圣庙被公布为第七批河南省文物保护单位。

第六节　获嘉县

同盟山武王庙

同盟山武王庙位于新乡市西17千米处的获嘉县彦当村。同盟山是武王与八百诸侯同盟誓师、共伐商纣的会盟地。武王庙建在同盟山上。

周朝末期，人们思念武王伐纣功绩，在同盟山上建武王庙以寄托情思，并将山左饮马之清泉砌池，山右太公校士阅兵台砌壁，连根泉处筑井，予以精心保护。后经历代修葺，颇具规模，元末毁于兵火，明初重建。现存山门、二门、拜殿、武王大殿、东西文武臣廊、文王殿、太宫殿、圣母殿（文母邑姜）、周公殿等王侯公卿殿堂和诸侯饮马池及同盟指路碑、古井、唐槐、历代碑碣；另有召公殿、碧霄殿、钟鼓楼、太公校阅台、夷齐叩马处、同盟坊、演武坊、八百米御道等遗迹。古建筑群占地68000平方米，格局严谨，气势恢宏。

同盟山武王庙

同盟山武王庙

同盟山是西周文化和牧野大战现存于地表的唯一物证，也是丰富的龙山文化遗址之一。千百年来，同盟山武王庙吸引着无数的文人骚客纷至沓来，凭吊游历，驻足追思。

同盟山武王庙现为河南省重点文物保护单位。

第七节　封丘县

陈桥驿

陈桥驿位于封丘县城东南 13 千米处陈桥镇陈桥村。公元 960 年，后周殿前都点检赵匡胤在陈桥驿黄袍加身，建立北宋。

陈桥驿在唐朝名为上元驿，是上都至汴州的大路驿，后汉改为陈桥驿，宋初更名为班荆馆，北宋末，宋徽宗崇宁四年（1105）改为显烈观。历金元至明清，多次重修。现存文物有大殿、东西厢房、山门、系马槐、碑刻和古井一眼。大殿面阔三

陈桥驿

陈桥驿系马槐

间，进深一间，前面两山墙有檐柱 12 根，单檐歇山九脊殿，红墙绿瓦，滚龙盘脊。大门正中上悬“显烈”匾 1 块。殿内供奉宋太祖塑像 1 尊，约 3 米高，展柜中陈列北宋 9 位皇帝和包拯、王安石、寇准、范仲淹等重臣的画像，墙壁上悬挂有关赵匡胤及其家族故事展板 4 块。山门为仿宋建筑，面阔三间，进深一间，悬山卷棚顶，门上悬挂“陈桥驿”匾额。东西厢房面阔各五间，进深一间，带走廊。室内陈展《陈桥兵变》故事图 14 幅及皇帝出巡用的卤簿 1 套。

960 年，后周大将赵匡胤在陈桥举行兵变，“黄袍加身”，建立了宋朝，史称北宋，定都开封。陈桥遂永载史册，名扬中外。“宋太祖黄袍加身处”碑高 1.7 米，宽 0.57 米，正面是“宋太祖黄袍加身处”八个大字，书者不详。古槐前侧立“系马槐”碑，清乾隆时河南（洛阳）尹张松孙书。

1955 年，陈桥驿被封丘县人民政府公布为封丘县文物保护单位。1986 年 11 月 21 日，陈桥驿被河南省人民政府公布为第二批河南省文物保护单位。

第八章

焦作市

焦作历史悠久，古称山阳、怀州，是华夏民族早期活动的中心区域之一，是司马懿、韩愈、李商隐、许衡、朱载堉等历史文化名人的故里，是“竹林七贤”的聚集地、中国武术太极拳的发源地、铁棍山药等“四大怀药”的原产地。

第一节　市　区

许衡墓

许衡墓位于焦作市中站区李封村南3千米处，建于元至元十八年（1281）。

许衡墓现存墓冢、享堂、墓园等建筑。原茔域占地近20万平方米。墓冢呈圆形，坐北朝南。封土直径16米，高约7米，周边青石砌筑。墓前竖立“元儒许文正公墓”古碑一通，此碑下深埋元代《茔域之图》碑，上建仿古碑楼。墓碑之南为神道，两侧有石人四尊、石马一对、石虎一个、石羊一对。石人文东武西，手持笏板和兵器，系元代遗物。此外，尚存元代“许衡神道碑”等残块。墓园内南侧为享堂，面阔五间，进深两间。南北檐下分别悬挂“朱子后一人”“道接程朱”匾额。享堂内有许衡汉白玉塑像一尊。墓园的山门，面阔三间，进深两间，两侧各有掖门。

许衡墓自修建至今已有700多年，历经元、明、清、民国，多次修葺，是一处保存较完整的元代高级官僚的家族墓地。这些墓葬自北向南昭穆排列，相随有序，对研究当时的墓葬制度、埋葬风俗等具有重要作用。

许衡墓

2000 年 9 月 25 日，许衡墓被河南省人民政府公布为河南省文物保护单位；2013 年 5 月 3 日，被国务院公布为第七批全国重点文物保护单位。

王氏祠堂

王氏宗祠位于山阳区马作村北街，由民国时曾任河南省省长的王印川及族人捐资修建。

祠堂坐北面南，占地 1038 平方米，原有山门、大殿、拜殿、月台、东西厢房、西园等建筑。山门、拜殿及大殿分别挂有徐世昌题词“王氏宗祠”、段祺瑞题词“行冠州闾”、袁世凯题词“敬宗裕后”匾额。西园已不存，今存山门、拜殿、大殿、匾额、东墙西园刻石及修复的东西厢房、门楼，皆为硬山式建筑，灰色筒瓦覆顶。

王氏宗祠的初建者王印川，字月波，早稻田大学毕业，辛亥革命前结业归国，民国成立后历任国会众议院议员、参政院参政、总统府顾问、河南省省长。建祠堂时，

王氏宗祠山门

袁世凯手书匾额

王氏宗祠

王印川捐出宅基地 6 分多做祠堂用地，王氏家族共凑钱 1460 多串，王印川的父亲一人捐资 9400 多串，盖起了王家祠堂。因王印川的缘故，袁世凯、段祺瑞题有匾额。其祠堂建有拜殿、月台，房上的兽头钢叉更是少见。

2016 年 1 月 22 日，王氏祠堂被河南省人民政府公布为河南省文物保护单位。

寨卜昌村古建筑群

寨卜昌村古建筑群位于焦作市城乡一体化示范区苏家作乡寨卜昌村，背靠太行，南濒沁河，依山傍水，是明代迁至此地的药王卜昌、油王卜昌、乔卜昌等共筑而成的封建地主村寨。

现存建筑少数建于明末清初，大部分为清乾隆、嘉庆和道光年间修建。现存的古建遗存主要可分为两类：一是古寨墙、寨河、石桥。寨墙建于同治七年（1868），高 9 米，长 2500 米，现存 2000 米，原有 4 座寨门，均已毁。古桥共 3 座。二是清代民居建筑群，主要包括 12 个院落和 1 座祠堂。其中 1 号院为二进四合院，现存 4 座 20 间；2 号院、3 号院为平行式二进四合院，现存 2 座 16 间；4 号院现存 5 座 22 间；

寨卜昌村古建筑

5 号院现存 5 座 19 间；6 号院现存 7 座 27 间；7 号院现存 4 座 16 间；8 号院现存 5 座 19 间，1947 年为晋冀鲁豫野战军第九纵队司令部占用，西厢房为办公室；9 号院、10 号院现存 5 座 19 间；11 号院、12 号院现存 3 座 11 间。王氏宗祠始建于乾隆三十年（1765），现存 4 座 12 间。另存有圣旨碑 8 通及大量碑刻墓志和古槐。

寨卜昌村古建筑群四周立寨墙，设寨门和瞭敌台，有寨河环绕，寨墙和古村由西北向东南呈龟背形。民居建筑形式基本相同，大门前檐置砖雕墀头，大门为板门，置抱鼓石门墩。房屋建筑的基础为条石，墙体为条砖砌就，梁架斗拱上刻龙凤花鸟人物并加以彩绘，屋顶为灰布筒板瓦覆盖。民居中保留有大量的石雕、砖雕和木雕，内容丰富，题材广泛。

寨卜昌村古建筑群功能齐全，布局完整，规模宏大，且多数建筑保存较完整，具有明显的豫西北地区的地方特色，对研究中国古代民居建筑具有重要的作用。

2013 年 5 月 3 日，寨卜昌村古建筑群被国务院公布为第七批全国重点文物保护单位。

第二节　沁阳市

朱载堉墓

朱载堉墓位于沁阳市东北 18 千米张坡村九峰山下，占地 86000 多平方米。

朱载堉（1536—1611），明太祖朱元璋九世孙，郑藩之六代王子郑恭王朱厚烷之子，近代音乐理论的先驱、近代科学的开拓者。精研历数之学，著有《乐律全书》《律吕正论》等书，在音乐史上最早确立了十二平均律理论。这是音乐学和音乐物理学的一大革命，也是世界科学史上的一大发明。朱载堉的科学贡献是巨大的，他是我国封建社会一位富有创造性的学者，是明代科学和艺术史上的一颗巨星，中外学者尊崇他为“东方文艺复兴式的圣人”。朱载堉和郭沫若一起被列为“世界历史文化名人”。

朱载堉殁后，明神宗追谥为“端靖”，赐葬于河南沁阳九峰山下。该墓坐落于山前三级台地上，面向南，墓前竖立“朱载堉之墓”碑，土冢用石围砌，直径 7.6

朱载堉墓

米，高 2.5 米。冢前有百余名家的碑刻题记。冢区两边依墙建书壁，镶嵌着国家领导人和著名乐律学家、舞蹈家、诗人、书法家等近百位名人的题词刻石，构成了 50 多米长的书壁碑廊。

2001 年 6 月 25 日，朱载堉墓被国务院公布为第五批全国重点文物保护单位。

邘国故城

邘国故城位于沁阳市西北 15 千米处的邘邰村东。

邘国是商代鄂侯封地。西周时期，鄂侯南迁，周武王将此地分封给其子邘叔。现遗址仅存北墙，东西长 820 米，宽 17—22 米，高 2—7 米。目前，对该遗址尚未进行全面钻探和发掘。邘城西北角的外部为邘国古墓群，未发掘。于城西北约 1 千米处，还有一小城，为战国时期修筑，清代进行了修缮，四城门额上有石刻城门名字“迎旭”“古邘城”等，现城墙残存极少，但尚保存有“古邘城”石刻遗物。

1963 年 6 月，邘国故城被公布为第一批河南省文物保护单位。2013 年 5 月 3 日，邘国故城被国务院公布为第七批全国重点文物保护单位。

邘国故城

田氏祖祠

田氏祖祠位于沁阳市西万镇西万村，始建于清康熙十三年（1674）。田氏祖祠建成至20世纪20年代前，一直作为田氏家族祭祖的活动场所，30年代为国民党沁阳县第七区公所占用。之后，相继为学校、银行、医院等单位轮换使用。由于种种原因，田氏祖祠损坏严重。90年代沁阳市文物部门建议动员社会各界对田氏祖祠进行集资维修，当地群众积极响应，于1998年至1999年对田氏祖祠的大殿、山门、厢房等建筑的破损部位进行了修复。

田氏祖祠坐北面南，总长50米，宽16.5米，总面积825平方米。宗祠为两进院，山门前原有石雕栏杆，现仅存基础。山门面阔三间，进深两间，两边为八字墙。山门外廊置石柱，枋上施斗拱，悬山顶，灰筒板瓦覆盖。山门两侧各有耳房一间，为单檐硬山卷棚顶。大殿位于祖祠最北部，前有月台，月台前面正中有台阶，两边施垂带，上置石狮一对。大殿面阔五间16.5米，进深两间7.5米，外廊明柱，枋上施

田氏祖祠山门

田氏祖祠中门

田氏祖祠正殿

斗拱，单檐硬山顶，灰筒瓦覆盖，前墙用雕花隔扇装修，殿内方砖铺地，有神龛，供奉田氏得姓始祖真像及神位。

据祠堂内碑刻记载，田氏宗族自光眼立祖，凡25世居于西万村，逾600年，足迹遍布华夏。田氏祖祠在革命年代也发挥着重要作用。1947年8月18日，沁阳县8个区165个自然村的3410名民兵汇集在田氏宗祠前，由沁阳解放后首任县长任小凤同志带领誓师南下，支前参战，赋予其革命意义。

2006年6月8日，田氏祖祠被河南省人民政府公布为第四批河南省文物保护单位。

第三节 孟州市

韩愈墓

韩愈墓位于孟州城西6千米韩庄村北半岭坡上，始建于唐敬宗宝历元年（825）。韩愈，河南河阳（今孟州）人，唐代著名文学家、政治家、思想家、哲学家、

韩愈陵园

教育家。贞元进士，官至吏部侍郎，为“唐宋八大家”之首。墓地处丘陵地带，墓冢高10余米，冢前建有祠堂，计有享堂三间、门房三间。祠内共有石碑13通，记载有韩愈生平事迹等。墓前院内有古柏两株，相传为唐代栽植，清乾隆年间孟县知县仇汝瑚碑记曰“唐柏双奇”，左株高5丈，围1.2丈；右株高4丈，围1.1丈。

1986年11月，韩愈墓被公布为河南省文物保护单位；2006年5月25日，被国务院公布为第六批全国重点文物保护单位。

第四节　武陟县

嘉应观

嘉应观位于焦作市武陟县城东南12千米杨庄村南，建于清雍正元年（1723），是雍正皇帝为纪念在武陟筑坝堵口、祭祀河神、封赏治河功臣而修建的一座宫、庙、衙三位一体的黄淮诸河龙王庙，建筑风格形似故宫，主要包括山门、御碑亭、治河功臣殿、中大殿、禹王阁等，规模宏大，有“北京小故宫”之美誉。

嘉应观现占地140亩，中轴线上南北依次有山门、御碑亭、前楼、更衣殿、龙王殿、风神殿、雨神殿，东西跨院为河台、道台衙署。嘉应观山门为单檐歇山顶，顶部覆盖蓝色琉璃瓦，檐下为五踩重昂斗拱，用材甚小，玲珑别致。外檐木质上均有彩绘，笔调明朗，色彩鲜艳。门前门牌上书有“敕建嘉应观”五个大字，为雍正皇帝手书。御碑亭似清朝皇冠，富丽堂皇，亭内御碑铁胎铜面，二十四龙缠绕，底座为独角兽，雍正皇帝亲笔撰文书丹，制作精致，称得上是中华第一铜碑，堪称国宝。中大殿为重檐歇山回廊式建筑，殿内藻井彩绘65幅龙凤图，为纯满风格，堪称一绝。殿内正中立“钦赐润毓”金牌，经考证，“润毓”是雍正皇帝赐予在武陟堵口的都御史牛钮的封号。牛钮是雍正的皇叔，曾是嘉应观首任住持。

治河功臣殿分东、西两个大殿，供奉着10位治河功臣。东大殿供奉的是西汉的贾让、东汉的王景、元朝的贾鲁、明朝的潘季训和“白大王”白英。其中贾让最早提出上、中、下治河三策，沿用至今。王景实践治河三策，黄河800年没有改道。西大殿供奉的是明朝工部尚书宋礼，明朝兵部尚书刘天和，清朝三位治河总督齐苏

嘉应观

嘉应观

嘉应观

勒、嵇曾筠和林则徐。中大殿又叫大王殿，是北京太和殿的缩小型建筑。中大殿天花板上的65幅龙凤图为天下一绝。故宫里也有龙凤图，但故宫的龙凤图为满汉合璧，这里的龙凤图却是清一色的满族文化风格，天下独此无二。禹王阁典雅华贵，颇具南方风格。阁前有一碑为水清碑，也叫灵石碑。轻轻一击，灵石碑声若铜磬，娓娓动听。

嘉应观集古代官式建筑艺术之大成，规格高，规模大，保存完整，堪称黄河第一庙。观内供奉的河神均为彪炳史志的历代治河功臣，蕴涵了中华五千年治河经验，是中华民族治理黄河的博物馆。

2001 年 6 月 25 日，嘉应观被国务院公布为第五批全国重点文物保护单位。

安氏宗祠

安氏宗祠位于武陟县城东 5 千米处的小岩村，坐北面南。

安氏宗祠是保存完好的清代建筑群，东西两院并列。西院为旧祠，始建于清乾隆二十八年（1763），占地 3 亩有余。西大殿飞檐重叠，雕梁画栋，五脊六兽。东

安氏宗祠山门

安氏宗祠正殿

西廊下各镶嵌有砖雕、人物花卉，栩栩如生。清光绪二十一年（1895），在旧祠东修建新祠，占地 9 亩有余。山门面阔三间，进深三间。门前月台宽敞、石狮雄踞。门上高悬翰林院学士毛绳庆手书的“安氏宗祠”门匾。腰房为拜殿，面阔三间，进深三间，为 99 平方米的砖木结构古建筑。新建“追远堂”面阔三间，进深两间。

祠内所有建筑均为单檐硬山造，灰板筒瓦覆顶，脊上和螭头的雕刻或镂空或悬浮，美轮美奂；额枋和驼峰上的木刻，或人物，或花卉，惟妙惟肖。

2006 年 6 月 8 日，安氏宗祠被河南省人民政府公布为河南省文物保护单位。

第五节　温　县

司马故里旧址

司马故里旧址位于温县城西 13 千米的招贤、古城、安乐寨一带，原为温县故城，这里也是晋宣帝司马懿的家乡，故称“司马故里”。

司马故里旧址

司马氏曾在故里筑城建都，以故城为中心，跨清风岭，坐北向南，纵宽各 1.5 千米，占地 2.25 平方千米，分内外城。内城是清同治八年（1869）增高加固的，现保存完整；内城原为安乐宫，今名安乐寨，是主要宫殿所在。在城内，汉代的瓦片、陶片和残砖俯拾皆是。古晋城内还有上苑、招贤、梨园、禅房、辛庄等村，城北有护驾庄（今护庄村），城南有校尉营（今小营村），东北有戍楼村（今树楼村），西北有东西城外等村，皆因古晋城的遗址而得名。

2008 年 6 月 16 日，司马故里旧址被河南省人民政府公布为第五批河南省文物保护单位。

温城遗址

温城遗址（夏至三国）位于温县城西 16 千米处的招贤乡上苑村北地。

故城平面呈方形，东西长 400 米，南北宽近 400 米，城内高处周边地表 2 米，南城墙和北城墙依稀可见，夯层 6—7 厘米。《括地志》卷二载：“温故城在怀州

温城遗址文物保护碑

温县西三十里……本周司寇苏忿生之邑。”这里所说的“温故城”即是此地。

2000 年，河南省社科院考古所、焦作市文物队派专业人员到此调查考证，确定该遗址为温故城。

第九章

濮阳市

濮阳是国家历史文化名城，有“颛顼遗都”“帝舜故里”之称，被中国古都学会命名为“中华帝都”。濮阳之名始于战国时期，因位于濮水（黄河与济水的支流，后因黄河泛滥淤没）之北而得名，是中国古代文明的重要发祥地之一。1987 年出土的距今 6400 多年的蚌塑龙形图案被誉为“中华第一龙”，中华炎黄文化研究会据此命名濮阳为“华夏龙都”。

第一节　市　区

戚城遗址

戚城遗址位于濮阳市区，又名孔悝城，始建于西周后期，为春秋时期卫国北部的重要城邑，以后历代多有增建。

春秋时期是戚城的黄金时代，文献和考古资料都为我们描绘了这一时期戚城经济文化的辉煌。《春秋经传》中共 40 次提到戚。而记载最多的是各国诸侯在戚频频会盟，使它成为会盟胜地。据《左传》记载，从公元前 626 年到公元前 531 年这 95 年间，各国诸侯在卫地会盟 14 次，在戚城会盟就有 7 次之多。戚城遗址东墙外 80 米处高 4.6 米、长 20 米、宽 16 米的夯土台，就是当年的会盟台基址。江总书记曾在此视察，称其为春秋时期的“联合国”。

地上的部分为周长 1520 米的古城残垣，占地面积 1440 平方米，地下则保存着自 6000 多年前仰韶文化到汉代等不同时期的历史遗存。现存城址内经考古钻探发现有城门、宫殿基址、道路、夯土台、水井等遗

戚城遗址正门

城垣遗址

迹，出土有龙山文化鼎、盆、豆等陶器残片，商代灰陶细绳纹鬲、大口尊等陶器残片，以及周代、汉代等不同时期的遗物。

戚城是豫北地区保留的年代最久、延续时间最长的古代聚落城池，文化内涵最早为 7000 多年前。戚城城内地下遗址丰富，它与四周墙体及会盟台基址都是重要的文化遗产，现采用植被覆盖的办法进行保护。

1963 年，孔悝遗址被河南省人民政府公布为第一批河南省文物保护单位。1996 年 11 月 20 日，戚城遗址被国务院公布为第四批全国重点文物保护单位。

子路墓

子路墓亦称仲由墓，位于濮阳市区京开大道西侧，其西南 250 米处是戚城遗址。

子路墓直径 28 米，高 4.3 米，墓周有青砖砌成的围墙。墓前有碑，上刻“仲夫子之墓”五个遒劲有力的大字，再往南有石像生、卫国公石坊、石阙和望柱，有四通明清两代重修仲由墓祠祀碑排列两旁。其路东侧有一巨碑，上书“仲夫子落缨

子路墓祠

子路墓祠

处”。墓园原来翠柏葱郁，大者需两人合抱，惜全毁于1958年。再往南为墓祠，其享堂面阔五间，进深三间，单檐歇山，绿琉璃瓦覆顶，宏伟壮观。还有东、西两庑享堂，内有明、清两代碑刻题咏二十来方，多刻文人官绅赞颂仲夫子的诗词歌赋。1991年至1992年，濮阳市人民政府对子路墓祠进行了全面整修复原。整修后的享殿、两厢房、山门、石牌坊皆为明清风格。现在的子路墓祠，雕梁画栋，古色古香，为典型的陵墓式建筑。

子路墓曾被盗掘，墓室内有残铁剑一把，陶壶、陶鼎、陶腄各一件。墓基为夯打，墓室为绳纹小砖券砌。专家认为此墓始建于董仲舒提出“罢黜百家，独尊儒术”后之西汉中叶。以后历代均有修葺，明代重修再三，今有碑文在其墓侧。

2000年9月25日，子路墓被河南省人民政府公布为河南省文物保护单位。

第二节 濮阳县

西水坡遗址

西水坡遗址位于濮阳市濮阳县，为新石器时代经东周至汉代的遗址。

1987 年 5 月，在西水坡发现大规模的古墓葬群，包含仰韶、龙山、东周和汉代等几个时期的文化遗存，尤以仰韶文化最为丰富。其中 45 号墓最为显耀，墓主人的东、西两侧分别摆有蚌塑龙虎图案，经科学鉴定，距今有 6400 多年，其中龙的形象是我国迄今为止发现的时间最早、体形最大、形态最逼真的龙形象，被专家誉为“中华第一龙”。蚌图分成三组，直线式排列，却不相连。第一组图中间有男性骨架，头朝南，两侧摆塑龙虎图形；第二组在第一组南面，蚌图为龙、虎、鹿和蜘蛛；第三组位于第二组南面，摆塑人骑龙与虎等。三组蚌塑中都有龙、虎图像，生动逼真，是中国迄今已知保存最完整的原始时期龙虎图形。

濮阳西水坡遗址的发现，对探索中国文明起源、龙的起源与研究中国古代史、

中华第一龙（现藏于戚城公园）

美学史、宗教史、天文历法等都有重要意义。考古学家邹衡题词“华夏文明，渊源有自，龙虎俱在，铁证如山”，对此作了高度评价。1995年10月中旬，“龙文化与中华民族”学术研讨会在濮阳举办，在这次会议上，濮阳市被命名为“龙乡”。

2013年5月3日，西水坡遗址被国务院公布为第七批全国重点文物保护单位。

濮阳四牌楼（含十字街民居）

濮阳县四牌楼又名中心阁，位于濮阳县老城十字街，是明嘉靖初知州龙大有为表彰都御史侯英为官清正、秉公执法而立。

四牌楼高8.6米，长宽各6.6米，面积43平方米，木石结构，呈方形，四角由四根方形石质条柱支撑，上部角檐上挑，四面坡覆琉璃瓦，四条垂脊安有八尊卧狮，角处安有割角吻，顶端安有葫芦宝鼎。四方匾额镌有十六个大字，东为“颛顼遗都”，西为“澶渊旧郡”，南为“河朔保障”，北为“北门锁钥”。这十六个字高度概括了濮阳古老的文明和重要的历史地位。“颛顼遗都”指的是濮阳曾经是帝颛顼的都

四牌楼

城所在地。“澶渊旧郡”指的是濮阳曾经的称谓。“河朔保障”“北门锁钥”则指濮阳是军事重地，是针对北宋都城汴梁而言的。

十字街是以四牌楼为中心的东西南北四条街，保留了数量相当可观的明清建筑，其保存完好程度在河南省名列第三。这里是豫北有名的小商品集散地，十字街至今还保留有200多家传统店铺，如装裱、木刻、传统食品、茶肆、古字画、传统手工艺等。

2006年6月8日，四牌楼与十字街一起被河南省人民政府公布为第四批河南省文物保护单位。

八都坊

八都坊又叫“澶渊明阀坊”，坐落于濮阳县城内北大街，跨路而立，为明朝万历年间所建。

八都坊由坊座、坊身、坊顶三部分组成。坊座四个，由上下两层巨石做基。坊身有四大方形石柱，立于坊基之上，四柱下部均有抱鼓相夹，抱鼓中部和顶部雕有

八都坊

石狮，威武雄壮。坊身上部分左、中、右三个层次，左右结构相同，形式对称。中部三架横梁，镶嵌两块石板，层次分明，明暗相间。坊顶凌空，有座威严庄重庑殿，殿顶有前后坡和假瓦垄；殿脊两端雕有石吻、石兽；殿脊正中雕有石狮，背驮葫芦、宝瓶，张嘴昂首，挺胸远望，神态逼真，栩栩如生。整个坊身组合严谨，端庄大方，对称美观。

八都坊是为纪念明代濮阳籍都御史纪著、侯英、李珏、史褒善、王綖，赵廷瑞、董汉儒、吉澄而立的。坊顶镌刻“八都坊”三个大字，笔锋雄健，隽永端庄，系当时书法家韦大秦所书。据说，当时坊之南北还立有两个下马坊，文官到此下轿，武官到此下马，皇帝到此，也要“龙行三步”。

2000 年 8 月 11 日，八都坊被濮阳市人民政府公布为濮阳市文物保护单位。

第三节 清丰县

冀鲁豫边区革命根据地旧址

冀鲁豫边区革命根据地旧址位于河南省清丰县、范县。清丰县冀鲁豫边区革命根据地旧址纪念馆位于清丰县双庙乡单拐村，占地面积 5.6 公顷，建筑面积 7648 平方米。

抗日战争后期，单拐村作为当时我党领导的最大敌后根据地——冀鲁豫边区的政治、军事指挥中心，领导着东至津浦、南跨陇海、西临平汉、北靠德石的广大区域，辖 116 县，近 2000 万人口。单拐革命旧址是抗日战争后期、解放战争初期（1944 年 9 月至 1946 年 10 月）中共中央北方局、冀鲁豫分局、冀鲁豫军区司令部暨军区第一兵工厂所在地，是一代伟人邓小平和老一辈无产阶级革命家黄敬、宋任穷、王宏坤、杨勇、苏振华等领导同志生活战斗过的地方。解放战争初期，军区第一兵工厂在这里成功制造了我军兵工史上第一门大炮——“盖亮号”92 式 70 毫米步兵炮。

邓小平同志率北方局机关进驻冀鲁豫地区后，广泛发动群众，深入开展减租减息和民主民生运动，积极对日伪发起攻势作战，共收复县城 75 座，解放人口 500 余万，尤其是清丰之战有力打击了日军，扭转了战争局势，拉开了抗日战争胜利的序幕，

冀鲁豫边区革命根据地旧址

冀鲁豫分局旧址

兵工厂旧址

为刘邓大军强渡黄河、挺进大别山奠定了坚实基础。

2005 年，清丰县冀鲁豫边区革命根据地旧址被中宣部命名为全国爱国主义教育示范基地；2006 年 5 月 25 日，清丰县冀鲁豫边区革命根据地旧址被国务院公布为第六批全国重点文物保护单位，被国家旅游局评定为 3A 级旅游景区；2011 年，清丰县冀鲁豫边区革命根据地旧址被中宣部等部委公布为全国红色旅游经典景区（二期）；2015 年 8 月 24 日，清丰县冀鲁豫边区革命根据地旧址纪念馆入选国务院公布的第二批 100 处国家级抗战纪念设施。

第四节　南乐县

文庙

南乐文庙即孔庙，俗称“黉学”（学堂），位于城关镇南街村。始建于明洪武三年（1370），经历代增建维修，至清末时，仍是一座相当完整的古建筑群。

文庙位于南乐县城东南隅一箦山旁，明洪武三年，由南乐县主簿叶伯瑾始建，当时规模不大。永乐五年（1407）知县吴文质、正统四年（1439）典史周郁相继扩建，使之形成一个规模庞大的建筑群，东南两边至城墙脚下，西至大道，北至净土寺。主要建筑有大成殿、寝殿、戟门、棂星门、月新斋、时习斋。弘治、嘉靖、隆庆、万历年间都做过增修扩建，增添了东西两庑，凿泮池，环以石栏，扩建“德配天地”“道贯古今”牌坊等，使文庙初具规模。清朝康熙、乾隆、道光、光绪年间又在原来的基础上做了翻修。民国时期，圮毁日甚，至新中国成立初期，仅存大成殿和寝殿，俗称“大殿”和“小殿”。

大成殿为文庙主体建筑，面阔五间，进深三间，平面呈长方形，单檐歇山九脊顶，斗拱及殿内原木建筑结构基本完好。柱基为石质覆盆式，殿外有月台 1.3 米，殿顶为黄色琉璃瓦，古色古香，是宫殿式与民间建筑相结合的艺术产品。寝殿位于大成殿后，歇山九脊顶，是一座面阔五间、进深三间的清代典型的民式建筑。整个大殿宏伟高大，飞檐凌空，古朴壮观。周围树木葱郁，景色宜人。

1980 年，文庙建筑被南乐县人民政府公布为第一批南乐县文物保护单位；2000

一篑山

大成殿

年 9 月 25 日，被河南省人民政府公布为第三批河南省文物保护单位。

仓颉陵遗址

仓颉陵遗址位于南乐县城西北 18 千米处的梁村乡吴村。陵庙占地 2.66 万余平方米，是中华文字始祖仓颉的陵墓。

陵侧有始建于东汉的仓颉庙，规模宏大的建筑群在“文革”中毁坏殆尽。南乐县委、县政府为恢复仓颉庙昔日雄姿，依次建有朝天门、仰圣门、万古一人殿、六书殿以及陵门、藏甲楼等建筑。万古一人殿也称正殿，俗称为大殿，因殿前檐下有“万古一人”巨大牌匾而得名。正殿为明代建筑，由拜殿和正殿前后衔接组合，拜殿卷棚顶式，三间，明朝崇祯四年八月修建。拜殿前檐的两根方石柱雕刻十分精美，堪称明雕佳品。

万古一人殿

藏甲楼

仓颉陵为圆锥形，有砖墙围绕，设计别具匠心。陵墓围墙周长 36.5 米，象征一年 365 天之数。围墙由砖垛界开，分 12 节，含意为一年 12 个月。每节长 3 米、3.1 米或 2.8 米，其意为每个月的天数不等。藏甲楼古称后楼，为仓颉庙最高建筑，三间两层。绿琉璃瓦盖顶，通体红墙，坐落在一丈多高的台基之上，更显峻峭挺拔。庙内碑刻林立，松柏苍翠，杨柳依依，楼台亭阁鳞次栉比，整个建筑雄伟壮观。

汉朝以来，这里是历代贤哲文人朝拜的胜地，受百王景仰、万圣尊崇，被北宋名臣寇准称为“盘古斯文地”“开天圣人家”。仓颉创造了中华汉字，被尊为“三教之祖”“万圣之宗”。仓颉陵高大雄伟建造科学，陵周是仰韶、龙山乃至商周的古文化遗址，是中华五千年文明之根基。

2000 年 9 月 25 日，仓颉陵遗址被河南省人民政府公布为第三批河南省文物保护单位。

第五节　台前县

晋冀鲁豫野战军渡黄河纪念地

晋冀鲁豫野战军渡黄河纪念地位于台前县县城南约10千米的孙口渡口，又名将军渡。

1947年6月30日，刘邓大军12万人以孙口为中心强渡黄河，揭开了解放战争战略反攻的伟大序幕。7月4日夜，刘邓首长携野战军机关人员从孙口黄河码头渡河南征。1947年9月初，华东人民野战军西线兵团计30万人在司令员陈毅和副司令员粟裕的率领下，从台前境孙口、林楼、十里井等渡口南渡黄河，挺进豫皖苏。1948年6月初，粟裕率领华东人民野战军司令部机关又一次在孙口渡口南渡黄河作战。1949年4月26日起，东北人民解放军50万大军在司令员林彪、政委罗荣桓率领下，历经半月，踏过孙口黄河浮桥，挥师南下进军江南。孙口渡口“将军渡”的

渡河纪念碑

美名由此而来。为昭彰史迹、教育后人，1997年立主体纪念碑一座，高3.16米，宽0.94米，厚0.3米。碑阳（正）面刻有国务院原副总理薄一波的题词：“刘邓大军强渡黄河纪念碑。”建有青石六角碑亭，此亭融民族传统建筑风格和现代艺术为一体，古朴典雅，飞檐斗拱，气势非凡，展示着波澜壮阔的革命历史画卷。

晋冀鲁豫野战军渡黄河纪念地先后被命名为河南省文物保护单位、河南省首批爱国主义教育基地、河南省红色旅游景点、河南省大中小学生德育基地、台前县青少年素质教育基地，2007年被国家水利部公布为国家水利风景区，成为豫北地区红色旅游胜地。

第六节 范 县

颜村铺革命旧址

颜村铺革命旧址位于范县东北6千米处，是以段君毅、曾思玉为首的老革命家于抗日战争时期、解放战争时期在范县、濮县、观城县一带创建的敌后根据地作战指挥中心。

颜村铺革命旧址

颜村铺革命旧址包括冀鲁豫边区司令部、报社、银行、医院、学校、兵工厂、被服厂、训练场等，保护面积138亩。其中设展厅21间，详细介绍了颜村铺革命旧址的革命历史和部分领导人的生平事迹，展出了100余件革命历史文物和部分领导人的用具。战争年代，这里是冀鲁豫边区首府，政治、军事、经济、文化中心，是冀鲁豫野战军休整和战勤的重要后方基地。边区党委、行署、军区机关及报社、银行、医院、被服厂、兵工厂等长期设在这里，朱德、邓小平、刘伯承、段君毅、万里、宋任穷、杨勇、杨得志、苏振华、曾思玉等老一辈无产阶级革命家在这里运筹帷幄、决胜千里、共商大计。这里养育了大批干部和军队，造就了众多革命志士，被誉为“华北小延安”。

在关系到中华民族生死存亡的抗日战争中，冀鲁豫边区党政军领导在颜村铺成功指挥了津浦、平汉、德石、陇海铁路之间数以千计的大小战役、战斗，牵制并消灭了大量日伪军。人民军队用自己的鲜血和生命保卫了冀鲁豫边区抗日根据地，谱写了一曲曲惊天地、泣鬼神的大无畏革命英雄主义精神的颂歌。

新中国成立后，颜村铺革命旧址先后被确立为濮阳市革命纪念地、河南省文物保护单位和市级爱国主义教育示范基地，2006年又被国务院公布为全国重点文物保护单位。

颜村铺革命旧址

第十章

许昌市

许昌远古时称为许地，西周时为许国，秦朝时置许县，公元220年，曹丕废汉立魏，因“魏基昌于许”，改许县为许昌，成为魏国的都城。许昌文脉绵长，人杰地灵，名人辈出，数千年历史中孕育了杂家吕不韦、法家韩非子、西汉留侯张良、改革家晁错、画圣吴道子、“楷书鼻祖”钟繇、“行书鼻祖”刘德升、三国名士“荀氏八龙”等一批名人先贤。《三国演义》共120回，其中有52回故事发生在许昌或与许昌有关，全国三国文化遗迹有五分之二在许昌，因此郭沫若先生写下了“闻听三国事，每欲到许昌”的诗句。

第一节　市　区

春秋楼

许昌春秋楼景区位于许昌市中心文庙前街中段，地理位置优越，交通极为便利，是一处明清风格的古建筑群。

春秋楼是关帝庙的主体建筑，又名大节亭，曾以关公宅、关王庙、武安王庙、两院英风庙、关帝庙称之。砖木结构，重檐歇山式，高达30余米，殿顶覆盖绿色琉璃瓦，面阔三间，周围16根廊柱，楼上楼下均带回廊，青石柱础上雕有花、鸟、虫、鱼和人物等图案。建筑结构严谨，造型大方，廓轩昂然，金碧辉煌。春秋楼创建自元至元年间，曾经元、明、清历代多次修葺，建筑规模逐步完善。据记载，原来的外院有山门、钟鼓楼、春秋楼、中殿、后殿，内院有关帝三代祠、昭烈皇后祠、问安

春秋楼

河南省重点文物保护单位
Important Cultural Relic Protective Unit Of Henan Province
春秋楼、文庙遗址
Chun-qiu Building The Site Of Confucian Temple
河南省人民政府
二零零零年九月二十五日

春秋楼文保碑

亭和部分配套建筑，占地面积约20余亩。后毁于战争兵火，只残留春秋楼一座。

东汉建安五年（200），曹操东征，下邳之战俘获关羽及刘备甘、糜两位夫人。为保护皇嫂安全，关羽“土山三约”之后暂且归附曹操，来到许昌。曹操宠才爱将，遂拜关羽为偏将军，并赐府宅一处，让关羽和两位皇嫂同住。关羽为避嫌，将一宅分为两院，让两位皇嫂住内院，自己住外院。院中有一楼，关羽在此秉烛达旦，夜读《春秋》，春秋楼由此而得名。

2000年9月，春秋楼被河南省人民政府公布为河南省重点文物保护单位。

许州府衙

许州府衙位于许昌市区衙前街、原州城中轴线北端，为清直隶州州署，建于汉、唐以来旧基之上，坐北朝南，长80丈，宽22丈。自南往北，中轴线上的主要建筑有古颍川郡坊、大门、仪门、大堂、中和堂（二堂）、梅花堂（三堂）、喜雨台（后庭）等，现仅存三堂和后庭两座建筑。

三堂在中和堂后，为郡治之退补堂，是知州接待上级官员、商议政务及起居的

许州府衙

大殿

地方，面阔五间，进深三间，整体给人以高敞轩昂、宏丽精致之感。后庭是知州起居及家人的居住场所，面阔五间，进深二间。据清乾隆《许州志》记载，自唐代开始，许州的名称即相对稳定，明为许州，清为许州府，后又称直隶州。民国年间，许州府衙为许昌行政督察专员公署、县府官衙。新中国成立后，许昌专署、许昌县人民政府等设立在此，署衙曾辖 4 县、9 县、11 县。

2008 年，许州府衙被河南省人民政府公布为河南省文物保护单位。

八龙冢

八龙冢位于许昌城北 2 千米处的陈庄村西，为东汉末期朗陵侯相荀淑墓冢。

荀淑八子（荀俭、荀绲、荀靖、荀焘、荀诜、荀爽、荀肃、荀旉）均为东汉末年和曹魏时期的名士，人称八龙。如荀爽，12 岁通晓《春秋》，自布衣始，95 天官至“三公”。荀淑侄子、荀昙的孙子荀攸是曹操的谋士，曹操称赞“军师荀攸，自初佐臣，无征不从，前后克敌，皆攸之谋也”。传说荀淑死后，八子在冢顶各植柏一株，故称八柏冢。冢西北有散冢八个，为八子葬处，时旷年久，八冢已为平地。

八龙冢

八龙冢文保碑

八龙冢呈圆形，高约 5 米，周长约 100 米。

1984 年 4 月，八龙冢被许昌市人民政府列为许昌市重点文物保护单位。

汉魏许都故城

汉魏许都故城俗称张潘故城，位于建安区张潘镇古城村东南 0.5 千米处，系周时许都故城许昌治所。建安元年（196），曹操迎汉献帝到许后，对原城宫室、殿宇、粮仓、武库、街道、园林等进行了大规模改建扩建，形成了汉魏许都故城的恢宏景观。

故城分为内外两城，文化层堆积厚约 6 米，上层为汉魏文化层，中层为西周和战国时期文化层，下层为二里岗文化层，内涵丰富。皇城西南隅有一个高台叫毓秀台，是汉献帝祭天地的地方。现台高 1.5 米，占地约 4000 平方米。其出土文物有汉朝铜鼎、铜矛以及曹魏时期大型行军造饭锅等物件。尤其是战国玉璧、汉魏时期建筑物件四神柱础，均被鉴定为国家一级文物，极其珍贵。

汉魏许都故城不但为我们提供了研究三国文化的史料佐证，也为文物研究提供

汉魏许都故城遗址

汉魏许都故城文保碑

了大量素材，具有极高文物价值。作为中国古代早期都城的典型代表，它对我们研究中国建筑史也具有十分重要的意义。

汉魏许都故城（张潘故城）1980 年被许昌县人民政府公布为许昌县文物保护单位；1986 年被河南省人民政府公布为河南省文物保护单位；2013 年 5 月，被国务院公布为第七批全国重点文物保护单位。

华佗墓

华佗墓位于许昌城北 15 千米处的苏桥镇石寨村南石梁河西岸，墓高 4 米，占地 360 平方米。墓地呈六角形，青砖花墙环绕，翠柏青松掩映，前有清乾隆十七年（1752）所立石碑一通，楷书“汉神医华公墓”。

华佗（？—208），字元化，沛国谯（今亳州谯城区华佗镇华庄）人。东汉名医，被誉为神医，精通内、外、儿、妇、针灸等科，尤其擅长外科，首创世界手术麻醉药“麻沸散”。华佗是很有骨气的医生，他一生不慕高官厚禄，长年在民间行医，关心人

华佗墓园
华佗精神永放光芒
敬贤思德造福后人

华佗墓

河南省级文物保护单位
华佗墓
河南省人民政府二00八年六月公布
河南省人民政府二0一二年三月 立

华佗墓文保碑

民疾苦，无论走到哪里，碰到病人，总是热心地为其治疗。华佗能批判地继承前人的学术成果，在总结前人经验的基础上创立新的学说，为中国医术的发展做出了巨大贡献。

2008 年 6 月，华佗墓被河南省人民政府列为河南省文物保护单位。

伏皇后墓

伏皇后墓位于许昌市南 15 千米的冢刘村东北隅，墓高 10 米，占地 1730 平方米，冢前有两小墓，为二皇子墓。

伏皇后本名伏寿，徐州琅琊郡东武县（今山东诸城）人，西汉大司徒伏湛八世孙，父亲是学者伏完，嫡母为阳安长公主刘华。伏皇后在汉献帝兴平二年（195）被立为皇后。建安年间，伏皇后怨恨曹操诛董承，与父伏完密谋铲除曹操，事情泄漏，曹操将伏皇后禁闭冷宫逼其自缢，二皇子亦被鸩杀。伏皇后死后，曹操宣称其暴病而死，仍按皇后礼仪厚葬。

2001 年 6 月，伏皇后墓被许昌市人民政府列为许昌市文物保护单位。

伏皇后墓文保碑

第二节 禹州市

神垕古民居

神垕地处伏牛山余脉，山川秀美，境内名胜古迹众多，灵泉寺、花戏楼、祖师庙、邓禹寨、钧窑遗址等不胜枚举，深厚的历史文化积淀使神垕的人文景观、旅游资源独具特色，早在 1979 年就被河南省确定为十八条旅游线路之一。

神垕古民居大多是明清时期修建的古宅院，依山依河而建，狭长幽深，当地人称为三合一的院落格局。每一个院落都是按家族姓氏聚居，每一个院落都有一个姓氏，少则几十人，多则上百人。这些古民居结构对称，雕梁画栋，砖雕、石雕、木雕细致精美。同时，“神垕街，七里长，家家都有笼盔墙”，把烧制时盛放钧瓷的笼盔当作建筑材料，形成了神垕独特的墙体。

神垕古镇区保护面积达 4 平方千米，现有国家重点文物保护单位 1 处、河南省文物保护单位 2 处。

神垕古民居

神垕古民居建筑

周定王陵

周定王陵位于禹州市无梁镇境内，陵区主峰为太白山，东南方向是广袤无垠的豫东平原，左右两侧山冈逶迤起伏，犹如大鹏展翅，是一处难得的风水宝地，故此，明代藩王周定王择此地建其墓室。

陵寝总建筑面积达1970平方米，前后共耗时14年才建造完成。整个地宫由墓道、墓门、甬道及前、后、中、左、右五组砖石拱券殿堂组成。停放周定王灵柩的正殿是地宫的主体部分，由前殿上升八级台阶进入殿内，棺床已为早年盗洞流土所覆盖。棺床后有一龛室，大殿后壁并排有四条王妃洞，门额上有富丽堂皇的屋椀装饰。值得一提的是，此殿内的青石门光滑庞大，宽1.6米，厚0.2米，高3.17米，现在基本保存完好。

周定王陵

周定王陵文保碑

周定王朱橚是明太祖朱元璋第五子，明成祖朱棣的弟弟。朱橚于洪武十四年（1381）就藩于开封，王府设在北宋故宫，因其封国为“周”，谥号为“定”，故称周定王。他在世时河南连年遭灾，他把河南野草可食者，选其叶、茎、根分类绘图著文，编成一部文图并茂的《救荒本草》，流传至今，是对古代科学的一个贡献。

周定王陵墓独具匠心的建筑风格，在目前全国发现的地下墓葬中独一无二，被专家喻为古代墓葬建筑中的珍品。

周定王陵现已被河南省人民政府列为河南省重点文物保护单位。

吴道子纪念馆

画圣吴道子纪念馆位于禹州市鸿畅镇山底吴村，就势坐南朝北而建，地方不大，非常紧凑，由三个跨院组成。第一跨院两厢均为石刻，均为山底吴村吴姓人家出资立碑，以示对祖上的敬意。第二跨院两厢均为临摹的吴道子画和吴道子简介。第三

吴道子纪念馆

大殿

跨院为一间屋子，里面立的是吴道子塑像。

吴道子（约 680—759），又名道玄，阳翟（今河南禹州）人。唐代著名画家，画史尊称“画圣”。年轻时即有画名。开元年间以善画被召入宫廷，历任供奉、内教博士。曾随张旭、贺知章学习书法，通过观赏公孙大娘舞剑，体会用笔之道。擅佛道、神鬼、人物、山水、鸟兽、草木、楼阁等，尤精于佛道、人物，长于壁画创作。他的作品成为历代画师们学习的楷模，宋代后，被誉为“百代画圣”，民间画塑行业称其为祖师爷。画圣的“吴带当风”“吴家样”“行笔磊落”的传统技法，世代相传，给后人留下宝贵的精神财富。

吴道子纪念馆现已被许昌市人民政府列为许昌市文物保护单位。

第三节　襄城县

襄城古城墙

襄城古城墙是襄城县古城游览区的重要人文景观，最早建于春秋，成规模于汉代，魏、晋、唐、宋年间，屡加修建；明清历经修葺，最后形成垛口1944个、长5千米、高7米、宽5米的宏伟壮观的城墙。

现存古城墙全长2297米，高6.5米，宽5米。襄城县古城墙西门现保存较完整，由朝南和朝西两个城门组成，瓮城呈椭圆形，周长约200米。据载，朝南的城门上曾有匾额“眺嵩西扼陕川”，其重要性可由此略窥一二。

2600多年前，襄城县为郑国封地，名氾。东周的第六位天子周襄王在姬郑十六年（前636），因避其弟叔带之难出走，来到郑国，居于氾。各国诸侯得知后，

襄城古城墙

都前来朝拜，因此，汜就慢慢繁华起来。春秋时期，襄城是楚国的边疆。楚国在周襄王避难的地方筑起了一座城，襄王曾在此避难，故名其城为“襄城”。到明嘉靖二十九年（1550），襄城古城成为周长六里八十九步、高两丈的四方城，后又扩建为朝靴样。明万历二十五年（1597），以石和砖甃筑县城南、西、北三面城墙，以防北汝河水患，城外挖有壕沟，与北汝河水相通。后为防水防匪，又在四面城门外增修瓮城，西南城墙下，挖建了水门水道，以备取北汝河之水，供城中民众饮用。

襄城古城墙是河南省现存最为完整的古城墙，其高超的建筑技艺和不朽的艺术价值充分体现了古代劳动人民的勤劳智慧和卓越才能。

2013 年 5 月，襄城古城墙经国务院核定公布为第七批全国重点文物保护单位。

襄城文庙

襄城文庙位于襄城县城西北利民街，创建于唐太宗贞观二年（628），是敬孔子、教儒学、习六艺、尚科举的重要场所。

大殿

它是中原创建最早的文庙之一，后经历代扩建整修，至明清形成东西宽118米、南北长192米、占地22656平方米的建筑群，金初遭兵燹，邑人卫衍出资重修，作县内学署。元、明、清历毁历修，现仅存大成殿1座，为清康熙二十四年（1685）所建。该殿建在青石高台上，殿前有月台。殿面阔五间，进深三间，房顶是九脊八坡歇山式构造，绿色琉璃瓦顶。解放后曾一度作为学校使用。

1963年，襄城文庙被河南省人民政府公布为河南省文物保护单位；2013年5月，襄城文庙经国务院核定公布为第七批全国重点文物保护单位。

第十一章 漯河市

漯河市位于河南省中部，是一个历史悠久、文化灿烂的古老城市。早在新石器时代，先民就在这里定居生息。贾湖遗址发现的裴李岗文化刻画符号距今已有8000年之遥，将中国文字史向前推进了4000年；出土的国宝七音骨笛，将中国音乐文化史向前推进了3000年；考古发掘的酿酒工艺，将中国造酒史向前推进了3000多年。东汉时期著名的经学家和文字学家许慎诞生于此，他编纂的《说文解字》是中国乃至世界最早的字典，许慎也被誉为“字学宗师”。

第一节　市　区

郝家台遗址

郝家台遗址位于河南省漯河市郾城区城东沙北街道石槽赵社区东北的台地上，京广铁路从遗址的西南部穿过，将遗址分为东、西两部分。

遗址高出周围地面2—3米，文化层厚3—5米，面积5万多平方米。郝家台遗址平面呈长方形，南北长222米，东西宽148米，面积近3.3万平方米，建于郝家台龙山文化二期，距今4600年左右，是目前考古发现的河南龙山文化中时代最早的重要城址。1986—1987年先后发掘3000多平方米。遗址内西南部发现有城堡遗迹、大面积成排房基，并有木板地面遗痕。另有窖穴、墓葬、灰坑、陶窑等遗迹以及城墙基和外围防御沟。出土有陶、石、骨、蚌器等数千件。

郝家台遗址反映了4000—5000年前，嵩山以东黄淮流域历史文化

郝家台遗址文保碑

郝家台遗址

的发展面貌，为全国为数极少的新石器时代晚期龙山文化古城之一。古城的出现代表了私有制、阶级和国家的产生，也说明至少在河南龙山文化晚期，新的文明时代已经来临。

郝家台遗址是中华文明探源工程的重要项目和研究课题之一，对研究中华文明的起源具有重大的历史和考古研究价值。

1986 年，郝家台遗址被河南省人民政府公布为河南省文物保护单位；2006 年，郝家台遗址被国务院核定为第六批全国重点文物保护单位。

许慎墓

许慎墓位于河南省漯河市召陵区姬石镇许庄村东，占地 12 亩，周长 49 米。

许慎墓正中是清康熙十六年（1677）郾城知县温德裕立的“汉孝廉许公之墓”碑，右为光绪二年（1876）郾城知县王凤森立的“许夫子从祀文庙记”碑。1985 年，

许慎墓

许慎雕像

许慎研究会召开第一次会议，中国训诂研究会、河南省语言学会和郾城县人民政府重立“许慎墓碑记”一通，并建碑楼、石祭案、神道。墓四周植松柏，使墓区显得清幽而恬静。

许慎是我国东汉时期的文字学家、经学家。在“罢黜百家，独尊儒术”以儒学思想治天下的汉朝，在被尊为“五经无双”和古、今文经学纷争的特殊时期，他放弃所有功名利禄，胸怀国家和民族，以科学严谨的理念和执着敬业的态度，倾其一生心血撰著了对中华民族发展壮大和中华文明传承发展产生巨大影响的我国乃至世界最早的字典《说文解字》。许慎的著作和他的精神影响着一代又一代中华儿女，他也因其巨大贡献而被后人尊为“字圣”。

2006 年 5 月，许慎墓被国务院批准公布为第六批全国重点文物保护单位。

苏进故居

苏进故居位于首批中国传统村落——郾城区裴城镇裴城村东南，为砖瓦结构的

苏进故居

苏进将军简介

独家小院，由三间正屋和两间西屋组成，保存完好。

苏进故居是曾任中国人民解放军炮兵副司令员的苏进同志曾经生活的居所。

苏进（1907—1992），河南郾城人。曾任西北军手枪旅参谋长、国民党政府第二十六路军手枪团副团长。1931 年参加宁都起义。次年加入中国共产党。参加了中央苏区反“围剿”、长征、辽沈、平津等战事。1955 年被授予少将军衔，曾获一级八一勋章、一级独立自由勋章、一级解放勋章，是中共七大代表、第六届全国政协常委。

2016 年 1 月，苏进故居被河南省人民政府公布为河南省文物保护单位。

第二节　舞阳县

贾湖遗址

贾湖遗址是中国新石器时代前期重要遗址，C14、释光测年结果显示其距今约9000—7500年，位于河南省舞阳县北舞渡镇西南1.5千米的贾湖村，始发现于20世纪60年代初，保护区面积5.5万平方米，是一处规模较大、保存完整、文化积淀极为丰厚的新石器时代早期遗存。

贾湖遗址呈近圆形，文化层厚1—1.5米。自发现以来，先后经历了8次考古发掘，发现重要遗迹数以千计，出土文物5500余件及大量动植物遗骸。贾湖遗址最重要的发现除世界上最早的酿酒坊外，还有世界上年代最早、保存最完整的乐器——骨笛，改写了世界音乐史，推翻了“中国笛子西来说”和“七声音阶外来说”。同时，

贾湖遗址文物保护碑

发现了蚕丝蛋白残留物，将中国丝绸出现的考古学证据提前近 4000 年，证实了中国是首个发明蚕丝和利用蚕丝的国家，对于丝绸发展史的研究起到关键作用，具有深远的意义。

贾湖遗址是淮河流域迄今所知年代最早的新石器文化遗存，提供了黄河中游至淮河中下游之间新石器文化关系的一个连接点，再现了淮河上游八九千年前的辉煌，与同时期西亚两河流域的远古文化相映生辉，被确定为 20 世纪全国 100 项重大考古发现之一，并被镌刻在北京“中华世纪坛”青铜甬道显要位置，垂青史册。

2001 年 6 月，国务院将贾湖遗址公布为第五批全国重点文物保护单位。

山陕会馆牌楼

山陕会馆牌楼位于河南省漯河市舞阳县文昌街南端南街小学院内。山陕会馆兴建于清雍正年间，是秦晋商人接客迎仕、交际联谊、同乡集会的场所。

山陕会馆牌楼文物保护碑

山陕会馆牌楼

据现存碑刻记载，乾隆十八年（1753），北舞渡镇山陕会馆有春秋楼、大花戏楼、大殿、铁旗杆、钟鼓楼等建筑。由于历史原因，这些建筑大都被毁。值得庆幸的是，山陕会馆中建于清道光五年（1825）的工艺奇特、玲珑美观的彩牌楼，至今保存相对完好。

北舞渡山陕会馆牌楼历史悠久，被誉为“河南清代牌楼建筑之冠”。

1987 年，河南省人民政府将山陕会馆牌楼公布为第二批河南省文物保护单位。

樊哙墓

樊哙墓位于舞阳县马村乡郭庄村，墓高 1.5 米，周长 30 米，墓碑上书“汉左丞相樊哙之墓”。背面为明嘉靖丙申墓铭“赳赳将军，威盖不当，操盾千钧，拔主项堂，兴汉破楚，矫矫忠良，卒为丞相，帝室以康”。额书为“汉室元勋”。相传铭文为《后汉书》作者班固所撰，文字虽少，却全面概括和评价了樊哙的一生。

樊哙（？—前 189），沛人，出身寒微，早年曾以屠狗为业。西汉开国元勋，大将军，左丞相，著名军事统帅。为吕后妹夫，深得汉高祖刘邦和吕后信任。后随刘邦平定臧荼、卢绾、陈豨、韩信等，为刘邦麾下最勇猛的战将，曾在鸿门宴时营救汉高祖刘邦。封舞阳侯，谥“武侯”。

樊哙墓

樊哙墓文保碑

2008 年 6 月，樊哙墓被漯河市人民政府公布为漯河市第一批文物保护单位。

第三节　临颍县

受禅台

受禅台位于河南省许昌市西南 17 千米的漯河市临颍县繁城镇，为中国唯一的禅让活动纪念地。

受禅台高 20 米，边长约 30 米，筑成于东汉延康元年（220），是当年魏王曹丕接受汉献帝的禅让，登基称帝的地方。延康元年冬十月，魏王曹丕在繁阳（今繁城）筑灵台，举行受禅大典，接受汉献帝的禅让，代汉立魏，改年号为黄初，是为魏文帝。受禅台见证了曹魏篡汉的历史时刻，从此结束了大汉帝国 400 余年的历史，开始了我国历史上的魏、蜀、吴三国时代。台上原有大殿等建筑。现仅存高台一座，台分三层，坐北朝南，呈上圆下方状，高约 13 米，底周长 368 米，总面积 8448 平方米。

受禅台文保碑

受禅台遗址

受禅台前有两碑，即“受禅表”碑和“公卿上尊号奏”碑。受禅碑也就是“公卿上尊号奏”碑。碑高 3.7 米，宽 1.19 米，厚 0.33 米，上刻公卿们呈给魏王曹丕的奏章，力劝以曹代汉，建立魏国之事。“受禅表”碑高 3.7 米，宽 1.1 米，厚 0.3 米，详细记录了黄初元年（220）冬十月二十九日曹魏篡汉的事实。两碑并列，立于镇内的献帝庙旧址上，碑呈圭形，额有穿，没有华丽的装饰。

2001 年 6 月，受禅台被国务院公布为全国重点文物保护单位。

小商桥

小商桥位于河南省漯河市临颍县皇帝庙乡商桥村与郾城区商桥镇商桥村交界的小商河（颍河故道）上，南距漯河市区 12 千米。

小商桥因古时商王经过而得名，桥因河而取名，河因桥而出名。小商桥始建于隋代开皇四年（584），宋代大修，元大德年间重修，明正德年间整修，清康熙十四年（1675）再度整修。现存桥主体结构属北宋建筑风格。桥南北走向，为一座

小商桥

敞肩单孔石拱桥，主拱与两侧小拱横券均用 20 道拱石并列砌筑而成，拱券纵向使用腰铁加固，桥基、券脸、栏板、栏杆等部位保留有历代精美石刻。

小商桥设计科学，结构合理，造型美观，装饰雕刻华丽，是研究我国古代桥梁发展史的重要实物资料。

2001 年 6 月，小商桥被国务院公布为第五批全国重点文物保护单位。

谯楼

谯楼位于临颍县老城东大街北侧，又称钟鼓楼。谯楼建筑面积为 168 平方米，为砖筑楼台式建筑。

谯楼台高 6 米，平台东西长 14.7 米，南北宽 9.5 米；拱形门洞可以通行车马行人。拱门上方有青石匾一块，横额为“谯楼”二字。拱门北面上方有“颍川古郡”阴刻石额一方。谯楼始建于明洪武三年（1370），登上谯楼可遍观全城景色。明嘉靖年间的《临颍县志》记载：“谯者，楼之别名也，谓为高楼于门上以望远，故曰谯楼。

谯楼

景泰二年重修谯楼，架层楼高五丈，铸造钟两千斤，增置鼓大十围，民兴寝之便焉。”明天启年间，知县靳光先于谯楼两侧建钟鼓二楼。

谯楼遭受最严重的一次破坏是在崇祯年间。据记载，明崇祯十四年（1641）七月，农民领袖吴来庆、吴白兰响应闯王李自成号召，率起义军占领临颍县城。十二月二十八日，明军总兵左良玉突然兵临城下。左良玉破城后，临颍城内的很多建筑，包括老县衙和鼓楼、钟楼都被毁了。清康熙二年（1663），知县李馥先在旧址上重修谯楼。谯楼共分两层，采用青砖绿瓦堆砌而成，底层中间用坚硬的石头铺就一条直线形通道，可容纳行人、车马通行。谯楼为青石阶、青石栏杆，平台上是木质结构宫殿式楼房，面阔三间，进深二间，双层飞檐挑角，四角有铁马风铃，周围有明柱 10 根支顶，平台上四周有砖砌花墙。谯楼建成后，成为文人墨客的游览胜地，并留下了诸多诗篇。

谯楼历经明景泰、成化、天启，清康熙、乾隆等数次重修，是研究明、清两朝历史的重要证据。

2008 年，谯楼被漯河市人民政府公布为漯河市第一批文物保护单位。

谯楼文保碑

第十二章

三门峡市

三门峡市是1957年伴随着万里黄河第一坝——三门峡大坝的兴建而崛起的一座新兴城市，也是沿黄城市中距黄河最近的一座城市。相传大禹治水时，凿龙门，开砥柱，在黄河中游这一段形成了“人门”“鬼门”“神门”三道峡谷，三门峡即由此得名。三门峡有黄河明珠、文化圣地、天鹅之城的美誉，是人类远祖“上河曙猿”发掘地、仰韶文化发现地、黄帝铸鼎地、老子《道德经》著经地、达摩祖师圆寂地和象征中华民族精神的中流砥柱所在地，也有禹开三门、夸父追日、女娲补天、紫气东来、秦赵会盟、假途灭虢等上百个神话传说和历史典故，彰显了厚重的历史文化底蕴。

第一节　市　区

古陕州城遗址

古陕州城遗址位于三门峡市区西端3千米处的陕州风景区内。陕州城是一座古老的城池，古代就有“四面环山三面水，半城烟树半城田”之说。周武王之弟召公曾封于此邑，教民于甘棠树下，民感其德，建祠纪念，故陕州又称甘棠旧治。

据史书记载，陕州古城始建于西汉景帝年间，距今已有2000多年的历史，当时规模很大，形势险要。历史上有名的夏商征战、周召分陕、假虞灭虢、秦晋之战等典故都发生于此。以后历代兵事频繁，城池多次被毁，又多次复建，一直是州郡、县治所在地。由于地处进

古陕州城牌坊

古陕州城公园内的甘棠苑

出中原的咽喉地带，这里为历代统治者所重视，是兵家必争之地，统治者多派能员干将治理。

唐太宗李世民曾于637年春日游历陕州，登城楼俯眺原野，见回舟碧缀，烟霞密翠，斑红芳菲，花柳川岫，遂写下名篇《陕州咏》。以后唐玄宗、韩愈、杜甫、柳公权、白居易、李商隐、刘禹锡、杜牧等以及宋代政治家司马光、王安石，金、明、清代许多文人志士都先后游览此地。城西是太阳渡，城北是万锦滩，城内有羊角山、钟鼓楼、宝轮寺、文庙、关庙、禹庙、召公祠、蛤蟆泉、石牌坊等古建筑。1960年三门峡大坝拦洪后，由于陕州城地处淹没区，居民全部搬迁，这里变成一片空地。现在已被开辟为风景区。

2000年9月25日，古陕州城遗址被河南省人民政府公布为河南省文物保护单位。

虢国车马坑

虢国车马坑是1956年配合黄河三门峡水利枢纽工程建设时在上村岭发现的，由国家黄河水库考古队发掘，经全国人大常委会原副委员长、中国科学院院长郭沫

虢国车马坑博物馆

若建议，予以原地原状保护。

此坑为长方形，坑底南北长15米，东西宽3.82米，深4.1米，坑内保存有战车5辆、战马10匹，由北向南排列。车为木质结构，独辕双轮，车上施漆，由车轮、车厢、车辕等部件组成，保存完整，形象清晰。每辆车的下边压有两匹马，马头朝北，排列整齐，系杀死后埋葬的。车厢底下还发现有狗的骨架。同时出土的还有大量的铜车饰、铜马饰及其他陪葬品。

虢国车马坑博物馆是在取得惊世发现的虢国贵族墓葬群的中心区域建设起来的一座综合性、全面展示虢国文化的博物馆，由虢国春秋、虢国出土文物展、梁姬墓出土文物展、虢国车马坑展等几个专题展馆组成。该馆始建于1984年，占地面积1200平方米，属仿古歇山式建筑。馆内有三个基本陈列，即虢国简史、三门峡历代碑碣石刻艺术、虢国车马坑和复制的古战车。

1963年6月，虢国车马坑被河南省人民政府公布为河南省文物保护单位。

虢国车马坑博物馆内陈列

院内摆放的石柱、石刻

李家窑遗址

李家窑遗址位于河南三门峡虢国墓地东南2千米处，为周代虢国都城。2000年1月，河南省文物考古研究所会同三门峡市文物工作队，对李家窑遗址进行了大规模的科学考古发掘，发现了城垣、城壕、建筑遗址等，取得重大突破。

李家窑遗址由城垣、城壕、宫城、宫殿以及制骨、制陶、冶铜作坊和粮库等组成。其中，南墙已被青龙涧河冲毁，现存城垣平面呈长方形，东西长1000—1050米，南北残宽560—610米，周长约3200米；城垣外平行环绕两道城壕，内城壕宽13米左右，外城壕宽15—22米，深4.6—6米。

宫城和城垣之间分布着制骨、制陶、冶铜作坊和粮库。其中，在制骨作坊发现数以千计的骨器成品、半成品、骨料等，并有制骨工具铜锯、砺石等；在冶铜作坊发现大量的炼渣和陶范；在制陶作坊发现的陶窑保存较为完好，并且出土有陶器成品和半成品等珍贵文物；在粮食窖藏区，发现一处排列整齐有序的窖穴，这些窖穴均经过加工处理，应是储藏粮食的粮库。

李家窑遗址

1963年6月，李家窑遗址被河南省人民政府公布为第一批河南省文物保护单位。

崤函古道石壕段

狭义上的崤函古道位于古“丝绸之路”东端河南境内，具体是指位于河南陕州区硖石乡车壕村东800米左右的一段石壕古道；而广义的崤函古道是一个特定的地理和交通学名称，是指先秦以来至民国时期位于西安（长安）和洛阳之间，并且主要在今三门峡境内的一条交通要道，西起于潼关，过秦函谷关，经陕州，过硖石关到今新安县东，出汉函谷关到洛阳，全长约200千米。

崤函古道成为丝绸之路上的锁钥要塞，主要原因有二：一是地形地貌使然。黄河出龙门峡谷后，由北向南，到今风陵渡口，南遇秦岭峻峰，北堵中条山脉，不得不在此拐弯向东，在两山之间滔滔东去，成了这条古道北边的一条天然屏障。其南，是秦岭自华山、亚武山向东高峻崇险的余脉小秦岭，不可逾越。在这河与山之间的三四级台地，是海拔在500—700米的黄土高原，长年的雨水冲蚀，形成了一道道陡深的冲沟。只有在黄河南岸的一级台地，地势平缓，狭窄修长，是一条天然的交

崤函古道石壕段

通通道。二是人文因素。崤函古道的西端是关中平原，东端是河洛平原，北边是晋南平原。这个地区是中华文明发源的核心地区，至少从6000年前的新石器文化中期到宋代之间的4000多年间，都是中国政治、文化和经济中心。因此，不管是豫、秦、晋三个文明核心区之间还是长安与洛阳两京之间的一切交流与流通，崤函古道势必成了必经之地和唯一通道。特别是两周和汉、唐时期实行的“两京制”让崤函古道成了一条名符其实的京畿大道。

春秋时期著名的秦晋之战在此鏖兵，唐代大诗人杜甫夜宿于此，目睹官兵抓人、民不聊生的凄惨景象，写下了著名诗篇《石壕吏》。

2006年6月，河南省人民政府将崤函古道石壕段公布为第四批河南省文物保护单位。2014年6月22日，丝绸之路入选《世界遗产名录》，崤函古道是其唯一道路遗产。

雁翎关

雁翎关位于陕州区东南菜园乡与宫前乡交界处。雁翎关春秋时称南陵，北魏至唐又称西崤。其附近诸山，据《水经注》记载有千崤、盘崤之称。崤、雁二字声同韵近，

雁翎关

疑雁翎关本名崤陵关，因群众讹传，称其为雁翎关。

雁翎关的北侧山岗上，有一座圆丘状古墓，埋的是夏的第15代君王夏侯皋。那时，部落间战争频繁，夏侯皋是在率部同敌对部落作战中殒命而葬于此地的。包括郭沫若在内的知名学者都到雁翎关考察过夏侯皋的墓穴。

关于雁翎关的传说很多，有些还很古怪。雁翎关关口东边不远的山里有条沟，名曰烧驴沟。之所以取名烧驴沟，是因为武则天当年从长安东迁洛阳，路过雁翎关时，肚子隐隐作痛，不得已，便在烧驴沟歇息，未曾想，肚疼加剧，且产下一婴儿，此婴儿驴头人身，哭声近似驴鸣，武则天怕人耻笑，便烧了此婴，于是这条沟就被老百姓称为烧驴沟了。

夏侯皋墓被三门峡市人民政府公布为三门峡市文物保护单位。

第二节　灵宝市

荆山黄帝陵

荆山黄帝陵位于河南省灵宝市区西20千米阳平镇上，是华夏民族的始祖轩辕黄帝部落在这一带繁衍生息的文化历史佐证。

荆山黄帝铸鼎原

荆山黄帝铸鼎原内三座大鼎

《史记·封禅书》载："黄帝采首山铜，铸鼎于荆山下。……黄帝已仙上天，群臣葬其衣冠。"铸鼎原由此而名。相传黄帝铸好鼎，黄龙下迎黄帝升天时，百姓苦苦哀求，死活不让他走，有的牵衣扯袍，有的抱手拽脚，脱下了金靴，扒下了龙袍，拔掉了龙须。人们把黄帝的靴子埋在他铸鼎之地，这里就成了世人拜祖的地方。

西汉时期，汉武帝在此建鼎湖宫纪念黄帝。《阌乡县志》载："汉武帝建宫，名曰鼎湖宫……唐时土工穿地得玉，有悬佩孔，则志载黄帝陵等事，其不虚欤……"又载："每年农历二月九日，为黄帝生日，朝廷官员、文人仕贵，俱来此登高拜祖。"

2001 年，荆山黄帝陵被国务院以北阳平遗址群的名义公布为全国重点文物保护单位，2005 年被国家文物局、国家发改委列入"十一五"期间 100 处重点大遗址保护专项，并被国家列入中华文明探源工程六大首选遗址之首。

函谷关

函谷关位于河南省灵宝市区。该关西据高原，东临绝涧，南接秦岭，北塞黄河，是中国历史上建置最早的雄关要塞之一，古代处于洛阳至西安故道中间的崤山至潼关段多在涧谷之中，深险如函，古称函谷。战国时秦孝公从魏国手中夺取崤函之地，在此设置函谷关。

函谷关始建于春秋战国时期，是东去洛阳、西达长安的咽喉，素有“天开函谷壮关中，万谷惊尘向北空”“双峰高耸大河旁，自古函谷一战场”之说，自古为兵家必争之地。周慎靓王三年（前318），楚怀王举六国之师伐秦，秦依函谷天险，使六国军队“伏尸百万，流血漂橹”。秦始皇六年（前241），楚、赵、卫等五国军队犯秦，“至函谷，皆败走”。“刘邦守关拒项羽”、“安史之乱”中唐军与叛军的“桃林大战”、1944年中国军队与日本侵略军的“函谷关大战”都是在这里进行的。

函谷关不仅是一处军事重地，而且是古代中原腹地与西北地区文化、经济交流

函谷关景区

现代新建函谷关

的要点。围绕着这座重关名城流传着“紫气东来”“老子过关”“鸡鸣狗盗”“公孙白马”“唐玄宗改元”等历史故事和传说。唐太宗、唐玄宗、司马迁、李白、杜甫、白居易、司马光等历史名人志士都曾临关吟诗作赋，流传至今的有100余篇。

函谷关是我国古代伟大的思想家、哲学家老子著述道家学派开山巨著《道德经》的灵谷圣地，道家文化的发祥地；是古代西去长安、东达洛阳的通衢咽喉，河南文化和秦晋文化的交汇地；是千百年烽烟际会、兵家必争的战略要塞；是紫气东来、鸡鸣函关等历史故事与传说的起源地。在漫漫历史长河中，这里以名人（老子）、名著（《道德经》）、名关（函谷关）留芳青史，名扬海内外。

2000年9月25日，灵宝函谷关被河南省人民政府公布为河南省文物保护单位。

第三节　渑池县

仰韶遗址

仰韶遗址位于河南省渑池县城北9千米处的仰韶村。1921年在遗址区发现画有红黑色花纹的彩陶和磨光石器。考古界认定，该遗址属于新石器时代中晚期的文化遗

仰韶文化博物馆

址，距今五六千年。遗址三面临水，北靠大山，面积约 30 万平方米，文化层堆积厚达 4 米，出土文物有石斧、石铲、石锄、纺轮、骨锥、骨针以及钵、盆、碗、罐等陶器，器物表面大都施有彩绘图案。素底为红棕者多涂黑色或暗紫色纹饰，黄褐色或红底加白色彩衣者多涂红色或黑色纹饰，器内时有几何条纹。这些彩绘成为判别仰韶文化的重要特征。仰韶文化地域分布广，延续时间长，按差异性又可分为半坡类型、庙底沟类型、后冈类型、大司空类型、西王村类型、大河村类型和马家窑类型。

由于以彩绘陶器为特征的文化现象首先在仰韶村被发现,故命名为“仰韶文化”，从而使仰韶遗址闻名中外。

1961 年 3 月，国务院将仰韶文化遗址公布为第一批全国重点文物保护单位。

渑池兵站

渑池兵站位于渑池县城关镇东关小寨村，是 1938 年 11 月第十八集团军总司令朱德签署文件，委派刘向三与国民党当局谈判后创办的我党我军公开机构。

渑池兵站

兵站驻地分三处：第一处是紧临 310 国道的小寨村，设有兵站办公室、仓库、战士和家属住处、兵站秘密会议室；第二处在县城东关现海露大街 93 号的一所宅院里，即刘少奇渑池旧居；第三处在县城东关现海露北街 29 号的宅院里，即中共豫西特委扩大干部会议旧址。

渑池兵站在全民族抗战时期为我党我军往太行山八路军总部、抗日前线运送了大批军需物资，护送了前往革命圣地延安及华北、华东、苏北等地的大批干部和进步学生，是通往全国各地的交通枢纽之一。

渑池兵站的建立对于发展壮大党的队伍、扩大抗日民族统一战线、巩固豫西革命根据地等都起了重要的作用。

1963 年 6 月 20 日，渑池兵站被河南省人民政府公布为河南省文物保护单位。

刘少奇故居

1938 年，中共六届六中全会以后，刘少奇同志在赴任中原局书记途中，于 11

刘少奇故居内的刘少奇像

月 28 日来到渑池，在此工作、生活了两个月左右。其间，他主持召开了豫西特委扩大干部会议，传达了六届六中全会精神，并在党员干部训练班上首次宣讲了《论共产党员的修养》提纲。

1963 年 6 月 20 日，刘少奇故居被河南省人民政府公布为河南省文物保护单位。

秦赵会盟台

秦赵会盟台位于河南省三门峡市渑池县城西南 1 千米处渑水、羊河汇流的台地上，解放军驻渑池某部军营门口。“盟台夕照”是渑池八景之首。

据《史记·廉颇蔺相如列传》记载，秦昭襄王时，秦国三次发兵攻赵，赵国失利而不屈服。秦为征服赵，又开始政治与外交上的斗争。公元前 279 年，秦昭襄王派人告诉赵惠文王，为使两国和好，双方可在渑池会盟。陪同赵王前往的是赵国上大夫蔺相如。秦王与赵王会饮时，胁迫赵王鼓瑟，并令史官记入秦史，使赵王感到

秦赵会盟台下石柱

秦赵会盟台远景

无比难堪。这时，蔺相如正气凛然地强请秦王击缶，亦令赵国史官记入赵史。秦国官员不服，胁令赵国割15城给秦王祝寿，蔺相如也迫请秦国割都城咸阳给赵王祝寿。如此针锋相对，唇枪舌剑，直到宴会终了，秦王也未能捞到丝毫便宜，只得与赵王言归于好。为表示偃旗息鼓，停止战争，双方士兵捧土埋藏兵器以示友好，遂成会盟高台。

1989年1月，秦赵会盟台被三门峡市人民政府公布为三门峡市文物保护单位。

第十三章 商丘市

商丘，国家历史文化名城，位于河南省最东部，东临安徽，西靠开封，北接齐鲁，南襟江淮，素有“豫东门户”之称。因此地为商部落所居住的高地，得名“商丘”。商丘拥有5000余年的建城史、1500年的建都史，为帝喾高辛之都、夏朝少康中兴之都、商朝开国之都、周朝宋国之都、汉朝梁国之都、南宋开国之都，2014年被文化部评为“最具文化底蕴历史文化名城”。

第一节　市　区

归德府城墙

归德府城墙位于河南省商丘市睢阳区，于明朝弘治十六年（1503）破土动工，历时八载，于明朝正德六年（1511）竣工，距今已有500余年的历史。

现存归德府城之下同时叠压着元朝时期修建的归德府城、北宋时期的陪都应天府南京城、隋唐时期的宋州治所宋城、秦汉时期的梁国国都睢阳城、周朝时期的宋国都城等6座都城、古城。商丘古城是当今世界上现存的唯一一座集八卦城、水中城、城摞城三位一体的大型古城遗址。

现存归德府城墙，虽然历经战乱，但保存基本完好，为全国少见的古城遗存。由于年代久远，加上兵祸天灾，古城曾多次被毁，又多次重建，但范围都在南北5千米之内。城门为拱券式，至今保存完好。东门曰宾阳，西门曰垤泽，南门曰拱阳，北门曰拱辰。四门外原有四个瓮城，瓮城又

商丘古城

归德府城墙

各有一个扭头城门，北门向西，东门和西门向南，南门向东，所以，商丘古城古有“四门八开”之说。根据五行相生相克的理论，为防金木相克，古城东西两门相错一条街，东门偏南，西门偏北，出现了与南北轴线分别相交的两个隅首，成为中国古城中的唯一。

商丘古城是古代城池的典范之作，不仅在中国，就是在世界上现存的所有古城池中也是绝无仅有的，这也是商丘古城最有价值的地方之一。

1996年，归德府城墙被国务院公布为第四批全国重点文物保护单位。

侯氏故居

侯氏故居是商丘古城仅存的商丘明清“八大家”官宦府邸建筑。

侯氏故居由两部分组成：

一是明崇祯年间户部尚书侯恂故居。侯恂故居是一处布局合理、古朴典雅的官

侯氏故居

内院

府宅院。朴素大方的木制门窗、隔扇，简洁的木结构，显示着侯恂廉洁朴素的风格，是一代廉吏高风亮节的见证。在古城“八大户”中，侯家排在第三位，家世显赫。当年的侯家大院共有三园：城内东马道附近的陈家院为侯府东园，城南 10 里有侯府南园，刘隅首东是侯府西园。原侯恂的尚书府纵深占有一道街，为一宅三院的四合院式建筑格局，中院现为两进院，前院有大门三间、西厢房三间，后院有过厅三间、东西厢房各三间、堂楼三间、东配房两间，西跨院有堂屋三间、过厅三间，三院建筑均为硬山式砖木结构，青砖灰瓦，古朴典雅。

二是侯恂之子、清初文学家侯方域的故居，是一处四合楼院古建筑群，现有堂楼五间，明三暗五，前出后包，东西楼各三间，过厅五间，均为硬山式砖木结构。堂楼名曰“壮悔堂”，西楼名曰“翡翠楼”（又名“香君楼”），东楼名曰“雪苑社”。

2000 年，侯氏故居被商丘市人民政府公布为商丘市文物保护单位；2006 年 8 月，被河南省人民政府公布为河南省文物保护单位。

第二节　永城市

汉梁王墓群

汉梁王墓群又叫芒砀山汉墓群，位于永城市，是汉朝梁国刘武及其家族的墓葬群，共包括 13 座墓葬，总占地面积约 550 万平方米。

墓群斩山作廓，穿石为藏，结构复杂，气势恢宏，宛如庞大的地下宫殿。墓群分布在除芒砀山主峰之外的各个山峰上，主要的陵墓有梁孝王陵、王后陵、梁共王陵、僖山汉画像石墓等。其中梁共王陵中出土的《四神云气图》被中外专家、学者赞誉为“敦煌前之敦煌”，王后陵以其庞大的规模及非凡的价值，被誉为“天下石室第一陵”。

芒砀山汉墓皆为崖墓，其中李王后墓全长 210.5 米，面积更达 1600 平方米，容积 6500 立方米，由东西双向墓道、三段甬道、东宫、西宫及 34 侧室组成。在火药尚未发明的 2000 多年前，仅凭人工一锤一钎的敲打，很难想象当时是怎样完成如此巨大浩繁的工程的。李王后的地宫内三段甬道中的封石有 3000 余块，有的封

汉梁王墓群

汉梁王墓群文保碑

石重达 1.8 吨，当地人称，这些巨形塞石，与芒砀山的石质不同，有人认为是从泰山运抵这里的，在当时的开采和运输条件下，这些封石是如何运到芒砀山的至今仍是一个未解之谜。

1996 年，汉梁王墓群被国务院公布为全国重点文物保护单位。

第三节　民权县

庄周故里

庄周故里在商丘市民权县庄子镇青莲寺村。村中有东西、南北两条主街，北街原为古巷，有宅一座，系庄子所居，称为庄子胡同。胡同北头东侧为庄子故居处，故居南端为庄子讲学堂。庄子故居、庄子讲学堂后毁于兵火水患，现不复存在。在庄子胡同的东南隅有一古亭，亭内有一口老井，深数丈，井壁坚若文石，光泽似黑玉，

庄子故里

庄周故里文物保护碑

泉清而味甘，为庄子生活、炼丹汲水处，后来几遭黄河水患，历经数次整修，保存至今，周围百姓称作“庄子井”。庄子故里不远处的唐庄村东有庄周墓，现存墓冢高 2 米，面积约 20 平方米。墓前的墓碑为清乾隆五十四年（1789）所立，碑高 1.8 米，宽 0.67 米，阳刻“庄周之墓”，阴刻重修庄周墓碑记题名。庄子墓葬虽然简陋，但庄子是世代敬仰和世界闻名的文哲大师，所以每年仍吸引了海内外众多游客前来拜谒凭吊。

庄子（约前 369—前 286），是宋国的公室后代，道家学说的主要创始人之一，中国著名哲学家、思想家、文学家、辩论家。祖上系楚国贵族，后因楚国动乱，祖上迁至宋国。庄子在宋国与老乡惠子结识。庄子生平只做过地方漆园吏，几乎一生退隐。因崇尚自由而不应楚威王之聘。庄子与道家始祖老子并称“老庄”，他们的哲学思想体系被思想学术界尊为“老庄哲学”。

2000 年 9 月，庄子故里被河南省人民政府公布为河南省重点文物保护单位。

庄子井

第四节 宁陵县

吕坤墓

吕坤墓位于商丘市宁陵县阳驿乡吕坟村西北 300 米处。

史载，吕坤墓地北依大沙河，周围柏树数百亩，墓址占地 5 万平方米，墓区占地 36 万平方米。墓为青砖砌筑，上覆圆形土丘，周长 30 米，高 3 米多。整个陵园呈南北向长方形。墓前有石碑、石条几、石桌、石凳、石蜡台、神道等。神道长 200 多米，两旁有石人、石马、石羊、大小两队石狮子、石牌坊等，造型生动，形象逼真，雕工精细，规模宏伟，对研究明清石刻具有一定参考价值。现墓地按照明朝皇帝敕修时的规模恢复了原貌。新的山门牌坊、捐款功德碑、石兽等气势恢宏，神道宽阔，柏树环绕，苍翠肃穆，寂静幽深，空气清新，景色旖旎。

吕坤（1536—1618），字叔简，一字心吾、新吾，自号抱独居士，明代归德府宁陵（今河南商丘宁陵）吕大庄人，文学家、思想家。吕坤刚正不阿，为政清廉，与沈鲤、郭正域被誉为明万历年间天下“三大贤”。吕坤思想对后世有很大影响，

吕坤墓

吕氏孝睦房训辞

其代表作《吕坤全集》是文化典籍整理中的原创之作。

2002 年 7 月，吕坤墓被商丘市人民政府列为商丘市文物保护单位。

第五节　柘城县

李庄遗址

李庄遗址又叫“山台寺遗址”，位于河南省商丘市柘城县申桥乡李庄村，因其基址上过去有座山台寺而得名。

李庄遗址以新石器时代晚期的龙山文化遗存为主，同时又含有较多的岳石文化遗存。

龙山文化距今 4800 年至 4300 年，当时农业生产已占相当比重，耜耕和以石器磨制、轮制陶器为代表的手工业生产技术已有较高水平，家畜饲养有了显著发展，陶器种类众多，形态多样，造型美观，饰纹纤细。

李庄遗址自 20 世纪 70 年代被发现后，就以其丰厚的文化遗存、宝贵的文化价

李庄遗址

值，于 1985 年被编入《中国文物地图集》河南分册。

2000 年，李庄遗址被河南省人民政府公布为第三批河南省文物保护单位；2006 年 5 月，被国务院正式公布为第六批全国重点文物保护单位。

柘城故城遗址

柘城故城遗址位于河南省商丘市柘城县春水街道办事处。

柘城故城遗址层叠着从新石器时代至明代的文化遗存，总面积达 288 万平方米，是豫东地区文化内容最为丰富的遗址之一。2015 年 8 月至 10 月的最新考古成果表明，柘城故城遗址的城墙为战国时期筑成，还发现有汉代建筑夯土台基、战国和汉代及明代的古井。像柘城故城这样完整、大规模的城池在中原地区并不多见。这座古城从战国时期一直使用至明代达千余年之久，城池具有延续性。柘城故城的探明发现对研究中国古城池发展、演变过程具有重要意义。

2000 年，柘城故城遗址被河南省人民政府公布为第三批河南省文物保护单位。2013 年 5 月，柘城故城遗址被国务院核定公布为第七批全国重点文物保护

柘城故城遗址

单位。

炎帝朱襄氏陵

炎帝朱襄氏陵位于河南省商丘市柘城县城东 6 千米处的大仵乡朱堌寺村，是远古时期三皇之一的炎帝朱襄氏之陵墓。

炎帝陵墓呈圆形，黏土结构，陵高 10.9 米，周长 158 米，直径 50 米。墓周边用青石叠砌，高 1.5 米，墓四周用青石砌成高 50 厘米的台阶，意为“天圆地方”。陵墓规模庞大，气势恢宏，陵前有“炎帝朱襄陵”碑刻 1 通，香池 1 个，碑楼 4 座。明清以后历经修复。解放后，河南省、商丘市文化部门多次派人前来考证，日本人也多次来此寻根祭祖。

据《仵氏家谱》记载，明代永乐三年（1405），明成祖（燕王）朱棣夺取惠帝朱允炆的皇位后，唯恐江山不稳，害怕报复，下令到处搜捕惠帝及其后裔，务求斩草除根，以绝后患。惠帝率亲族及异姓（焦、余、孟、黄、玉、李等）结义兄弟 13 人昼夜南逃，乘船渡黄河（今大仵北）来到南岸仵家集（今大仵乡），

炎帝朱襄氏陵

朱襄氏大殿

定居于此，并改姓为“仵”。这里距朱襄氏陵只有 1 千米，朱允炆经常到朱襄氏陵前祭祖行礼，并亲手栽下一棵皂角树。此树为豆科落叶乔木，树高 13.5 米，树径 3 米，覆盖面积为 220 平方米，根干古劲苍虬，质坚如铁，是炎帝朱襄氏陵的附属文物。

2001 年，炎帝朱襄氏陵被商丘市人民政府公布为商丘市文物保护单位。

锦鸡园

锦鸡园位于河南省商丘市柘城县春水街道办事处，始建于春秋时期。

锦鸡园占地 3300 平方米，呈长方形，有围墙，南北中轴线上建筑依次有山门、锦鸡亭、锦鸡殿。园内两侧有娱乐场。山门为砖混结构，面阔三间，进深一间，仿古歇山式琉璃瓦覆顶。名为锦鸡园，锦鸡却偏居一隅，迎门而立的是女娲娘娘。其后是锦鸡亭，锦鸡亭为砖混结构的高台建筑，有上下两层，高 17 米，直径 13 米，

锦鸡园

锦鸡园文保碑

呈八角形，双重檐，琉璃瓦覆顶。上层亭内置有大型根雕锦鸡像，下层正中供奉的是地藏王菩萨，四周的环形展道上绘的是佛教壁画。锦鸡台后大殿共三间，建筑面积 40 平方米，琉璃瓦覆顶，仿古歇山式建筑，里面供奉的是城隍爷爷和城隍奶奶，两侧站着执刑衙役，执棒待命，煞是威严。城隍殿西侧建大雄宝殿三间，供奉有佛祖、菩萨等。

根据《柘城县地名志》记载，明清时期，此处由于湖水围积形成一孤岗，天鹅、鹭鸭群集。又因柘城传说崇祯元年（1628）秋八月有异鸟来此，此鸟形貌神奇，花团锦簇，魁伟艳丽，民间视为锦鸡，是瑞鸟、祥鸟，象征风调雨顺，物华天宝；又有所谓锦鸡一鸣，财源滚滚，天下风水来集的说法。

2006 年 11 月，锦鸡园被商丘市人民政府公布为商丘市重点文物保护单位。

大毛战国墓群

大毛战国墓群位于河南省柘城县南20千米处安平镇大毛村北，该遗址是一处战国时期的墓群。

大毛战国墓群地势较高，为一高台地，平均高出地表5米，面积约为4万平方米，文化层深4—7米。墓群内墓葬较多，墓内随葬文物极为丰富。1975年在此作考古发掘，共发现15座墓葬。其中战国墓12座、西汉墓2座、东汉墓1座。大多为长方形土坑竖穴墓，长2—3米，宽1米，墓底铺有朱砂，人骨架及棺木均已腐朽，共计出土115件器物。其中6号墓出土有鼎、豆、壶、敦、罐、勺等成套器物数十件，均为红彩，有云霄纹饰，属战国晚期楚文化。14号墓除主室外，尚有两个耳室，出土有壶、豆、勺、铜镜、铜带等14件，属西汉早期文化。

当地群众称大毛墓群为“大毛堌堆”，因原有高大的堌堆而得名。相传此处为楚太子墓，亦说千岁墓。据史书记载，春秋战国时期的大棘之战即发生在这一带。大毛墓群很可能就是大棘之战中阵亡将士的尸骨掩埋地。

2011年4月，大毛战国墓群被商丘市人民政府公布为商丘市文物保护单位。

大毛战国墓群

大毛战国墓群出土的文物

第六节 睢 县

襄陵

宋襄公陵又称“襄陵”“襄台”，是“春秋五霸”之一的宋国君主宋襄公的陵墓，位于河南省商丘市睢县北湖风景区内。

宋襄公墓呈圆锥形，由黏土堆压而成。此地原为宋襄公因思念母亲而修建的行宫，泓水之战宋襄公负伤后在此疗养，后葬于此，现行宫已不复存在。睢县古称襄邑就是因襄陵而得名。

宋襄公，春秋时宋国第二十任国君，在位于公元前650年至公元前637年。宋襄公雄心勃勃，想继承齐桓公的霸业，与楚国争霸，一度为楚国所拘。公元前638年，宋襄公讨伐郑国，与救郑的楚兵展开泓水之战。楚兵强大，宋襄公讲究“仁义”，要待楚兵渡河列阵后再战，结果大败受伤，次年伤重而死，后葬于襄陵。

2006年，宋襄公陵被商丘市人民政府公布为第二批商丘市文物保护单位。

襄陵

宋襄公像

第十四章

周口市

周口市位于河南省东南部，地处沙河、颍河、贾鲁河交汇处。周口市历史悠久，文化灿烂，距今有6000多年的文明史。太昊伏羲氏在此建都，炎帝神农氏播种五谷，开创了中华民族的远古文明。周口古属陈国，《诗经·陈风》赫然在目。战国末期，为楚都所在地，史称郢陈。秦末农民起义，陈胜在此建立张楚政权。两汉时期，陈为皇子领地，繁荣昌盛，富甲一方。魏晋以来，以淮阳为中心历次设郡置府。

第一节　市　区

关帝庙

周口关帝庙位于周口市川汇区中州路沙颍河北岸，是豫东平原保存较好、建筑艺术价值较高的古建筑群，号称“周口八景之冠”。

关帝庙本名“山陕会馆”，始建于康熙三十二年（1693），乾隆、嘉庆时多次扩修，至道光十六年（1836）全部建成，前后历时144年。关帝庙东西宽105米，南北长158米，面积达16590平方米，占地20余亩。沿南北中轴线，纵深布局为三进院落，仿宫殿式。照壁、山门、钟鼓二楼、左右铁旗杆、石牌房、碑亭、药王殿、灶君殿、东西廊房、财神殿、酒仙殿、东西看楼、东西庑殿、老君殿、马王殿、瘟神殿及客舍、工作房等建筑分列于中轴线两侧，遥相对应。庙内古柏参天，环境清幽，碑碣林立，殿堂秀丽，是河南省最大的关帝庙。

这座凝聚着我国古代劳动人民才能和智慧的古建筑群，布局严谨精

关帝庙

关帝庙大殿

巧，殿堂宏伟壮观，雕刻精湛瑰丽，装饰富丽华美，素以其巧夺天工的艺术雕刻著称于世。它犹如一段凝固的历史，记载着昔日周口商业的繁荣和经济的鼎盛。

1996 年，周口关帝庙被国务院公布为第四批全国重点文物保护单位。

平粮台古城遗址

平粮台古城遗址位于周口市淮阳区东南 4 千米处的大朱村西南方，是新石器时代晚期龙山文化城址。

平粮台古城遗址即是宛丘之地，距今已有 4600 多年的历史，是我国目前发掘年代最早的一座古城址。城址平面呈正方形，每边长 185 米，面积约 3.4 万平方米。

平粮台遗址

平粮台古城遗址博物馆

西南城角保存最为完整，外角略呈弧形，内角较直。城墙顶部宽 8—10 米，下部宽约 13 米，残高 3 米多。城墙采用版筑和堆筑法建成。夯层厚 0.15—0.2 米。夯印清晰，有单个，也有四个一组的圜底圆夯、椭圆形夯。北城门和南城门已经发掘。北城门缺口宽 2.25 米，位于北城墙正中稍偏西处。南城门位于南城墙正中，道路宽 1.7 米，两侧有门卫房的遗存。城址内已发掘出 10 多座房基，多为长方形排房。房基无论是平地起建的或是夯土高台建筑，普遍使用土坯砌墙。在城内还发现有灰坑、陶窑和墓葬。出土遗物有陶质的鼎、罐、瓮、甗、豆、盆、鬶、纺轮，石质的凿、铲、斧、锛、镞、纺轮和骨凿、骨镞、蚌刀、蚌镰等。此外还发现有铜渣。

自 1979 年发现后，河南省文物研究所在此多次进行考古发掘，认为该遗址对研究中国早期城市的起源、国家的产生和探索夏商文化都有重要意义。

1988 年 1 月 13 日，平粮台古城遗址被国务院公布为第三批全国重点文物保护单位。

太昊陵

太昊陵位于河南省周口市淮阳区羲皇故都风景名胜区，毗邻风景秀丽的万亩龙湖。太昊陵是纪念中华人文始祖太昊伏羲氏的大型陵庙，因太昊伏羲氏位居“三皇”之首，其陵墓被誉为“天下第一陵”。

太昊陵占地 875 亩，规模宏大，肃穆庄严。太昊陵始建于春秋，增制于盛唐，完善于明清，历代帝王 52 次御祭。太昊陵依伏羲先天八卦数理兴建，是中国帝王陵庙大规模宫殿式古建筑群之孤例，分外城、内城、紫禁城三道皇城，景区内主要景点包括中轴线上的一系列建筑，如午朝门、道仪门、先天门、太极门、统天殿、显仁殿、太始门、八卦坛、太昊伏羲陵墓、蓍草园等构成的主景区以及附属景点独秀园（原剪枝公园）、碑林、西四观、岳忠武祠、同根园、博物馆等几部分。

太昊陵

午朝门

太昊陵人文始祖祭祀活动绵延千年历久不衰。每年的农历二月初二到三月初三，世界各地数百万人涌向淮阳太昊陵庙朝圣伏羲；农历每月初一、十五，均有盛大祭祀活动，游客人数日达数十万，在2008年以“单日参拜人数最多（约82.5万）的庙会”被上海大世界吉尼斯总部载入吉尼斯世界纪录。太昊陵庙会成为中国规模最大、最古老的民间庙会。2006年，太昊陵人祖祭典入选第一批国家级非物质文化遗产名录。

太昊陵于1962年、1963年先后被淮阳县、河南省公布为第一批文物保护单位；1996年被国务院公布为第四批全国重点文物保护单位。

弦歌台

弦歌台位于河南省周口市淮阳区水静如练的南坛湖中。弦歌台又名厄台、绝粮祠，是为纪念孔子当年厄于陈蔡弦歌不止而建造的。

《史记·孔子世家》《韩诗外传》《孔子家语》《孔子集注》《搜神记》等书都有关于孔子在陈绝粮的记载。淮阳是孔子教泽所及之地，加之孔子在陈绝粮，数千年来，世人共知。现存弦歌台为清乾隆四十八年（1783）重修。

弦歌台

现有门二进，大门上有康熙五十年（1711）立的“弦歌台”三字石匾额。主体建筑为正殿，面阔七间，进深五间，单檐歇山式，绿琉璃瓦覆顶，周有回廊，以24根石柱擎托，正门两侧石柱上有对联：“堂上弦歌七日不能容大道，庭前俎豆千年犹自仰高山。”

1962年4月，弦歌台被淮阳县人民委员会公布为第一批淮阳县文物保护单位；2006年7月被河南省人民政府公布为河南省文物保护单位。

陈胡公陵

陈胡公陵又称胡公铁墓，陵园已有3000余年历史。陈胡公在历史上是陈氏与胡氏的得姓始祖。墓前有通巨大的墓碑，是当代书法家、胡公裔孙陈天然先生的撰书。两边的碑碣均是捐献碑。

陈胡公名妫满，虞舜后裔。周武王灭商后，把他封到陈地，并把女儿大姬嫁给他。妫满雄才大略，建陈国，筑陈城，兴百业，造福民众，使陈国雄居十二大诸侯国之列。周武王将妫满封于陈国，胙土命氏，为陈氏；妫满死后，周朝赐谥“胡公”，后人以其谥号为氏，为胡氏。这就是陈姓与胡姓的由来。王侯和德高望重的文武重臣，

牌坊

大殿

可以在陵墓上建拜殿。因此，陈胡公墓室就建在地下，地上部分的拜殿则早已不复存在。考古学家曾在这里发现了西周的陶片和战国的板瓦，证实了当年陈胡公墓和陈胡公拜殿的建筑情况。明朝进士王良臣在诗中写道："巧铸铁棺藏水底，光留玉叶照人间。"据史书记载，胡公墓是用铁汁浇铸而成，又称陈胡公铁墓。

第二节　项城市

袁世凯故居

袁世凯故居位于河南省周口市项城市东南 17 千米处的王明口镇袁寨村。

袁世凯故居占地 270 亩，具有明清特色和传统风格的各式建筑 248 间，周围是 1800 米长、10 多米高的寨墙，6 座炮楼及 3 道护城河。旧居整体按中、东、西三轴线布局，分东、西三级纵深院落，且院落幽曲相连，形成一片完整且别具风格的建筑群。建筑群由传统砖瓦、木材、白灰等建筑材料构成，反映了中国古代建筑特色。房屋顶脊之

袁世凯故居

袁世凯故居厢房及内院

处皆有狮、虎、豹、马、猴等砖雕，四角挑檐高耸，饰有龙纹兽脊，直指苍穹，气势恢宏。

袁世凯，字慰庭，号容庵，河南项城人，系北洋军阀首领、中华民国大总统、“中华帝国皇帝”。1894 年 7 月中日甲午战争爆发前夕，袁世凯化装逃出汉城，回到天津。1895 年 12 月，袁世凯由荣禄、李鸿藻等奏派扩练驻天津小站的定武军，更名为“新建陆军”，并任用和培植一批私人亲信，加强对全军的控制，这些人后来大都成为清末民初的军政要人，如徐世昌、段祺瑞、冯国璋、王士珍、曹锟、张勋等。

2013 年，袁世凯故居被国务院公布为第七批全国重点文物保护单位。

高大庄遗址

高大庄战国秦汉遗址位于河南省项城市高寺镇袁楼行政村，北靠汾河，西临于营行政村。

该遗址面积约 100 万平方米，出土大量春秋战国、秦、汉遗物。曾在杨庄村出土过西汉窖藏青铜洗 22 件，在李庄、杨庄、高大庄、袁楼村内出土大量蚁鼻钱。

高大庄遗址文保碑

根据《元和郡县志》记载，推测此处应为汉代和城县城。

2016 年，高大庄遗址被河南省人民政府公布为第七批河南省文物保护单位。

第三节　鹿邑县

老君台

老君台原名升仙台或拜仙台，原为明道宫的一部分，位于老子故里鹿邑县城内东北隅。相传老子修道成仙于此处飞升，因而得名。

老君台台高 13 米，顶部面积 765 平方米，底面积略大。全台以古式大砖堆砌，由 24 个平面围成圆柱形，台上环筑 70 厘米高的围墙，形式与城墙相似。台上有正殿三间、东西配殿各一间。正殿内原有老子铜像一尊，高两米许，铸工精巧。殿门

老君台

老君台文保碑

檐下东、西各嵌一碑，上书“道德真源”“犹龙遗迹”。山门内东侧原有铁柱一根，高七尺，径七寸，突兀而立，古色默然。

老君台自古以来就是著名游览胜地，古往今来慕名来访者络绎不绝，唐高祖李渊、唐高宗李治、女皇武则天、唐玄宗李隆基、宋真宗赵恒，以及文学大家欧阳修、苏东坡等都曾来拜庙祭祀或观瞻游览，留下了千古不朽的诗篇华章。

1978 年，老君台被鹿邑县人民政府公布为鹿邑县文物保护单位；1986 年，老君台被河南省人民政府公布为河南省文物保护单位；2001 年，老君山随太清宫遗址一起被国务院公布为全国重点文物保护单位。

第四节　商水县

阳城故城遗址

阳城故城遗址在今商水县舒庄乡扶苏村北，为秦朝末年中国第一个农民起义领袖陈胜的诞生地。

阳城故城遗址

陈胜像

该城由内城和外城组成，城墙由夯土筑建。外城东北部夯土墙现仍高出地面，长约200米，其余为间断残存。连接起来的话外城墙东西长800米，南北宽500米，城走向为一直线。城基部宽20米。内城东西距外城东西城墙各270米，北墙利用外城的北墙，每边长250米。城内地面散布的战国秦汉时期的瓦砾很多。当地人至今还称内城为“金銮殿”。在内城东南角发现有“扶苏司工”陶器残底4件。

《史记·陈涉世家》说：“陈涉者，阳城人也。”《汉书·地理志》记载阳城属汝南郡，后有人称扶苏城是因“陈涉起兵，自称公子扶苏，从人望也”而起，而实际还是阳城。扶苏寺虽已无存，但扶苏墓仍在。

该城址保存完整，规模宏大，与史料和传说一致，为研究陈胜起义及战国时期的城池建筑和历史提供了大量的实物。陈胜出生于商水也得到无可争辩的证明。

阳城故城遗址现被河南省人民政府公布为河南省文物保护单位。

扶苏墓

商水县舒庄乡扶苏村有一座圆形的墓冢，直径大约有5米，外头被水泥围墙包围，墓冢前立着一块石碑，墓碑的南侧，是一座4米多高的塑像，为扶苏像。这座

扶苏墓

扶苏墓全景

墓葬就是传说中的扶苏墓。

扶苏嬴姓，秦始皇长子。据《史记》记载，扶苏“刚毅而武勇，信人而奋士”，为人仁厚，有政治远见，经常劝谏其父亲，后因坑杀“犯禁者四百六十余人”一事，触怒秦始皇，秦始皇便将其派到上郡监督军队，协助大将蒙恬修筑长城、抵御匈奴。公元前 210 年，秦始皇在巡游途中病逝，死前诏令扶苏继位，中车府令赵高和丞相李斯等人害怕扶苏登基后对他们不利，于是扶始皇第十八子胡亥登基，矫诏以始皇身份赐死扶苏，扶苏遂自尽。

扶苏墓于 1978 年被商水县人民政府公布为商水县文物保护单位。

第五节　沈丘县

华佗冢

华佗冢位于沈丘县槐店镇，传说，东汉末年名医华佗就埋葬在这里。

传说曹操将华佗囚禁于狱中，折磨至死，华佗的徒弟们得知消息后，便从四面

华佗冢文保碑

华佗冢

八方聚集到许都，买通狱吏，收殓了华佗的遗体，把华佗灵柩运往华佗的弟子樊阿的老家彭城。灵车走到槐店时遇大雨，只得暂停。当地人听说后要求把华佗安葬在此。于是华佗就被埋葬在沙河南岸的一块高地上。封土时，有的人用筐抬，有的人用衣包，有的人用盆端，三天三夜就堆起一座大坟冢。人们称它为“华佗冢”。

华佗冢于 1976 年被列为沈丘县文物保护单位。

第六节　郸城县

段寨遗址

段寨遗址位于河南省郸城县巴集乡段寨村西北角，南北长 391 米，东西长 283 米，面积 110653 平方米。

段寨遗址属新石器时代古聚落遗址，蕴涵丰富的仰韶文化和大汶口、龙山、商周文化遗存。特别是在此出土的大汶口文化遗物，受到各级文物专家关注。段寨遗址延续时间长，对研究豫东地区新石器时代的社会制度，进一步了解仰韶文化、河

段寨遗址

南龙山文化和山东龙山文化的渊源关系提供了重要而翔实的实物资料，具有很高的历史考古价值。

2013 年 5 月，段寨遗址被国务院公布为第七批全国重点文物保护单位。

第七节　太康县

太康陵

太康陵位于太康县城东南 1 千米处的王陵村。据传夏朝君王禹传帝位于启，启传帝位于太康，太康卒葬于此，太康孙少康死后也葬于此地，古称康王二陵。康王二陵自秦汉至明清历代王朝多次重建与修复，其景可观。

据《太康县志》记载，太康陵是县域重点文物古迹之一，古时极高大，曾多次被挖掘，1984 年文物普查时，该陵墓地表及墓冢封土内采集有汉代绳纹板瓦、筒瓦和有几何图案的墓砖。由此可知，该墓可能在汉代重修过。墓前立有青石碑，内藏金雀，碑高 6 尺，宽 2 尺半，厚约 6 寸，刻有甲骨文篆字。民国二十三年（1934），时任太康县县长周镇西请民间匠人在墓前修牌楼，高丈余，青砖红瓦，刻花雕龙，

太康陵文物保护碑

太康陵文保碑

十分精致，并派专人看护。每年清明时节，城内师生都到此修坟植树，游客也来此观光旅游。“文革”中，太康陵青碑被砸，陵墓被挖。当时从西南挖开，内有水，寒冷刺骨，投石以试，似深渊无底，众人疑为陷阱，遂不敢再挖，后又封闭砌好，所以夏王太康陵墓至今犹存。

太康，启的儿子，夏朝第三代国王。太康继位后宴饮游乐，不理国事，田猎无度，不思归国，引起国人愤恨。东夷族有穷氏首领后羿乘机进入国都安邑，将太康拒之国门之外，太康只好到处流亡，后流落在戈地（今太康县），筑城建都。后羿篡权后，太康的5个弟弟只好随母亲过河一起来到戈地，追随太康。太康在位29年而崩，葬于今太康县城东南1千米许。太康因此得名。

1989年，太康陵被太康县人民政府列为太康县文物保护单位；2006年，太康陵被周口市人民政府公布为周口市文物保护单位。

第十五章 驻马店市

驻马店是华夏文明的重要发祥地之一，是中华民族的始祖盘古创世纪活动的核心区域，是轩辕黄帝的夫人嫘祖的故乡，是战国时期闻名天下的兵器制造中心。秦丞相李斯、《盐铁论》的编著者桓宽、志怪志异小说家干宝、伟大的无神论者范缜、著名的抗日民族英雄杨靖宇等一大批历史名人都生于斯长于斯。这里是盘古文化、梁祝文化、重阳文化、车舆文化、嫘祖文化和冶铁铸剑文化的发源地，泌阳、汝南、上蔡、平舆、西平分别被命名为“中国盘古圣地”“中国梁祝之乡”“中国重阳文化之乡”“车舆文化之乡”“嫘祖文化之乡”和“冶铁铸剑文化之乡”。红色革命根据地之一、享有“小延安”之称的确山县竹沟镇曾是中共中央中原局和河南省委所在地，刘少奇、李先念等老一辈革命家在这里战斗生活过，其旧址至今保存完好。

第一节　西平县

酒店冶铁遗址

酒店冶铁遗址位于河南省西平县出山镇酒店村南500米处，遗址南系龙泉河，北接棠溪河，位于谭山水库两岸，是战国至汉代重要的冶铁基地。遗址呈长方形，东西长558米，南北宽190米，面积106020平方米，文化层厚1.5米。

遗址内发现有战国时期冶铁炉1座，炉平面呈椭圆形，东北部残高2.17米，炉口宽2.14米，底宽1.6米。该炉是中国迄今发现时代最早、

酒店冶铁遗址

保存最为完整的冶铁炉。遗址上残留有炼炉残壁、炼渣、铁矿石、残铁剑和生活用陶盆、陶罐、陶瓮及建筑材料砖瓦等。遗址南（谭山水库南岸）尚存冶炼炉 1 座。探方出土遗物有陶坠、陶盆、陶罐、陶瓮、板瓦、木炭等。有关史料与遗址本身采集到的标本证明，该遗址自战国延续到晋，除 1958 年修筑谭山水库时对该遗址进行了大面积人为的破坏（其面积为 1700 平方米）和谭山水库的冲刷外，保存基本完好。为加强对酒店战国冶铁炉的保护，西平县文物部门先后于 1976 年、1978 年建保护房，新建的冶炼炉房暨酒店冶铁遗址陈列馆建筑面积 175.07 平方米，具有保护、陈列、宣教等功能。

酒店冶铁遗址的发现对于研究中国古代冶金业的发展历史具有无可替代的作用。

1996 年 11 月 20 日，酒店冶铁遗址被国务院公布为第四批全国重点文物保护单位。

董桥遗址

董桥遗址位于河南省驻马店市西平县。2006 年 6 月，调查发现这里是一处以仰韶文化为主，兼有龙山文化、二里头文化、东周文化和汉文化的多种考古文化共存的综合性、多层次的古聚落遗址。

董桥遗址面积近 50 万平方米。这里的仰韶文化是以泥质红陶与泥质姜黄陶为主，前者比例略大于后者，夹砂红陶次之，夹砂姜黄陶再次之，夹砂灰陶极少，夹砂陶砂粒与蚌料裸露于器壁而鲜明，泥质陶陶土多经淘洗而细腻，有少量红衣陶和少量的外壁为红色、内壁为灰色陶，多用于钵、碗诸器。该遗址对研究仰韶文化及炎黄时代炎黄文化分布发展等具有重要意义。

2006 年 6 月，董桥遗址被河南省人民政府公布为第三批河南省文物保护单位。2013 年 5 月，董桥遗址被国务院核定公布为第七批全国重点文物保护单位。

董桥遗址文物保护碑

第二节 遂平县

豫中抗日根据地旧址

豫中抗日根据地纪念馆位于遂平县槐树乡境内，纪念馆馆区面积500多平方米，分为前后两个院落，前院为纪念馆展览区，后院为李先念曾经工作和居住过的房屋。

展区的展厅分为八个部分。第一部分：受命国家危亡关头，肩负抗战伟大使命；第二部分：驰骋大江南北，活跃襄河两岸；第三部分：实施“绾毂中原”战略，开辟河南敌后战场；第四部分：挺进嵖岈山，开辟豫中根据地；第五部分：李先念在遂平的革命活动；第六部分：丰功伟绩犹牢记，缅怀伟人李先念；第七部分：嵖岈山职业学校；第八部分：载入史册的辉煌，遂平光荣的斗争历史。

展区共展出版面38个，大量历史照片和资料系统反映了革命先辈和遂平人民在嵖岈山这片热土上建立的丰功伟绩。

豫中抗日根据地旧址

豫中抗日根据地旧址

2016 年，豫中抗日根据地旧址被河南省人民政府列为河南省文物保护单位。

第三节 上蔡县

蔡国故城

蔡国故城也叫上蔡县驿，位于今河南省上蔡县城西南，是西周和春秋时期蔡国都城，作为蔡国都城长达 500 年。今存蔡国故城遗址，是我国现今保存最完好的西周古城。

蔡国始建于公元前 11 世纪。公元前 1046 年，周武王姬发灭商，建立西周，遂封其弟叔度于蔡，建立蔡国。蔡叔度遂在芦岗东侧建都，修筑都城，未竣而殁。周成王三年（前 1040），其子蔡仲（名胡）继续修建而成。春秋时蔡灵侯十二年（前 531），楚灵王诱杀蔡灵侯，蔡国第一次被灭，楚公子弃疾任蔡公。公元前 528 年，弃疾即楚王位，即楚平王，蔡平侯庐复国，旋迁都于吕，称新蔡，后蔡昭侯又从新蔡迁于州来（今安徽凤台），称下蔡，因此蔡国的故都称上蔡。蔡国都上蔡500余年。

蔡国故城呈长方形，南北略长，东西稍短，周长10490米，面积8.86平方千米。现存城墙高4—11米，宽15—25米，城门最宽处有百米以上。清康熙年间撰修的《上蔡县志》记载："蔡国故城：址高一二丈，周围二十余里，其形如山……"故城有九座城门，南面三座，东、西、北各两座，有瓮城、门卫房，内有宫殿区、作坊区和居住区，外有护城河、蔡侯墓及贵族墓葬区等。西、南城墙现保存较为完好，城墙为黄黏土夯筑而成，小夯窝圆底，每层厚8—14厘米。城墙内部明显分为上下两个层次，显然是修复加高所致。故城西垣高台之上有蔡侯望河楼，北垣有烽火台。

古蔡国的手工业作坊区分布于故城内外，其中制骨作坊区在宫殿区东北。在制骨作坊区曾出土过针、锥、簪、镰等骨器。陶窑遗址在故城内南部，里面布满了红烧土和春秋时期的陶片。城内还发现铸铜作坊遗址两处，出土了炼炉和铜渣。

1996年11月20日，蔡国故城遗址被国务院核定公布为第四批全国重点文物保护单位。

蔡国故城遗址

伏羲庙

伏羲庙又称伏羲祠、白圭庙，位于上蔡县城东15千米处的白圭庙村。相传人文始祖、三皇之首伏羲率领部落族人沿黄河中下游东迁，建都于陈（今河南淮阳）。据说伏羲庙是伏羲用蓍草画卦的地方，当地流传着伏羲氏生于天水、画卦于蔡地、葬于淮阳的说法。

伏羲祠始建于汉代，宋时称羲皇城，明时称羲和寨。当时建有占地6万平方米的一庙一城。其寨东西宽800米，南北长1200米，四面各建有城门，双道护城河。庙门向南，门前有玉带河，桥头立有“蓍台”石坊。向北正中，面阔五间，进深三间是伏羲大殿，后有三皇阁，阁西有垂花门通蓍草园，园中有先天八卦亭一座。羲皇城历代多次遭受破坏，现存庙内部分古建于清康熙二十五年（1686）重修。1985年，上蔡县人民政府进行了修缮。2004年，由当地居民引资重修了白圭庙，改名为伏羲祠。祠内现有伏羲殿三间，伏羲大殿前蓍草园一圃，龙王殿三间，禅房九间，东厢

伏羲庙

伏羲庙

房三间，西侧有伏羲画卦亭一座。

画卦亭建于高 2 米的八角形砖台之上，亭为八角攒尖琉璃瓦顶，青石圆柱分立于八角砖砌台基上。亭檐下刻有“乾”“坤”“震”“艮”“巽”“离”“坎”“兑”八个字，象征八卦。亭门南开，两侧的青石条框上刻有楹联：“仰观俯察一画明天地之道，数往知来六爻发古今之藏。”亭旁刻有东汉蔡邕题写的“伏羲画卦碑”一通。遗存至今的蓍草历数千年盛而不衰。

第四节 汝南县

悟颖塔

悟颖塔又名无影塔，位于河南省驻马店市汝南县境内。无影塔原名宋兴福寺塔。兴福寺原名晋安寺，始建于南朝梁元帝承圣年间（552—555），隋文帝仁寿元年（601）改称兴福寺。至南宋度宗咸淳六年（1270）重建兴福寺并建此塔。兴福寺毁于近代。

无影塔塔身为实体。塔门向南，呈单面六角形，塔高 26 米，是单阁式砖塔，

悟颖塔

悟颖塔文物保护碑

整个塔身用长35厘米、宽16.5厘米、厚5.5厘米特制的青砖平卧顺砌而成。外壁的砖与砖之间都用白灰浆黏合；壁体里砖与砖之间，则用黄泥黏合。塔身底层为大，向上逐层缩小，使整个塔体外廊呈抛物线形。塔身基座为单层须弥座，座之束腰部分用横柱分隔，横柱间的砖面上雕有山羊一对、童子两个，还有莲花、牡丹、腊梅、桂子等花卉图案及盆景。在须弥座上设五铺作斗拱，斗拱上有撩檐枋台数室，塔檐下砖砌仿木结构的五铺作出的双杪斗拱，塔身九层。1984年修葺时，在第八层中间发现一块长0.45米、宽0.28米、厚0.08米的石刻志铭，上刻有“隆庆元年崇藩施财重建宝塔”字样。

无影塔形制古朴、年代确凿，可作为驻马店地区古建筑断代的重要标尺，同时对研究佛教史具有重要的价值。

2006年5月25日，悟颖塔被国务院公布为第六批全国重点文物保护单位。

第五节　泌阳县

焦竹园革命旧址

焦竹园革命旧址位于泌阳县铜山乡焦竹园村鄂豫边革命纪念馆内。纪念馆总建筑面积3240平方米。

鄂豫边革命纪念馆包括焦竹园革命旧址、鄂豫边纪念广场、鄂豫边纪念展厅，馆藏近现代文物623件。焦竹园革命旧址房屋为明代建筑，分为西院、东院和一个东偏院，共有瓦房53间（包括一座楼房），占地面积4540.8平方米，建筑面积1260平方米。纪念广场占地面积1.2万平方米，展览馆占地面积7367平方米，建筑面积1980平方米，新建展览馆分为主展厅和两个副展厅。

1935年8月，张星江、王国华、张旺午在唐河毕店商定，将豫南、鄂北两地党组织合并成立鄂豫边省委。张星江任书记，王国华任宣传部部长，仝中玉任组织部部长。接着，在泌阳王店南部张楼村高粱地召开会议，决定在确、泌、桐、信四县接合部恢复和发展党的组织，开展游击战争，创建桐柏山区革命根据地，以配合南方各游击区的斗争。省委机关主要设于王店乡张楼、铜山邓庄铺和焦竹园。之后，

焦竹园革命旧址

焦竹园革命旧址

省委派人三上北方局，又到延安，得到了毛主席、朱总司令和刘少奇同志的具体指示。

焦竹园革命旧址于2000年9月被河南省人民政府公布为河南省文物保护单位。

第六节 确山县

中共中央中原局旧址

中共中央中原局旧址位于河南省确山县城西30千米处的竹沟镇。1937年鄂豫边红军开辟了以竹沟镇为中心的革命根据地。1938年3月至11月，彭雪枫、李先念等先后到竹沟培训干部，发展抗日武装。1938年11月，中共中央为加强对中原地区的领导，成立了中原局，刘少奇（化名胡服）任中原局书记。竹沟成为抗战时期中原革命根据地中心，也是新四军二、四、五师的发祥地。

中共中央中原局旧址坐北朝南，是一个四合院，由十二间房屋组成，临街的是三间草屋，中间是大门和过道，院内北屋、东屋、西屋各三间，这九间房

中共中央中原局旧址

屋都是灰砖青瓦硬山式砖木结构的建筑。1956 年在旧址建立了确山竹沟革命纪念馆。1975 年 8 月因特大洪水，旧址房屋大部分倒塌。1981 年后，按旧址原貌修复瓦房 30 余间，复原中原局办公室及刘少奇等领导人的住室。

1988年1月13日,中共中央中原局旧址被国务院公布为全国重点文物保护单位。

第十六章

南阳市

南阳市是国家历史文化名城，有2000多年的建城历史，为楚汉文化的发源地。夏朝初，禹把今南阳境内的邓州作为都城。商朝、周朝时，现南阳境内有申、邓、谢等诸侯国。春秋时楚设宛邑，为冶铁中心，是屈原扣马谏王地、秦楚丹阳之战发生地。秦设南阳郡治宛城。西汉时为全国六大都会之一，曾孕育出“科圣”张衡、“医圣”张仲景、“商圣”范蠡、“智圣”诸葛亮、“谋圣”姜子牙、名相百里奚等历史名人。

第一节　市　区

张衡墓

张衡墓坐落在南阳市卧龙区石桥镇小石桥村西北约300米处。墓高8米，周长62米，四周围绕八角形围墙。墓前竖立中科院原院长郭沫若撰写的碑文一通：“如此全面发展之人物，在世界史中亦所罕见。万祀千龄，令人景仰。”其阳刻为郭沫若撰写的张衡简历，阴刻为中共南阳县委撰写的张衡传略。两侧竖立明、清“汉征尚书张平子墓”碑各一方。墓后150米处有平子读书台遗迹，墓东夏村为平子故里。墓园现已辟为张衡博物馆，中轴线上有双阙、大门、小拱桥、石像生、拜殿、张衡塑像、墓冢等，两侧有门房、廊房和浑天仪、地动仪模型，四隅有角楼，整体仿汉代建筑。整个建筑气势雄浑，庄严肃穆，使前来参观凭吊的游人抚今追昔，产生无限的遐想。

张衡（78—139），字平子，南阳西鄂（今河南省南阳市石桥镇）人，

张衡墓文保碑

张衡博物馆

南阳“五圣”之一，与司马相如、扬雄、班固并称汉赋四大家。中国东汉时期伟大的天文学家、数学家、发明家、地理学家、文学家。张衡为中国天文学、机械技术、地震学的发展做出了杰出的贡献，发明了浑天仪、地动仪，是东汉中期浑天说的代表人物之一，被后人誉为“木圣”（科圣）。由于他的贡献突出，联合国天文组织将月球背面的一座环形山命名为“张衡环形山”、太阳系中的1802号小行星命名为“张衡星”。后人为纪念张衡，在南阳修建了张衡墓（张衡博物馆）。

1988 年 1 月 13 日，张衡墓被国务院公布为全国重点文物保护单位。

张仲景墓及祠

张仲景墓及祠位于南阳市医圣祠街温凉河畔。

张仲景祠，即医圣祠，坐北朝南，为一长方形院落，占地面积 1.4 万多平方米。大门两侧有仿汉子母阙一对，古朴雄伟。进门为前院，两厢为新建的碑廊，东侧为现代名人手书的题词石刻近百种，西侧为中国历代名医画像石刻数十品。张仲景墓

医圣祠

位于祠院中部，始建年代无确考，晋咸和五年（330）墓前竖有“汉长沙太守医圣张仲景墓”碑。后墓、碑俱没于田野。明崇祯五年（1632），园丁掘井复得墓碑，遂恢复墓冢，并盖墓亭加以保护。现存墓冢坐北朝南，为方形仿汉砖石结构，墓基为青石砌成，基上由汉砖砌成阶梯形，最顶放一青石雕莲花台，墓四角各嵌入一青石雕羊头。墓后为清顺治十三年（1656）修建的享殿、过殿、厢房各三间。正殿塑医圣像，配祀药王孙思邈和神医华佗。

张仲景，名机，字仲景，南阳人，东汉伟大的医学家，汉灵帝时举孝廉，官至长沙太守。他勤求古训，博采众长，所著《伤寒杂病论》历来被尊为我国医学的经典。他被后世尊称为“医圣”。

1988年1月13日，张仲景墓及祠被国务院公布为全国重点文物保护单位。

武侯祠

南阳武侯祠坐落于河南省南阳市区城西的卧龙岗上，坐西向东偏南，现存殿堂房舍267间，主要建筑由东而西排列在一条中轴线上，分前后两重，建筑布局严谨，

武侯祠牌坊

武侯祠宁远楼

武侯祠诸葛亮像

疏密相宜，殿堂雄伟，亭台壮观。

祠前是宏伟雅致的“千古人龙”石牌坊，高 9 米，面阔 13.5 米，三门四柱楼式，通体布满雕饰，对称的锦纹、图案错落有致，疏朗多姿。从山门至大拜殿，左右两廊为前部，是人们祭祀诸葛亮的场所。后面的茅庐、古柏亭、野云庵、躬耕亭、伴月台、小虹桥、梁父岩、抱膝石、老龙洞、躬耕田，是根据诸葛亮“躬耕”时的生活起居而兴建的纪念性建筑（即卧龙十景）。最后是宁远楼，亦名清风楼。山门之外有“诸葛井”和“澹宁读书台”。祠左侧院有关张殿、三顾堂、谢圃亭；右侧院为道房院，原是道人居住的地方。台下有诸葛书院。祠西南隅有龙角塔。大拜殿是武侯祠前部的主体建筑，殿宇高大宏伟，为歇山式建筑，殿前悬挂匾联十余副，两壁嵌有石刻，中塑武侯诸葛亮坐像，两侧为其子诸葛瞻、其孙诸葛尚立像，形象逼真。

宁远楼是武侯祠后部的主体建筑，也是祠内最高建筑物，为重檐庑殿式建筑，流角飞檐，气势轩昂；楼正中塑有武侯诸葛亮抱膝长吟像；登楼远眺，宛城美景尽收眼底，历历在目。

南阳武侯祠的始建年代可上溯至魏晋时期。宋金时期，南阳武侯祠屡遭兵燹。宋绍兴八年（1138），岳飞“过南阳谒武侯祠”时，曾挥泪书写诸葛亮前后《出师表》，以“稍舒胸中抑郁尔”。清代，南阳卧龙岗武侯祠屡有修葺，规模恢宏。康熙五十年（1711），知府罗景主持大修武侯祠，增建庙堂，新辟廊庑和台榭，积土为山，叠石成峰，并按照历代题咏和诸葛亮“躬耕”时的生活起居，依前人“龙岗全图”石刻复建了卧龙岗十景。新中国成立后，党和政府十分关注和重视南阳卧龙岗武侯祠的维修和保持，史学泰斗郭沫若先生 1959 年给南阳题额“武侯祠”，又于 1973 年书匾“诸葛草庐”。

南阳卧龙岗武侯祠 1963 年被河南省人民政府列为第一批河南省文物保护单位，1996 年被国务院列为全国重点文物保护单位。

南阳府文庙

南阳府文庙坐落于南阳市老城区新华东路北侧，面对和平街，被称为“南阳国学讲堂”。南阳府文庙曾于 2005 年荣登台湾明信片。

南阳府文庙大成殿

南阳府文庙始建于元至元八年（1271）。据《新修南阳县志》记载，南阳府文庙原在延曦门东（先农坛），明末毁于战火，清顺治十年（1653）移建于县治东北故唐王府，即现在的位置。南阳府文庙是封建社会祭祀孔子的庙堂和讲学之所，历经数百年的风雨洗礼，屡经毁建，如今已面目全非，仅存大成殿。

大成殿坐北朝南，殿高 9 米，正面宽 22 米，纵深 14 米，总面积 308 平方米。大成殿为单檐歇山建筑，重檐斗拱，气势雄伟。其四周檐部使用七踩三下昂斗拱，其建筑规格为当时南阳市城区之最。殿脊透花雕龙，两端有鸱尾，张口吞脊，中塑麒麟，形态生动。戗脊上饰以人物走兽，立有庞涓、韩信、周瑜、罗成四神将。殿内有大红明柱八根，中间有贴金雕花神龛，雕工精细，金碧辉煌。孔子塑像高达两米，戴冕执圭，面南端坐，颜回、曾参、子思、孟轲四贤塑像分立两旁。旧时每年农历二月、八月上旬丁日为祭孔日，称为“丁祭”。每当春秋此日，府县官吏、举人秀才、府学教谕齐集大成殿祭孔，仪式隆重，庄严肃穆。

2000 年 9 月 23 日，南阳府文庙被河南省人民政府公布为河南省文物保护单位。

第二节　镇平县

彭公祠

彭公祠位于南阳市镇平县城北约 12 千米的杏花山山阴菩提寺景区内。

彭公祠系民国宛西自治倡导人彭锡田的祠堂。彭锡田，字禹廷，镇平县安子营乡七里庄人。民国十六年（1927），他从冯玉祥部返乡倡导地方自治，清剿匪患，为官清正，关心百姓疾苦，靠强硬政策把镇平治理得“路不拾遗，夜不闭户”，深受社会各界好评。彭锡田死后，宛西三县群众为了纪念这位民国自治领袖，在杏花山虎山沟为他修建纪念地，立祠奉祀。

彭公祠建于民国二十三年（1934 年），祠堂主房占地 60 平方米，高 6 米，进深约 7 米，面阔 11 米，单檐硬山式建筑，用青砖砌筑，每块砖上均刻有“彭公祠”三字，祠内挂有当时社会名流冯玉祥、于右任等撰写的挽联，其中彭禹廷“自跪自

彭公祠

彭公祠

歌”的画像显示出“自立、自强、自治”之意。祠堂的左厢有房舍十余间，两层结构。右侧有廊房八间，廊壁上记述彭公的生平事迹。祠堂前利用回音原理，砌有石阶台壁，双手相击，回音响亮，宛如蛙鸣，清晰可闻。

2008 年，彭公祠被河南省人民政府列为河南省文物保护单位。

彭雪枫故居

彭雪枫将军故居位于河南省镇平县城南约 3.5 千米的雪枫街道办事处七里庄村。2016 年 12 月，彭雪枫故居被列入《全国红色旅游经典景区名录》。

彭雪枫，河南省镇平县人，1907 年生，1926 年 9 月加入中国共产党。1930 年 5 月被派到苏区，1934 年 10 月参加长征，任军委第 1 野战纵队 1 梯队队长、红 3 军团 5 师师长、陕甘支队第 2 纵队司令员、红 1 军团 4 师政治委员。在中央红军进行的历次战斗中，他无役不与，每次都披坚执锐，身先士卒，且多次担任先锋部队的指挥员。1936 年秋被派往太原等地，做团结各界爱国人士、联合阎锡山抗日的

彭雪枫故居

彭雪枫故居

统一战线工作。全民族抗战爆发后，任八路军总部参谋处处长兼驻晋办事处主任。1938 年春调河南确山竹沟，任中共河南省委军事部部长，组织训练抗日武装。同年 9 月组建新四军游击支队，任司令员兼政治委员，领导开辟豫皖苏边区抗日根据地，任中共豫皖苏边区委员会书记。后任新四军第 6 支队司令员兼政治委员、八路军第 4 纵队司令员。1941 年皖南事变后，任新四军第 4 师师长兼政治委员、淮北军区司令员，领导根据地军民同日伪军及国民党顽固派军队进行艰苦斗争，先后取得 1942 年冬季淮北反“扫荡”和 1943 年 3 月山子头战役的胜利，巩固和发展了淮北抗日根据地。1944 年在八里庄战斗中牺牲。

2000 年，彭雪枫故居被河南省人民政府公布为第三批河南省文物保护单位。

第三节　内乡县

内乡县衙

内乡县衙位于内乡县城东大街，是中国古代的官署衙门，是国内第一座衙门博物馆，也是中国古代官衙建筑的历史标本。

内乡县衙

内乡县衙

内乡县衙是以北京故宫为蓝本，汲取长江南北的建筑风格设计而成的一座封建官衙，占地面积 47000 多平方米，有大小院落 18 进、房舍 260 余间，是中国唯一保存最完整的封建时代县级官署衙门，有“天下第一衙”之称。

内乡县衙与《明史》《清会典》所载的“坐北朝南、左文右武、前堂后邸、监狱居南”的建筑规制完全一致，分别比附北京故宫的太和、中和、保和三大殿而建，同时又受其地理位置和主持营建者、工部下派官员浙江人章炳焘的影响，融长江南北的建筑风格于一体。在整个县衙的建筑布置上，章炳焘用形体变化、高低起伏的手法，组合成一个整体，在功能上符合封建社会的等级制度，同时达到左右均衡和形体变化的艺术效果。内乡县衙中轴线上排列着主体建筑大门、大堂、二堂、迎宾厅、三堂，两侧建有庭院和东西账房等，共 6 组四合院、85 间房屋。整个建筑布局对称、合理、紧凑，主次分明，高低错落，井然有序，浑然一体。

1996 年 11 月 20 日，内乡县衙被国务院公布为第四批全国重点文物保护单位；2002 年被《中国文物报》评为“世界文化多样性十佳博物馆”；2006 年被国家旅游局命名为国家 4A 级旅游景区。

第四节　社旗县

山陕会馆

社旗山陕会馆为清代山西、陕西在赊旗店的商贾集资兴建，作为他们同乡集会的场所，故名山陕同乡会馆。

会馆内泥塑关羽像。会馆亦称“山陕庙”，道光年间曾改称“鼎元社”，1923年复称“山陕会馆”，是全国会馆中唯一得到慈禧御笔之宝的民间商会建筑。故宫博物院原院长吕济民、副院长单士元曾赞叹其“艺术辉煌，绝无仅有”“辉煌壮丽，天下第一”，后社旗山陕会馆被誉为“中国第一会馆”。

社旗山陕会馆建筑于中国古建筑艺术臻于完美的最后一个高潮期，加之寓居赊店的山、陕二省商贾“盖压三江”的比富心理，以其雄厚的财力对会馆建筑倾力投入，从而使社旗山陕会馆建筑之时得以“运巨材于楚北，访名匠于天

山陕会馆入口

山陕会馆春秋楼

山陕会馆内九龙口

下”，其用材之优、延聘工匠之多，为斯时斯地建筑工程之冠。

各地的能工巧匠汇聚于此，各展“绝活”，其建筑工艺兼收南北建筑文化之长，融北方古建筑雄浑壮观之气势和南方古建筑严谨柔美之风格于一体，成为一处风标独树的古建筑典范之作。

1988 年，社旗山陕会馆被国务院公布为第三批全国重点文物保护单位。

第五节 淅川县

荆紫关古建筑群

荆紫关古建筑群位于河南省南阳市淅川县城西北 44 千米荆紫关镇。该镇西傍丹江，东依猴山，居豫、鄂、陕三省接壤地带，位置险要，临着丹江航道重要码头，是商业要地、军事关口。

荆紫关古建筑群大殿

荆紫关古建筑群

荆紫关古建筑群

古镇依丹江东岸走势南北延伸2.5千米，700多间清代建筑风格的房舍沿街分布，古建筑林立，星罗棋布，错落有致。就整个古街道而言，中街的房舍建筑规格最好，北街次之，南街较差，豪贾富商昔日多聚居北街和中街，南街住的多是普通百姓。南街设关门，砖石结构，二层级，单拱门，跨街而立，上书“荆紫关”三个大字，1914年建。关门内为平浪宫，建于清初，屡有重修，取名寓风平浪静之意。该宫坐东向西，占地460平方米，硬山式建筑，院内建三级叠檐、四角攒尖式钟、鼓楼各1座，楼外碧瓦金檐，顶立钢叉，气势雄伟，玲珑剔透。大殿供奉杨泗将军塑像及船家历代先贤牌位。

古街道上的房舍，一般临街的都是门面房，木板嵌成门面，昼抽夜闭，便于做生意。里面多是院落，两侧还有对称的厢房，厢房一般都是后墙高，前墙低，一个坡面，屋深很浅，便于利用狭窄的空地搞对称建筑，使其布局严谨，结构合理。每一个院落的门面房两侧前坡都有两米长的封火山高叠，意在阻断意外的火势，实际也增添了房舍的美感。古街道上的建筑群很多，错落有致，相映生辉，虽有损坏，目前还残存有府台衙门、清真寺、关门、平浪宫、万寿宫、马饮桥、禹王宫、山陕会馆、新石桥、城隍庙、古码头、永安城遗址等使其独具魅力。

2001年6月25日，荆紫关古建筑群被国务院公布为全国重点文物保护单位。

第十七章

信阳市

信阳，古称义阳、弋阳、申州，又名申城，为河南省地级市，地处河南省最南部、淮河上游，东连安徽，南接湖北，为三省通衢，是江淮河汉之间的战略要地，也是中国南北地理、气候、文化的过渡带。信阳山清水秀，气候宜人，有“江南北国、北国江南”之美誉。信阳有着豫风楚韵的地域文化，楚文化与中原文化在这里交融，形成了信阳独特的人文环境。

第一节 市 区

鸡公山近代建筑群

鸡公山近代建筑群位于豫、鄂交界处的四大避暑胜地之一的鸡公山风景区。这里曾有美、英、法、德、俄等23个国家的传教士、商人等建造的近500幢别墅，故有“万国建筑博物馆”之称。由于战乱和人为破坏，目前遗存的老别墅有上百幢，它们构成了全国为数不多的山中建筑奇观。

根据2007年至2011年国家第三次文物普查的结果，鸡公山尚遗存1903年至1949年间中、美、英、俄、日、德、法、瑞典、挪威、丹麦等23个国家建设的风格各异的近代建筑及其构筑物119处。鸡公山近代建筑群的形成，与一个叫李立生的美国传教士有关。1890年，原名丹尼尔·纳尔森的李立生从美国来到湖北汉口。平汉铁路通车后，铁路经过信阳鸡公山，他开始在河南信阳传教。1902年10月21日，李立生

鸡公山近代建筑群中的颐庐

鸡公山近代建筑群

和同伴施道格首次踏访鸡公山。1903 年 9 月 15 日，李立生和施道格通过贿赂信阳知州，购买了鸡公山长 1.5 千米、宽约 1 千米的山场，在此兴建了 4 幢别墅。第二年，施道格又购买了方圆 2.5 平方千米的土地，建了两幢别墅。随后，西方传教士和商人纷至沓来，一幢幢风格各异的石头房子如雨后春笋般在这里冒出。到 1905 年年底，鸡公山上已建有英、美、法、俄、日等国洋房 27 幢。

鸡公山别墅群的最大特点是国别众多，风格殊异。或小巧玲珑，或高大豪华，或轻巧典雅，或浑厚庄重。其建筑式样，有方形、弧形、菱形、扇形，还有充满宗教色彩的十字形，可谓五花八门，蕴含着新颖多变的美感。不仅如此，这些别墅还具有浓厚的民族风格，如“罗马式”，系西欧 9—12 世纪的建筑风格，一般以厚实的砖墙、半圆形拱券、逐层挑出的门框装饰和交叉拱顶结构为其主要特征；像“哥特式”，系 12—16 世纪出现的一种新型建筑艺术，广泛采用线条轻快的尖拱券、造型挺秀的小尖塔、轻盈通透的飞扶壁、修长的立柱和簇柱，以彩色玻璃镶嵌的花窗，造成一种向上升华、天国神秘的幻觉，反映了基督教盛行时代的观念。据记载，鸡公山当时的各国建筑比之京、沪、汉、穗等大都市的西人建筑有过之而无不及。

2013 年，鸡公山近代建筑群被国务院列为全国重点文物保护单位。

郭氏祠堂

郭氏祠堂位于信阳市浉河区谭家河乡郭畈村，坐北朝南，依山就势而建，占地近两亩。

郭氏祠堂建筑为明清风格，前院后厅，共有大小房屋 20 间。前院 100 余平方米，是由灰砖砌成的一道高约 2 米的院墙合围而成，院墙的东西两侧各开有一个圆门，人员可以由圆门出入。正殿前有一座门楼，高约 5 米，门楼两侧各立一石狮。门楼两边为耳房，左右各两间。由门楼进入，就是后院，院内有两座花坛，植有桂树、柏树和花草。内院的东西两侧各有厢房 3 间，再往后是 7 间正殿，也就是宗祠的主房，由此，形成了一座完整的四合院。

走进郭氏祠堂，周围的参天古树把郭氏祠堂遮得严严实实，宗族礼节的严肃、庄重气息从周围袭来，处身其中，仿佛回到了 200 多年前郭氏子孙隆重举行祭祀仪

郭氏宗祠山门

郭氏祠堂

式的场景。

郭氏祠堂于2009年被信阳市人民政府公布为信阳市文物保护单位，2016年2月被河南省人民政府公布为第七批河南省文物保护单位。

第二节　固始县

陈氏将军祠

陈氏将军祠位于河南省固始县陈集镇陈集村，为唐代平抚“啸乱”、安定东南边陲、创建漳州的“开漳圣王”陈元光的祖祠。将军祠由陈元光之孙陈酆建于唐天宝年间，后经历代修缮，现存为清代建筑。

陈氏将军祠距离固始县城25千米，面向浮光峰，占地5081平方米，原房近百间，现有房间31间，房屋面积740平方米。门前一泓碧水称“月牙塘”，建筑总体为四合院，分门楼、左右耳房、后堂、左右厢房、配房。整个建筑为硬山式砖木结构，石基，石柱，青砖灰瓦，堂室含廊，木框架结构。将军祠建筑布局严谨，中轴线主

陈氏将军祠山门

陈氏将军祠庭院

体建筑突出，结构完整，注重细节，石狮、石象做工细致，形象精美，具有较强的地方色彩，是一组有教育意义、历史价值、艺术价值的建筑群体。

2000 年，河南省人民政府公布陈氏将军祠为河南省文物保护单位。

第三节 罗山县

红二十五军长征出发地

红二十五军长征出发地——何家冲何家祠堂，位于大别山西端的鸡公山西北坡，是豫鄂皖革命根据地的重要组成部分。现何家冲红二十五军长征出发地主要包括红二十五军军部旧址、长征出发集合地遗址和红二十五军医院旧址三部分。

红二十五军长征出发地何家冲位于河南省罗山县铁铺乡，是中国近代革命史上红军长征四大出发地之一。红二十五军军部旧址即何氏祠堂。何氏祠堂始建于明代，现存房屋十余间。中国工农红军第二十五军长征出发前，警卫室、政治部、参谋部等军部机关设在这里，程子华、徐海东、吴焕先等红二十五军首长也在此居住。长征出发集合地遗址包括银杏树和红军碾等遗迹。银杏树现位于何家冲村头，高 20

红二十五军长征出发地

红二十五军长征出发地文保碑

余米。1934 年 11 月 16 日，红二十五军近 3000 名将士聚集在此，高举“中国工农红军北上抗日第二先遣队”的旗帜，宣誓长征。红二十五军军部医院旧址由四座院子组成。原址上的建筑始建于明代，现存房屋 80 余间。红二十五军军部医院于 1932 年年底成立，直到红二十五军长征出发时，救治了大批红军伤病员。

1996 年，红二十五军长征出发地由国务院公布为第四批全国重点文物保护单位。2016 年 12 月，红二十五军长征出发地被列入《全国红色旅游经典景区名录》。

第四节　光山县

王大湾会议旧址

王大湾会议旧址位于河南省信阳市光山县东南 30 千米的砖桥镇，北离 312 国道 37 千米、沪陕高速公路 32 千米、京九铁路光山站 20 千米，西离阿深高速公路 9 千米，是刘邓大军千里跃进大别山时在此召开的晋冀鲁豫野战军旅以上高级干部会

王大湾会议旧址

王大湾会议旧址

议，即史称“王大湾会议”的旧址。

1947 年夏，刘伯承、邓小平率领晋冀鲁豫野战军主力千里跃进大别山，于 8 月份抵达大别山地区光山县境内。此时，刘邓大军面临着诸多困难，甚至有全军覆灭的危险。在此万分危急时刻，刘伯承、邓小平和中原局、野战军总部决定于 9 月 27 日至 29 日，在光山砖桥的文氏祠召开旅以上高级干部会议。历时 3 天的王大湾会议的召开，极大地提高了广大指战员的思想觉悟，加强了党的领导作用。它是刘邓大军挺进大别山的重大转折，对大别山根据地的确立和巩固，对实现党中央战略进攻的伟大决策、实现毛主席说的“历史的转折点”，起了极为重要的作用。

会议旧址为清代砖木结构建筑，现存房屋 16 间，分前后两进，内有回廊一周，为一天井院落。西边厢房有邓小平、刘伯承寝室展览，二进正殿内设有刘邓大军千里跃进大别山时在光山境内的战斗历程图片及部分实物展览。

2006 年，王大湾会议旧址被河南省人民政府公布为第二批河南省文物保护单位。

司马光故居

司马光故居位于光山县城正大街中段，是北宋著名政治家、史学家、文学家司马光的出生地。

司马光故居北宋真宗时期为县署官衙，宋真宗天禧三年（1019）农历十月十八日，司马光出生于此。据县志载，官舍系面南背北的二进四合院落，街屋北檐外有照壁，有前厅、厢房、书斋、后堂等，都是悬山式砖木结构建筑。院中植柏树、胡桃、梧桐，中有一井（司马井）。

故居经过全面整修，占地面积1330平方米，现有东、西两门，四合院落格局。南设有司马光生平展室，北为后堂民俗展室，院中心为司马井、养粹亭，西院墙下有“司马光砸缸”群塑像，千年古柏植于东门外边，院内曲径通幽，花草繁茂，小

司马光故居

司马光故居

桥流水，典雅秀丽。故居内收藏有宋代石碑刻、元代石狮等珍贵文物。

2004 年，司马光故居被信阳市人民政府公布为信阳市文物保护单位。

邓颖超祖居

邓颖超祖居位于河南省光山县司马光中路贡院街白云巷内，是全国政协原主席、中国妇女运动的先驱邓颖超同志的祖父及父亲居住的地方。

祖居占地面积 2000 平方米，坐北朝南，前后两进，现存清代建筑房屋 30 多间，为两个独立的四合院落，建筑结构严谨，格扇门窗古朴典雅，是一座典型的具有南方特点的清代建筑。

自 1993 年以来，邓颖超祖居征集到有关邓家的文物 500 件（套）、革命文物 160 余件、邓颖超遗物 70 余件以及一批相关文物，搜集有关文献资料 100 余件，全方位地展示了邓颖超光辉的一生和邓家的历史。

邓颖超祖居

邓颖超祖居

保护利用好邓颖超祖居，对于缅怀老一辈无产阶级革命家的丰功伟绩、对广大人民群众和青少年进行爱国主义教育和革命传统教育具有重要的历史意义和现实意义。

2006 年 5 月，邓颖超祖居被国务院公布为全国重点文物保护单位。

第五节　潢川县

黄国故城

黄国故城位于河南省潢川县城西约 6 千米的隆古乡，始建于周成王平定东夷之后，是河南省保存较为完整的一座春秋时期诸侯国都城。

黄国故城周长 6770 米，城墙略呈长方形，南北长约 1800 米，东西宽约 1500 米，城内面积约 2.8 平方千米。其建筑规模完全吻合春秋时期“子爵，城三里”的等级制度。古城墙有 5 米之高，用黄土夯筑而成，墙厚，门阔，路基硬。城墙外护城壕环带倚墙而绕。

黄国故城发现的黄国青铜器有剌伯鼎、黄太子伯克盘、黄群簋、黄韦俞父盘。最令人惊讶赞叹的是黄君孟夫妇墓中出土了大批精美绝伦的青铜器、玉器、竹木漆器、丝织片，多达 200 余件。这些青铜器纹饰古朴，有云纹、涡纹、三角形纹、波纹、蝉纹、虎纹，器物造型轻巧美观，大方实用，是春秋早期青铜器中难得的瑰宝。墓中出土的紫色绣绢和“绢纺”残片，是我国纺织史研究中极为珍贵的标本。出土的玉器制作更是精巧美观，造型有虎、鱼、蚕、人首等形式，非常生动写实，还有兽面纹、窃曲纹等繁复古朴的玉器。此外还有十多件色彩艳丽的玛瑙串饰。这些玲珑剔透、精美迷人的玉器，反映了黄国人极高的琢玉水平。

黄国故城已被收入《中国名胜词典》，1998 年被河南省人民政府列为河南省文物保护单位；2006 年 5 月 25 日，黄国故城被国务院公布为第六批全国重点文物保护单位。

黄国故城

黄国故城

第六节　淮滨县

蒋国故城遗址

蒋国故城遗址位于河南省信阳市淮滨县，为西周至战国时期遗址。

蒋国故城遗址呈长方形，东西长 1700 米，南北宽 300—500 米，总面积 85 万平方米。现存的古城墙东西长约 1700 米，南北长约 500 米，墙基宽 32 米，东南有烽火台一处，残高约 7—8 米，其他墙段残高 1—3 米。古城遗址范围内遍布灰色土层，绳纹陶片到处可见。在古城西墙南端发现大量红烧土和汉代筒瓦，因此处地势较高，当地称之为“炮台”，可能为汉代遗迹。

蒋国作为周代姬姓诸侯国，周公旦第三子伯龄为其第一代君主，分封周公之子是成王为感念周公之德而对周公之后的特殊恩遇。始封之地在河南省信阳市淮滨县

蒋国故城遗址

境内，故城在淮滨县东南部的期思镇。从周公旦子封于蒋，至公元前617年楚大夫复遂攻灭蒋，蒋国有400年左右的发展史。近年来，古城内外不断出土春秋战国时期的铜戈、铜矛、铜剑、铜鼎和铜壶，为研究淮河流域商周文化特征、西周王朝分封和当时蒋国的城市布局及社会、经济、文化的发展提供了实物资料。

1986年，蒋国故城遗址被河南省人民政府公布为第二批河南省文物保护单位；2013年5月，蒋国故城遗址被国务院核定公布为第七批全国重点文物保护单位。

第七节 新 县

中共中央鄂豫皖分局旧址

中共中央鄂豫皖分局旧址位于新县城内首府路27号，坐东向西，后至生产街。

分局共有阁楼式砖木结构清末民居用房50间，前后5排，每排7间，加上其他用房15间。该遗址东西长90米，南北宽22米，是鄂豫皖革命根据地旧址群的重要组成部分，具有典型的新县民居建筑风格。

1931年2月，王树声率领的红军攻克新集（今新县县城），从此，新集成为鄂豫皖根据地政治、经济、文化中心。5月12日，中共中央鄂豫皖分局在新集正式成立。分局直隶于中央政治局，其职权代表中央而高于省委。分局委员共11人，其中中央指定8人，即张国焘、陈昌浩、沈泽民、曾中生、王平章、蔡申熙、舒传贤、邝继勋，另补选3人，即周纯全、郭述申、高敬亭。候补分局委员有甘元景等15人。

第一排房屋南侧三间为成仿吾办公室兼住室，北侧三间为陈昌浩办公室兼住室。第二排南侧三间为沈泽民办公室兼住室，北侧三间为郭述申办公室兼住室。

分局、省委成立后，领导鄂豫皖人民在军事斗争中取得节节胜利，连续粉碎了敌人第一、二、三次“围剿”，同时苏区的政权建设、经济文化建设和土地革命运动也广泛开展起来。

1988年，鄂豫皖革命根据地旧址被国务院公布为全国重点文物保护单位。

中共中央鄂豫皖分局旧址

中共中央鄂豫皖分局旧址

中国工农红军第二十五军司令部旧址

中国工农红军第二十五军司令部旧址位于新县箭厂河乡方湾村。旧址原是闵氏宗祠，建于清咸丰元年（1851），由当地闵氏家族创建。它还是鄂豫皖革命根据地旧址建筑群的建筑之一，第一次国内革命战争时期曾作为红二十五军司令部。

司令部旧址坐北朝南，背靠太平寨，面临一条小溪，门前有两株枝繁叶茂的古枫树。

1932年秋，红四方面军主力被迫撤离鄂豫皖根据地后，敌人对根据地进行了灭绝人性的摧残。为了尽快结束根据地内武装力量分散和混乱的斗争局面，11月29日，中共鄂豫皖省委在檀树岗召开军事会议，决定重新组建中国工农红军第二十五军。鄂豫皖省委委员吴焕先临危受命，担任红二十五军军长，王平章任政委，红二十五军辖七十四、七十五两个师；原红九军二十七师改编为七十四师，师长徐海东，政委戴季英；原七十五师二二三、二二四团、特务营番号不变，师长姚家芳、政委高

中国工农红军第二十五军司令部旧址

中国工农红军第二十五军司令部旧址

敬亭。全军约 7000 人。从此，红二十五军担当起独立坚持根据地武装斗争的重任。1933 年 7 月，红二十五军司令部迁此。

至今，司令部旧址西山墙上还保留着军政治部主任郑位三同志当时亲笔书写的“为保障秋收秋耕，坚决扩大红二十五军，打破敌人新进攻”和“十月革命指示了中国工农群众的一条出路”等标语。

2006 年，中国工农红军第二十五军司令部旧址被国务院公布为第六批全国重点文物保护单位。

第八节 息 县

赖国故城遗址

赖国故城遗址位于河南省息县包信镇闾河桥东南 1 千米处傅庄村境内。

西周初年，周武王念弟叔颖灭商建周有功，赐为子爵，并封叔颖所居之地为赖国。公元前 538 年，赖国被楚所灭。叔颖受封立国的赖地即今息县包信镇。赖国从

赖国故城文化园

赖国故城遗址

西周初年至公元前 538 年，立国 400 多年，传位 14 代。

在包信镇西傅后楼庄前 200 米处，还有古赖国君王叔颖陵墓。在古城西北 800 米处的闾河南岸边，有蛤蜊山遗址。据民间传说，叔颖为妻子拜月而挖拜月池，拜月用的蛤蜊堆积成为蛤蜊山遗址。遗址内还有赖国九烈女墓。公元前 538 年，楚灵王统诸侯伐赖，不甘受辱的九位赖国女子投入江湖中溺水而死。为避楚之害已改名更姓未被掳走的赖国故地臣民被九位烈女的刚烈之举感动，将这些女子的尸体捞出合葬一处，故称“赖国九烈女墓”。古墓现东西长 18 米，南北宽 14 米，高 2 米。

2006 年，赖国故城遗址被河南省人民政府公布为河南省文物保护单位。

第十八章

济源市

济源市是河南省省辖市，因济水发源地而得名。济源是愚公移山故事的发源地，上古时期是夏少康的都城“原”，战国至两汉时期因轵邑富庶而闻名。济源济渎庙位于济水发源地，隋朝为祭祀济渎神而建，是全国重点文物保护单位，享有中国北方“古建筑博物馆”的美誉。

济渎庙

古时济水因独流入海，与长江、黄河、淮河并称“四渎”。济渎庙是古“四渎”唯一一处保存最完整、规模最宏大的历史文化遗产，是河南省现存最大的一处古建筑群落，被誉为中原古代建筑的“博物馆”。

济渎庙平面布局呈“甲”字形，前为济渎庙，后为北海祠，东为御香院，西有天庆宫，总面积 80000 余平方米。

寝宫建于宋开宝六年（973），面阔五间，进深三间，单檐歇山造，屋坡平缓，斗拱雄巨疏朗，檐柱粗矮，无一不是宋初建筑的特征。临渊门北的济渎池（又名小北海、龙池）和珍珠泉共为济水东源，泉水清澈，遍地涌金。环池亭阁玲珑，古色古香，是珍贵的北方古典园林建筑。庙内古柏参天，郁郁葱葱。现有宋、元、明、清古建筑 36 座，北方古典园林一处，即济水源头“小北海”（济源古“九景”之一）。其中，清源洞府门为河南省文物价值最高的木结构牌楼建筑，寝宫为河南省现存最古老的木结构建筑，石勾栏为目前全国唯一现存的宋代《营造法式》所记的单勾栏。庙内现存古建筑保存较完好，是解放战争前夕毛泽东主席亲自用“双圈”圈阅的受保护的全国重要古建筑群之一。

济渎庙

济渎庙

一部济渎庙兴衰史，也是中国古代水神崇拜史的缩影。隋开皇二年（582），朝廷为祭祀“四渎”神之一的济渎神建庙。济水原称北渎大济之神，唐玄宗天宝六载（747）晋封为清源公，因此又名清源祠。唐贞元十二年（796），鉴于北海远在大漠之北，难于祭祀，故在济渎庙后增建北海祠。宋徽宗宣和七年（1125），济渎神被封为清源忠护王，北海神被封为北广泽王。宋、元扩建，至明天顺四年（1460），庙宇扩建到400亩，占地33万余平方米。

1996年11月20日，济渎庙被国务院公布为全国重点文物保护单位。

聂政冢

聂政冢在河南省济源市区南8千米许泗涧村西北。据《史记·刺客列传》记载，聂政，战国四大刺客之一，魏国轵人，义勇刚强，英烈正直，为报严仲子知遇之恩，单人仗剑至韩都（今禹州），刺杀韩相侠累，后自刮面决眼，剖腹而亡。乡人为纪念他，在此设冢，俗呼刺客墓。《史记》《战国策》皆有传。郭沫若曾以此事创作《棠棣之花》剧本。

聂政冢

冢呈圆顶封土，系夯筑而成，残高 11 米，周长约 90 米，占地 300 余平方米。宋代为方便祭祀，在冢前建聂政祠，俗称将军庙。现只存明代所建享殿，享殿内原有聂政与其老母、姐姐塑像，今已不存，仅存明、清、民国碑碣 6 通，记述着聂政的事迹和墓冢的修葺情况。

2008 年 6 月 16 日，聂政冢被河南省人民政府公布为河南省文物保护单位。

卢仝故里碑

卢仝故里碑位于济源市思礼镇思礼村卢仝文化广场上，中华民国元年（1912）立，碑高 1.83 米，宽 0.71 米，碑楼形式。石碑原放于卢氏祠堂内，后人移建于此砌为水泥楼。碑楼首部泥塑对联为“贤才工诗与日月同辉，德泽润野使荟草争妍”，横批“渊芳馥风”。

卢仝（约 775—835），唐代诗人，“初唐四杰”之一卢照邻的嫡系子孙，祖籍范阳（今

卢仝文化广场卢仝像

卢仝故里碑

河北涿州），生于河南省济源市武山镇（今思礼村），早年隐居少室山，自号玉川子。一生爱茶成癖，所作《茶歌》在茶业史上影响深远。卢仝故里碑是研究卢仝茶文化的实物资料。

碑身正中的“卢仝故里”四个大字，乃是清朝广东道监察御史刘迈园所题。

卢仝故里碑被济源市人民政府公布为济源市文物保护单位。